基礎心理学入門

田山忠行・須藤 昇 共編

培風館

執筆者一覧（執筆順）

須藤　昇（すとう のぼる）　千葉大学名誉教授　＜1章＞
小島　治幸（こじま はるゆき）　金沢大学人間社会学域人間科学系教授　＜2章＞
川端　康弘（かわばた やすひろ）　北海道大学大学院文学研究院教授　＜3章＞
柳　淳二（やなぎ じゅんじ）　千葉大学大学院人文科学研究院助教　＜4章＞
河西　哲子（かさい てつこ）　北海道大学大学院教育学研究院教授　＜5章＞
細田　聡（ほそだ さとし）　関東学院大学社会学部現代社会学科教授　＜6章＞
谷上　亜紀（たにがみ あき）　滋賀大学経済学部社会システム学科教授　＜7章＞
森本　琢（もりもと たく）　北海道大学大学院文学研究院助教　＜8章＞
金子　康朗（かねこ やすお）　釧路公立大学経済学部教職課程教授　＜9章＞
松永　理恵（まつなが りえ）　神奈川大学人間科学部准教授　＜10章＞
寺澤　孝文（てらさわ たかふみ）　岡山大学大学院教育学研究科教授　＜11章＞
服部　雅史（はっとり まさし）　立命館大学総合心理学部教授　＜12章＞
本山　宏希（もとやま ひろき）　茨城大学人文社会科学部准教授　＜13章＞
原島　雅之（はらしま まさゆき）　愛国学園大学人間文化学部准教授　＜14章＞
武田　美亜（たけだ みあ）　青山学院女子短期大学准教授　＜15章＞
辻本　悟史（つじもと さとし）　The Nielsen Company Singapore Pte Ltd., Consumer Neuroscience Division, Director　＜16章＞
河合　祐子（かわい ひろこ）　北海道医療大学客員教授　＜17章＞

──所属は 2022 年 8 月現在──

本書の無断複写は，著作権法上での例外を除き，禁じられています。
本書を複写される場合は，その都度当社の許諾を得てください。

はしがき

　本書は基礎心理学の入門書である。基礎心理学とはどのような学問であろうか。物理学に基礎物理学と応用物理学があるように，さまざまな学問には基礎と応用があり，心理学にも基礎と応用がある。どのような学問であれ，新しい学問を学び始める上では，基礎的な学問から始めるのがよいであろう。この基礎という言葉には，何かしら最初に始めるやさしい勉強というイメージがつきまとう。そのため基礎心理学のことを，やさしい学問であると考えてしまう人がいるかも知れない。しかし，基礎心理学はやさしい学問であるとはいえない。この場合の基礎とは応用に対する概念であり，基礎心理学とは原理，すなわち人間の心の仕組み，を追求する学問である。この基礎心理学という言葉には，最もゆらぐことのない客観的な事実を基にした科学的な心理学という意味が含まれている。

　本書は，このような意味での基礎心理学についての入門書であり，大学1，2年生を対象としたテキストである。本書は同時に，基礎心理学がどのようなものであるかを広く世の中の人々に知っていただくための教養書としての魅力も十分備えている。本書は，1章から17章にいたるまで，最近の心理学におけるさまざまな研究領域の基礎的事実について解説している。各章については，その方面の専門家である新進気鋭の若い研究者から俊英なベテラン研究者に至るまでの比較的若い年代の方に執筆していただいた。各章の執筆者には，周知されていない根拠の無い研究についての記述を避けていただき，実験などによる客観的事実に基づいた内容，またその研究領域において特に重要と思われる基礎的知識といえる内容を，できるだけわかりやすく盛り込んでいただいた。各章では無論，さまざまな工夫がこらされているが，本書の一番の特徴は，基礎心理学に関する最新の重要な知見のほとんどがこの1冊に集約されているということであろう。

本書は，なるべく多くの大学で，長く使用してもらうことを念頭において作られたものである．本書に対する評価は読者に委ねるしかないが，本書がテキストとして全く申し分ないものである，とはまだ言えないと考えている．基礎心理学の研究は，絶えず進化しながら流動し，新しい知識が蓄積されつつある．これは学問本来のあるべき姿ともいえるが，流動性が大きいほど，そのような学問のテキストを作るのは難しいといえる．心理学の授業を担当している教員の方には本書を大いに活用していただきたいが，それと共に，本書の中で修正すべき箇所を見いだした場合には，それをぜひ御指摘いただきたい．本書の改訂が繰り返され，基礎心理学のテキストとして，さらに水準の高い書へと発展していくことができれば，幸甚である．

　本書の出版の機会を与えて下さった培風館の松本和宣氏，また執筆者の原稿の提出を辛抱強く待っていただいた編集部の近藤妙子氏には，心より感謝を申し上げたい．

2012年2月

編　者

目　　次

1章　基礎心理学とは ——————————————— 1
- 1-1　科学としての心理学　1
- 1-2　心理学の対象分野　4
- 1-3　基礎と応用　6
- 1-4　現代心理学の成立　8

2章　感　　覚 ——————————————— 15
- 2-1　感覚の基本特徴　15
- 2-2　視　　覚　18
- 2-3　聴　　覚　23
- 2-4　触覚と体性感覚　27
- 2-5　味覚と嗅覚　31
- 2-6　感覚量の測定と心理物理学　33

3章　知　　覚 ——————————————— 37
- 3-1　知覚の成立　37
- 3-2　体 制 化　38
- 3-3　恒 常 性　48

4章　高次知覚 ——————————————— 53
- 4-1　オブジェクト認識　53
- 4-2　シーンの認知　62
- 4-3　顔の認知　66

5章　注　　意 ——————————————— 73
- 5-1　注意とは　73
- 5-2　視覚的注意　76
- 5-3　注意と情報処理段階　79
- 5-4　注意と表象　84

6章 作動記憶 ——————————————— 87
- 6-1 記憶に関する最初の実験的研究　87
- 6-2 記憶のモデル—単独構造か多重構造か　88
- 6-3 感覚記憶　90
- 6-4 短期記憶　92
- 6-5 処理水準説　96
- 6-6 作動記憶　98

7章 長期記憶 ——————————————— 102
- 7-1 符号化と検索　102
- 7-2 長期記憶の区分　106
- 7-3 記憶の構成的性質　113

8章 イメージ ——————————————— 117
- 8-1 イメージの性質　117
- 8-2 イメージの活用　128

9章 言　　語 ——————————————— 133
- 9-1 言語心理学の課題　133
- 9-2 言語知識の獲得　134
- 9-3 言語知識の運用　141
- 9-4 残された課題　145

10章 音楽認知 ——————————————— 149
- 10-1 楽音の知覚　149
- 10-2 音楽認知とは　150
- 10-3 拍節的体制化　151
- 10-4 調性的体制化　155
- 10-5 拍節的体制化と調性的体制化の関係　159
- 10-6 おわりに　160

11章 学習と動機づけ ——————————————— 162
- 11-1 学習理論の変遷　162
- 11-2 大局的学習理論　163

目　次

 11-3　学習と記憶表象　166
 11-4　実践的な新しいタイプの学習研究　169
 11-5　動機づけの原理　174
 11-6　内発的動機づけを向上させる原理　178

12章　思　考 ― 183
 12-1　問題解決　183
 12-2　推　論　190
 12-3　判断と意思決定　196
 12-4　まとめ　200

13章　感　情 ― 202
 13-1　感情の定義　202
 13-2　感情の測定法　203
 13-3　感情の種類　205
 13-4　感情の生起過程　207
 13-5　適応的な機能としての感情―アージ理論から　211
 13-6　感情が認知へ及ぼす影響　213

14章　パーソナリティ ― 215
 14-1　パーソナリティとは何か　215
 14-2　パーソナリティ心理学の諸理論　216
 14-3　パーソナリティの測定　221
 14-4　パーソナリティの背景　223
 14-5　パーソナリティ心理学が目指すもの　227

15章　社会行動 ― 228
 15-1　対人認知　228
 15-2　自己認知　231
 15-3　態度と態度変容　234
 15-4　対人行動　237
 15-5　集団行動　240
 15-6　社会行動への新しい視点　242

16章　発達脳科学 ——————————— *244*
　16-1　認知発達の理論　　244
　16-2　脳構造の発達　　248
　16-3　脳機能の発達　　253
　16-4　発達脳科学の展望　　256

17章　メンタルヘルス ——————————— *258*
　17-1　健康とウェルビーイング　　258
　17-2　ストレス　　261
　17-3　個人資源　　264
　17-4　メンタルヘルスと予防　　267
　17-5　主観的ウェルビーイング　　269

引用・参考文献 ——————————————— *272*

索　　引 ———————————————————— *290*

1章　基礎心理学とは

　心理学は，人間の心に関する素朴な，あるいは洗練されたさまざまな考え方の変遷の中で生まれ，科学的な方法論を受容しつつ発展し，現在では人間の行動全般を取り扱う守備範囲のきわめて広い学問になった。その過程で健康心理学や観光心理学など，特徴的な行動を冠した心理学も続々と誕生し心理学の世界は多様化した。しかし，どの心理学においても人間の心の働きに関する基本的な知識や理解は共有されている。本章では，現代の心理学を理解するための背景となる知識として，まず科学としての心理学の方法と対象を概観し，次いで基礎心理学の意義を解説し，最後に近世以降の心理学の発展についてその経緯を紹介する。

1-1　科学としての心理学

(1) 心のとらえ方

　心理学はヨーロッパで起こった学問である。その英語である"psychology"は，ギリシア語の"psukhe"（プシュケー：魂，霊魂）と"logos"（ロゴス：理性）の組み合わせからなっているが，現代においては，"psycho-"は「心」を意味し，"-logy"は「科学」を意味する。つまり心理学は「心の科学」である。ヨーロッパでは，古代から17世紀頃まで，身体と独立し自由に遊動できる魂が身体を操作すると考えられていた。その後，魂の考え方は否定され，行動を制御する働きは心が担うと考えられるようになった。しかし，心の観察は容易ではないため，心理学者は観察可能な行動へと関心を移した。20世紀後半になると，行動の背景にある情報処理過程としての心理過程に焦点が当てられ，心理過程の結果として行動が生ずるとする考え方が一般的となった。こうして，心理過程を心のモデルとみなすことにより，現代の心理学は心理過程と行動の科学とよばれるようになった。

一方，心の概念には疑問も提出されている。心は脳の働きを表わす用語に過ぎず，心に対応する実体は存在しないのではないか，という疑問である。哲学者のライル(Ryle, G.)は，著書『心の概念』(1949)の中で，心理学的概念の具象化について述べている。ライルは，人の性格を表す特性としての向性を取り上げ，このような特性を用いることで，人は外向－内向という次元上のどこかに位置づけられるが，向性という特性そのものは果たして存在するのだろうかと述べた。この考えに従えば，心のモデルとしての心理過程も，実体として存在するとは言えないかもしれない。

　心の実体という哲学的な問題とは別に，多くの人々は心について何らかの考えを持っているようである。ハーバード大学のグレイら(Gray, H.M., 2007)は，人間の大人，人間の赤ん坊，ロボット，イヌなどを対にして比較させ，どちらがより心を持っていると思うかを判断させた。多数の参加者の結果を分析したところ，例えば，人間の大人とイヌを比べると，人間の大人の方がより心を持つと判断されるのに対し，イヌとロボットを比べると，イヌの方がより心を持ち，イヌと人間の赤ん坊は同程度に心を持つと判断された。これらの結果をまとめ，グレイらは人々は心を動作主(agent)と体験(experience)の2次元で判断していると述べている。動作主とは，知覚，学習，思考などの心理過程を行動として実現する主体のことであり，体験とは行動に伴って生ずる感情や評価などの主観的経験である。このような調査から，多くの人が心を2つの側面から考えること，それらはいずれも行動と密接に関係していることがわかる。このことは，行動の観察を通じて心を理解しようとする心理学の考え方は心の一般的通念の成り立ちとも共通するものであることを意味している。

(2) 心理学の方法

　心理学の目的は，人間の行動の原因を発見し，理解し，予測し，あるいは変容させることである。しかし，それらは一定の方法がなければ成立しない。科学においては，理解といっても，なんとなく理解したというのではなく，理解とは何かを明示した上での確実性が求められるからである。

　現代の心理学者は主に3つの科学的研究方法を用いる。第1は自然観察法

で，人間および動物をできるだけ自然な状態で観察する方法であり，最も制約の少ない方法である。第2は相関的方法で，自然観察に近いが，環境，個人の生理的，社会的状態，個々人の行動などを測定する質問紙などの一定の手段を伴う方法である。この方法によって，研究者は，観察した行動が環境や生理や社会状態といかなる関連を持つかを検討する。第3は実験法である。この方法は，一定の厳密に統制された状況における人間の行動を観察することで，ものごとの因果関係を明らかにするという点で，他の方法よりもすぐれた方法といえる。

科学的な方法には，一定のルール，手順があり，研究者はその手順に従わねばならない。一例として，以下に実験法における5段階の手順をあげる。

a. 問題設定および仮説設定 実験で解明しようとする行動を決定し，環境や生理的な状態がその行動に及ぼすと考えられる効果を仮説として設定する。

b. 実験計画 仮説を検証するために必要な具体的な変数を定める。実験者が操作する変数を独立変数，観察される変数を従属変数という。

c. 実験実施 実験者は，必要な材料を用意し，実験参加者を集めてデータを収集する。実験参加者は，ある行動が生ずることが期待される独立変数からなる実験条件，あるいはそのような行動は生じないと考えられる独立変数からなる統制条件のいずれかに無作為に割り当てられる。

d. 仮説評価 実験の結果が仮説を支持するといえるかどうか，あるいは仮説を否定するものかどうかを検討する。通常，実験結果は数学的な手続きによって計算され，統計学的に意味があると言えるかどうかの検討がなされる。

e. 研究結果の報告 実験の準備から結果までを，他の研究者が再現できるような形で報告する。追試は科学的方法の最大の利点の一つであり，追試によって同じ結果が得られることによって，その実験の正しさが確認される。

これらの手順に従うことで，行動や実験結果の見かけによって誤った結論を導く可能性を減らし，信頼性の高い知識を得ることができる。

1-2 心理学の対象分野

　人間の活動は多岐に及ぶので，心理学もきわめて幅広くさまざまな問題を取り扱う。心理学で取り扱う行動とその心理過程は，多くの場合，見る，聞く，触れるといった対象物の物理的属性をとらえること，美しい，快い，便利であるといった対象物に対する評価を下すこと，言語的，身体的に他者に対して働きかけをすることなど機能によって区分できる。

　このほかに，個人差，発達，進化，文化の影響などによる区分もある。以下では，研究対象によって区分される心理学の対象分野を，おおまかに2つに分けて紹介する。第1は原理の発見を重視する研究分野の集合である。これらの分野は，知覚や学習といった，歴史的にも心理学の中心的主題であった問題の研究を含んでいる。第2は現実を重視する研究分野の集合で，行動の障害，教育，産業など社会的に重要と考えられる問題を取り扱う。

(1) 原理の発見を重視する分野

　この分野では，主として行動の一般的な，特定の状況にそれほど依存しない性質を取り扱い，そのような行動を引き起こす条件や脳の働きを解明することを主要な目的としている。

　a. 生理心理学　行動の原因を，有機体の生理，特に神経系の働き，および神経系と腺，ホルモンとの相互作用等に求める。学習，記憶，感覚，情動，動機づけ，性行動，睡眠などを取り扱う。

　b. 心理生理学　心拍，皮膚電気抵抗，筋緊張，脳波など，人間の生理的反応を測定する分野であり，感覚，知覚，認知，ストレス，情動などを研究する。

　c. 神経心理学および神経科学　神経系(脳と脊髄)の特定の部位と行動との関連を研究する分野である。感覚，知覚，情動，思考，言語などを扱うが，多くの場合，脳内出血や事故によって脳に損傷を受け，言語や知覚に障害を持つようになった患者を対象とする。

　d. 認知心理学　知覚，注意，学習，記憶，言語行動，問題解決などの複雑な行動とその心理過程を取り扱う分野である。この分野では，行動の原因

は環境内の出来事に対する反応として生ずる脳の働きである。認知心理学では生理学的な機構を調べるのではなく，仮説的な心理過程，例えば，イメージ，注意，言語構造などを想定して行動を説明する。認知心理学のうち，人間行動をコンピュータシミュレーションあるいはニューラルネットワークを用いてモデル化する分野は認知科学とよばれている。

e. 発達心理学 身体，認知，情動，社会性の発達を取り扱う分野である。主に子どもの発達が研究されてきたが，生涯を発達の過程と考えて，青年や成人の発達も研究され，最近では加齢の影響が重要な研究対象となっている。

f. 社会心理学 他者の存在が行動に及ぼす効果を研究する分野である。自己および他者に関する知覚，コミュニケーションにおける原因と結果の関係，態度，意見，対人関係，集団力学，攻撃や性行動などを取り扱う。

g. 個人差心理学 気質や行動パターンにおける個人間の相違を扱う分野である。知能の構造や性格の特性，認知のスタイルなどが研究される。

h. 交差文化心理学 行動に及ぼす文化の影響を検討する。居住する環境が異なる人種あるいは民族は，環境に適応するために異なる方法を採用していると考えられる。その具体的な形式として，法，習慣，神話，宗教的信念，健康に関する信念などが研究される。

(2) 現実を重視する分野

例えば，学習を考える場合，学校の教室における学習と工場や事務所における学習とでは状況の違いが著しい。教室での学習を促進しようと考える場合は教室場面に適した方法を工夫する必要がある。このように，社会的に重要と考えられる行動を取り扱う分野では，現実の状況に配慮した心理学が必要とされる。

a. 臨床心理学 心的不全および適応障害を研究する心理学の応用分野である。この分野では，問題の原因を遺伝的，生理学的，生育時の環境的要因などから探求し，改善のためのカウンセリング法などを開発する。

b. 健康心理学 行動や生活様式が健康や病気にどのように影響するかを研究する。例えば喫煙や飲酒行動は健康にどのような悪影響を与えるのか，

どのようにすればそれらを止めることができるのかなどが研究されている。

　　c. 教育心理学　学校生活において子どもが遭遇する問題を取り扱う。読書障害，学習障害，多動，いじめなどの原因と対処が探求される。

　　d. 司法心理学および犯罪心理学　心理学的な知識を犯罪および犯罪に関連する行動の理解，予測に適用しようとする分野である。司法心理学は主に法廷における証拠や証言などの利用について研究し，犯罪心理学は刑事裁判のシステムに心理学の原理を適用しようとする。

　　e. 組織，産業心理学　古くからある心理学の応用分野の一つで，職場における個人および集団の遂行と行動を取り扱う。この分野では，産業における作業過程，人事評価，適性検査などの研究，開発を行う。

　　f. 人間工学，ヒューマンファクター心理学　人間の操作によって機械が作業する場合の諸問題を取り扱う。機械が適切にデザインされていることによって人間の課題はより容易になり安全性も増すと考えられる。

1-3　基礎と応用

　科学におけるさまざまな発見は，それが適切妥当なものであれば，多くの研究者に共有される知識となるが，その知識は，密接に関連する分野はもとより，関連の乏しい分野においても利用されることがある。その利用過程で新たな知識が誕生することもある。知識とは，このような循環において維持されるのであり，より多くの知識の発生源となるような知識ほど価値の高い知識であるといえる。

(1) 知と理解

　私たちはものごとの成り立ちや道理を知ろうとする好奇の動機を持っている。心理学の研究者も好奇心を基礎として，人の行動の発生条件や背景にある心理過程を明らかにしようとする。例えば，音波は，聴覚器官によって音として検出され，音楽や音声として知覚される。このとき，人にとって意味を持つ音波の強度や振動数には一定の範囲がある。それがどの程度なのかは測定をしないとわからないが，知りたいと思う好奇心がなければ，測定をす

ることはないだろう。

　しかし，好奇心にまかせて，思いつくままに行動の観察や測定をして心理過程を検討するだけでは十分ではない。行動が観察のたびに変化してしまうのであれば，単なる観察日記に終わってしまう。行動の観察を通じて心理学者が行うべきことは，個別の知識を蓄積することではなく，できるだけ一般性の高い，客観的な知識を発見することである。そのような知識は，「条件Aがなりたてば，結果Bが得られる」といった単純な命題であるとは限らない。複数の命題が複雑に組み合わされたモデルや理論であるかもしれない。対象とする行動が生ずるしくみや条件を明確に表わすことができる知識や理論を得て，初めて心理学者は人の行動について理解したということができる。心理学的研究の一つの到達点はここにある。

（2）創造と調整

　私たちの持っているもう一つの基本的傾向は創造への動機である。心理学研究者は，この動機に従い，現実の問題を解決するために新しい方法を工夫，考案してきた。例えば，高速道路のトンネルの入り口付近の照明はトンネルの中ほどに比べて明るい。これは，トンネルに進入した直後に速度を落としすぎないようにし，渋滞を減らすことを目的としている。このように高速道路の渋滞を減らすという目標があるときに，運転者の行動をどのようにして制御するかは，心理学に解決が求められる問題の一つである。

　人の日常的な行動を制御し，変容させることによって，ある目標を達成しようとする場合には，状況という制約がある。上の例では，高速道路の渋滞を減らす目標に対して，制約は道路を増やさず，トンネルも撤去せず，道路設備だけを設置するというものである。また，車の走行速度を落とさないことによる渋滞の緩和は，交差点の多い一般道には適用できない特殊な方法である。このように日常の問題解決は問題ごとの特殊性を伴う。

　多数の制約の下で目標を達成しなければならない場合に，すぐに適用できる行動の原理があればよいが，それを誰も調べたことがなければ原理も知られていないだろう。そこで，研究者は，新しい方法を考案し，それが目標達成にふさわしいものであるか否かを評価する。このような過程は創造活動で

ある。創造によって目標が達成された場合の喜びは大きく，これもまた心理学的研究の一つの到達点といえるだろう。

(3) 基礎心理学の立場

上に示したように心理学的研究における原理の発見と創造は，それぞれ基礎的研究と応用的研究に対応する。しかし，両者は相互に独立しているわけではない。

社会的学習の研究者であるバンデューラ(Bandura, A., 1965)は，人は他者の行動を観察することによって学習できるという観察学習の原理の実例として，子どもを用いて，暴力シーンを観察すると暴力的行為の模倣が生ずることを示した。この研究は，子どもがテレビの暴力シーンを視聴することによって，将来，暴力的傾向の強い人物になるのではないか，という両親や社会の懸念に強く訴え，今日まで続く論争のきっかけとなった。このように，基礎的研究から得られた心理過程が現実社会の予測や説明に応用されることの社会的意義はきわめて大きい。

基礎的研究によって解明される心理過程は何かに応用され，状況の改善を図ることを目指した応用的研究の成果から重要な心理過程の存在が確認されるかもしれない。この相互作用が活発になされることが心理学と社会をともに発展させていく基盤である。しかし，心理学の対象分野は細分化され技術的に高度になっており，一人の研究者が基礎的研究と応用的研究を同時に実施することには無理がある。したがって，基礎的研究に従事する研究者は，先人の努力によって確立した行動の原理や心理過程を精査し，必要に応じて新しい内容に置き換え，常にその分野における知識を妥当で信頼性の高いものとして維持する必要がある。それが，基礎心理学が心理学全体の発展に貢献する最善の方法であろう。

1-4 現代心理学の成立

科学的な心理学の歴史は，19世紀末，ドイツのライプツィヒ大学における心理学実験室の開設からはじまるとされる。人間の心に対する関心は洋の東

1-4 現代心理学の成立

西を問わず古くからあったが，特にヨーロッパにおいて，心に関するさまざまな考え方が検討，議論されてきたことがその背景にある。本節では，ヨーロッパおよび北米における心理学の発展について簡単に紹介する。

(1) 心理学の哲学的起源

　私たちの身の周りにはさまざまな動く物がある。無生物である砂や岩石も傾斜地をすべり落ちることがある。このような事例を観察したとき，運動の原因を対象の内部に求める考え方をアニミズムとよぶ。例えば，岩石が山から落下するのは，岩石がそう望んだからであると考えるのである。今では，私たちはこのような考え方はしないが，アニミズムは行動の説明として行動主体の意思を想定する点で心理学の最も初期の考え方であるといえる。

　a．2元論　デカルト(René Descartes；1596-1650)の時代までには，単純なアニミズムは否定され，人間の行動は魂と身体によって説明されるようになった。デカルトは，この考え方を受け継ぎ，身体を機械のようなものと考えた。例えば，火や熱した物体に身体が触れると即座にその部位を引っ込めるような行動を反射と名づけ，その身体的なしくみを検討した(図1-1)。反射は意図や意思，すなわち魂が関与しない行動であり，身体が機械のよう

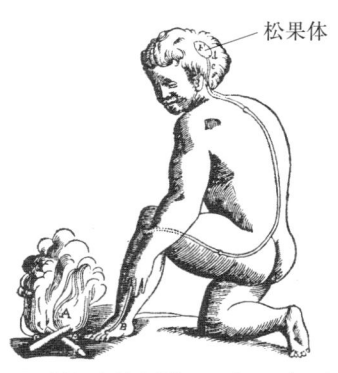

図1-1　デカルトの示した筋運動のメカニズム(Descartes, 1664)
　脳からの神経の管内を液体(動物精気：esprits animaux)が流れ筋を収縮させることによって，焚火の熱に対して脚を引く反射運動がおこる。魂が脚を動かす場合は，松果体を傾けることによって神経に液体を流すことができる。

なものであることの一例と考えられた。その上で，デカルトは，魂と身体は相互作用をすると考え，身体の中で魂からの命令を受ける部分として脳の松果体を想定した。魂が行動を起こしたい場合は，松果体を特定の方向に傾けることで，脳から神経に向かって液体(動物精気)が流れ，それが筋肉を収縮させ運動が生ずると述べた。魂と身体の相互作用という考え方は，19世紀末から20世紀初頭にかけての心理学の2大潮流である構成主義と行動主義に受け継がれていった。

b. 経験論 17世紀当時支配的であった考え方は，イデア(観念)は生まれつき子どもの心の中に備わっているというものであったが，イギリスの哲学者ロック(John Locke；1632-1704)はこれを否定し，すべての知識は経験を通じて得られ，複雑な知識も単純なイデアの連結によって形成されると主張した。ヒューム(David Hume；1711-1776)は，ロックの考え方をさらに展開したが，ロックと異なり，イデアではなく，イデアと印象(現代の用語では感覚)から構成される知覚に焦点を当て，イデア間の連合説を唱えた。ヒュームによれば，連合には，類似(ある人の肖像を見て，その人の詳細を想起する)，近接(ある出来事について考えるとき，関連する他の出来事を想起する)，因果(ある行動が特定の原因によると考える)の3種類がある。このうち，因果が最も重要であり，例えば，ロウソクに火をともすと周囲が明るくなるという因果関係を知ることは，明かりが必要ならロウソクに火をともすという習慣を導くと考えられた。連合の考え方は後の行動主義やピアジェの発達心理学に受け継がれた。

(2) 心理学実験室の誕生

a. 構成主義 ヴント(Wilhelm Wundt；1832-1920)は，ドイツのライプツィヒ大学に世界初の心理学実験室を開設し，自らを心理学者とよんだ。ヴントは心理学を「直接経験の科学」と定義し，その研究方法は構成主義とよばれ，要素的意識から構成される心の構造を解明することが主題であった。構成主義の研究では，被験者に刺激を観察させ，自らの体験を記述させる方法(内観法)を採用した。しかし，内観報告の信頼性に対する批判が起こったこと，心理学の関心が心から行動へと移り始めたことなどから，構成

主義は20世紀初頭には用いられなくなった。ヴントは，実験法と観察法を整備し，多数の心理学者を訓練し，世界中に心理学を広めた点で大きな貢献をした。

　b. 機能主義　構成主義の後，心理学の主要な考え方はアメリカで始まった機能主義に移った。機能主義では，自然環境における生物学的な重要性（行動の目的や機能）が強調され，客観的で観察可能な行動が重視された。これは，ダーウィン（Charles Darwin；1809-1882）の新しい自然観に基づくものであった。ジェームズ（William James；1842-1910）の考えによれば，私たちは考えるために考えるのではなく，有用な行動を生み出すために考えるのである。ジェームズの考えを受け継いだエンジェル（James R. Angell；1869-1949）は，機能的心理学の基本原理として，①心の構造ではなく働きを研究する，②心の働きは単独ではなく有機体の生物学的活動の一部として研究される，③環境と環境に対する有機体の反応との関係を研究する，という3点を挙げた。機能主義は，主要な教義が後の心理学である行動主義に吸収されることで短い歴史の幕を閉じた。

(3) 行動主義とゲシュタルト心理学

　a. 2つの原理の発見　心理的連合の研究者であったソーンダイク（Edward L. Thorndike；1874-1949）は，満足をもたらすような行為は，ちょうどそのときの状況と連合しやすく，後に同じ状況が再現されると行為もまた再現されやすいとする効果の法則を見いだした。ロシアの生理学者パブロフ（Ivan P. Pavlov；1849-1936）は消化の生理学を研究していたが，その途中で，空腹のイヌが給餌の担当者を見ただけで唾液を分泌することに気づいた。この観察に基づき，パブロフは，ベルの音のような餌と全く無関係の刺激に対しても唾液を分泌するようイヌを訓練できること，すなわち条件づけ（古典的条件づけ）の原理を発見した。これらの発見は同時代の行動主義に大きな影響を与えた。

　b. 行動主義　行動主義の心理学は機能主義の考え方を受け継いだことに加え，心的事象の特殊性を否定し，観察できない検証不能な心的事象を心理学の主題から排除した。行動主義を代表する心理学者であるワトソン（John

B. Watson；1878-1958)は，心理学は対象を観察可能な行動に限定した自然科学であると述べ，構成主義者によって研究された要素的意識は主観的で科学的探究の対象にならないと主張した。ワトソンは，連合概念が主観的であるとして効果の法則を否定し，条件づけの原理が生理学だけでなく心理学においても有用であることを認めた。

c. 急進的行動主義 ワトソン以後，彼の考え方を受け継ぎ，さらに発展させた新しい行動主義が現れ，新行動主義あるいは急進的行動主義とよばれた。その代表的心理学者であるスキナー(Burrhus F. Skinner；1904-1990)は，ハトの行動観察を通じて，強化の考え方を提案した。スキナーは，ハトに所定の行動(例えば，1分間に10回キーをつつく)をすると餌が得られるという関係を学習させることができた。スキナーによれば，所定の行動に対して餌という強化子が与えられることによってその行動の発現確率が高まることが強化である。このような学習は道具的学習あるいはオペラント条件づけとよばれている。オペラント条件づけは効果の法則のより厳密な解釈ということができる。スキナーは，行動する人，ハト，ラットなどは空虚な有機体であり，人は法則に従って予測可能な行動をする機械であると述べた。

d. ゲシュタルト心理学 ドイツの心理学者ウェルトハイマー(Max Wertheimer；1880-1943)は，一連の絵を素早く提示することで対象が運動しているように見せるおもちゃを例に挙げて要素と全体について論じた。構成主義によれば複雑な知覚は要素的意識からなる。しかし，ウェルトハイマーは絵の運動を知覚する際には個々の静止画の集合には含まれない体制化が生ずることを発見した。このような考え方はゲシュタルト(Geshtalt；形態)心理学とよばれる。ゲシュタルトはドイツ語で，多くの要素間の相互作用のパターンから知覚が生ずることを意味する言葉である。例えば，メロディは多くの音のパターンから構成されている。同じメロディを調を変えて演奏すると，個々の音は以前とは異なるが，メロディは同じに聞こえる。つまり，音そのものだけではなく，音と音の関係も認知されるのである。心理学の学派としてのゲシュタルト心理学は今は存在しないが，要素的経験の相互作用という考え方は現代の心理学の発展に多大な影響を与えた。

（4）認知心理学

　行動主義は，心理学の主要な課題を観察可能な行動に限定した。このため，意識のような概念は心理学の領域外に置かれた。しかし，多くの心理学者が行動主義の制約に抗し，意識，感情，イメージ等の主観的な事象の研究に転じた。心理学におけるこの主題の転換は劇的であり，認知革命とよばれるが，認知心理学者が用いた考え方は情報処理，すなわち，感覚を通じて得られた情報が脳内のいくつかのシステムによって処理されるというものであった。あるシステムは情報を記憶として貯蔵し，別のシステムは行動を制御する。あるシステムは自動的に動作し，別のシステムは動作に個人の意図を必要とする。このように認知心理学者は，脳を複数のシステムが情報を処理するコンピュータのように考えた。認知心理学者は，心的構造と機能の研究を復活させたが，内観的方法は採用しなかった。彼らは，心的構造や機能それ自身を測定するのではなく，心の働きに基づいて生ずる行動を測定しようとした。このような考え方により，イメージに基づく行動，感情に基づく行動などが次々と測定されていった。認知心理学は情報処理の考え方を採用したため，実験や測定の結果に基づいて，情報処理の過程に関するモデルを提案することもできた。モデルをコンピュータで実行できるほど精密に構成することによって，脳における情報処理のシミュレーションが可能となる。このような立場から認知科学が提案されてきている。

（5）生物学的心理学

　18世紀に，神経の働きに関するデカルトの液体説は否定され，神経は電気的インパルスを伝達することが明らかにされた。その後，ドイツの生理学者ミューラー(Johannes Müller；1801-1858)は，神経が伝達する電気的インパルスは，伝達内容が視覚であれ聴覚であれ，同じであるにもかかわらず，目で見る対象と耳で聞く対象は異なることを指摘した。このことの説明としてミューラーは特殊神経エネルギー説を唱えた。この説によれば，感覚ごとに異なる神経が用いられ，眼に接続される神経からインパルスが到達すると，脳は視覚を生じさせ，耳に接続する神経からのインパルスによって聴覚を生じさせる。

ミューラーの説は，感覚器からの神経が到達する脳部位が異なれば，それぞれの部位の働きもまた異なることを意味する。ここから脳機能の局在という考え方が導かれる。機能の局在は，大脳皮質に微弱な電気ショックを与える，あるいは脳内に埋め込んだ電極から神経細胞の活動を測定するなどの方法で主に生理学の分野で研究されてきたが，長い間，心理学の主題とは考えられてこなかった。

　脳機能の局在と行動との関係は，20世紀後半に認知神経科学ともよばれる神経生物学の著しい進展が起こり，心理学の主題として脚光を集めるようになった。特に，神経科学者，認知心理学者，および技術者の共同作業によって，生きて活動している脳の働きを，脳波，PET（positron emission tomography：ポジトロン断層撮影法），MRI（magnetic resonance imaging：磁気共鳴画像），MEG（magnetoencephalography：脳磁図）等によって調べる装置が開発されてからは（図16-5 参照），知覚，記憶，感情，判断など広範囲におよぶ行動に関係する脳の働きが研究されるようになってきた。こうして，認知心理学者によって考案された実験を実施し，実験中の脳の活動を測定し，実験結果と脳の活動部位との対応関係を分析することによって行動の説明を与えようとする新しい研究分野が起こり，発展してきた。

　以上に述べたように，現代心理学は，人間の心や行動に関する先人たちのさまざまな思索，実験から得られた研究成果を受容し，あるいは否定し，他領域からの影響を受け，時に激しい議論を経るなどして，時間をかけて醸成されたのである。心理学はその学問的な起源を複数持っており，学問としての進展も一直線というわけではなく，いつの時代にも複数の考え方が同時に存在してきたが，これまで多くの心理学者が目指してきたことは，客観的な科学としての心理学の確立であり，今後もその方向性には揺るぎがないであろう。

2章　感　覚

　人の思考や行動は，内的な欲求や要求，外的な環境変化などによって引き起こされる。この生体内外の状況・環境の変化を検知する過程が「感覚」である。「感覚」は，一般に見たり聞いたり，触ったり，においをかいだりすることによっておこる。しかし，普段，「感じる」という言葉は，それが何なのかはっきりとはわからないが，そこに何かがある気配がするという場合や，微妙な刺激のあることがわかるという場合に使うことが多い。感じた対象が何であるのかわかることを「知覚」とか「認識」などという。そして，認識した情報や知識を使って，私たちはさらに考えたり判断したりする。そのような意味で「感じる」ことは，私たちを取り巻く環境情報の知覚認識プロセスの始まりであり，そしてそれらの情報をもとに判断し，行動する一連の処理過程の始まりとなるプロセスであるといえる。

2-1　感覚の基本特徴

(1) 五感と五官

　私たちは普段，「変な臭いがする」「車が近づいてくる(音がする)」「日が暮れて暗くなってきた」などといった身の周りの環境変化や，「暑い」「何かが足に触った」「香ばしく歯ごたえがあっておいしい」といった身体にかかわる変化を，眼，耳，鼻，口(舌)，皮膚などの感覚器官を通して感じている。これら五つの感覚器官は五官とよばれている。そして，これらの器官を通してもたらされる感覚の様相(モダリティ)，すなわち，視覚，聴覚，嗅覚，味覚，触覚を五感とよんでいる。

　私たちを取り巻く環境の変化をとらえるための身体器官が感覚器官である。生体内外における環境変化の信号となる物理的事象や化学的物質などを「刺激」という。そして刺激を受けとめる末梢器官を感覚器あるいは(感覚)

受容器,そのような機能を備えた細胞を(感覚)受容細胞という。感覚器官(五官)では感覚受容器が受容できる固有の物理的あるいは化学的刺激に対して反応する。例えば,視覚は眼の網膜にある杆体あるいは錐体とよばれる感覚受容細胞が光に反応することによって生じ,味覚は食べ物に含まれている酸や塩基などの化学物質に舌の感覚受容細胞が反応することによって生じる。しかし当たり前のことだが,眼で音をとらえることや,舌で光をとらえることはできない。感覚器官を活性化させる特定の刺激を適刺激という。これらの対応を表2-1に示した。

(2) 感覚器官と閾値

五つの感覚器官はそれぞれ異なる仕組みを持っており,異なる性質の外界情報を受けとめることができる。しかしいずれの感覚においても処理過程に

表2-1 感覚の分類

感 覚	感覚器官	適刺激	受容器	感覚(知覚)の例
視覚	眼	光(可視光線)	杆体,錐体	明暗,色,形,模様,動き,奥行き,まぶしい,きれい
聴覚	耳	音(空気の粗密波)	蝸牛コルチ器内の有毛細胞	音,声,音楽・楽曲
体性感覚　皮膚感覚(触覚)	皮膚	接触,圧力,熱	パチニ小体,マイスナー小体,自由神経終末など	接触,暑い寒い,熱い冷たい,痛い,かゆい
固有感覚運動感覚	筋,腱,関節	筋腱の張り,動き	伸張受容器,腱・関節受容器など	腕の状態,身体の位置
平衡感覚	前庭器	重力,身体の加速	耳石器,半規管の有毛細胞	身体の傾き,乗物酔い,めまい
内蔵感覚	胃,腸,心臓,肺など	圧力,生理的変化	自由神経終末,圧受容器など	空腹,のどの渇き,拍動,尿意／便意
嗅覚	鼻	ゾル状の(揮発性の)物質	鼻腔の嗅受容細胞	花や食べ物の匂い,ガスの臭い
味覚	舌,口蓋部	ゲル状の(溶解性の)物質	味蕾の味受容細胞	甘い,塩辛い,辛い,苦い,酸っぱい,旨い

は似通った点がある。まず感覚受容細胞は刺激を受けると，細胞膜電位を変化させることで電気信号を発生させる。そして，その電気信号が後続の神経へ伝えられることによって刺激情報は脳へ伝達されるのである。また，刺激の違いを見分けることを弁別とよぶ。各感覚器官にはいくつか異なるタイプの感覚受容細胞があり，脳はそれらの神経信号のパターンによって，刺激対象の検出や弁別を行っている。

　感覚器官は刺激の種類だけでなくその刺激量も適当な範囲でなければ反応できない(刺激量が多すぎても，少なすぎても反応できない)。刺激の存在を感じることができる最小の刺激量(刺激強度)を刺激閾または絶対閾という。刺激閾を超えると，その刺激量の増減，大小などを区別することができるようになるが，違いがわかる刺激量の最小差(丁度可知差異とよぶ)の値を弁別閾という。感覚器官が適切に働くことのできる条件下でのみ，私たちは刺激量の変化を弁別することができる。しかし，さらに刺激量が増えて感覚受容器の許容量を超えると，もはや刺激の増減を感じられなくなる。この限界刺激量を刺激頂という。刺激頂を超える強い刺激(強い光，音，熱，圧力など)は感覚受容器を破壊する恐れがあり，危険である。

(3) 順応，残像・残効

　感覚器官の感受性は環境によって多少変化する。ある特定の刺激が持続的に与えられ続けると，その刺激に対する感受性は低下し(刺激を感じにくくなる)，逆に刺激が与えられない状況ではその感度は高まるといったことが起こる。いわば，その状況や環境に応じて，「普通」の水準を調節しているのである。この過程を順応という。例えば，朝目覚めて窓のカーテンを開けるとまぶしく感じるが，しばらくするとその明るさに(光の多い状態に)眼がなれる。これを明順応とよぶ。逆に，昼間映画館など暗いところに入ると，はじめ周りや足下が見づらいが，しばらくするとその状況(光の少ない状況)に眼が慣れる。これを暗順応という。その他にも速度順応や音順応，味覚や嗅覚の順応なども私たちは日常しばしば体験する。

　一方，持続的に与えられていた刺激が急に取り除かれると，その刺激の痕跡が残ったり(残像)，その刺激がもたらしていた感覚が持続したり，またそ

れまでとは逆の特性を持った感覚が発生したりする(残効)。前者の残像は，強い光を見たり(太陽などでは眼を損傷する可能性があるので試すべきではない)，比較的弱い光でも同じ対象を長時間(例えば，単純な図柄のパソコン画面など数十秒間)凝視した後で眼を壁などに向けると体験することができる。また後者の残効の例としては，ある方向に動く対象をしばらく見続けた後で静止物を見るとその静止物体が先ほどの運動対象とは逆に動いて見えるといった現象や，遊園地などで回転遊具に乗った後にその乗り物を降りたあとも周りがぐるぐる回って感じられるような現象を挙げることができる。このような現象は，刺激を受けとめていた一部の受容器や神経細胞が「疲労」したり「飽和」することによって生じると考えられている。

2-2 視　覚

(1) 可視光線：光とは何か？

　私たちが視覚とよんでいる感覚は，光受容細胞が光(光量子)をとらえることによって生じる。私たちが見ている「光」はさまざまな波長をもつ電磁波のうちの一部である。私たちが見ることのできる電磁波の範囲を可視範囲とよび，その電磁波を可視光(線)とよぶ。電磁波に対するヒトの可視範囲は約 $400\,nm \sim 700\,nm$ (ナノメートル $= 10^{-9}\,m$)である。そのうち，特定の波長の光線だけを取り出してみると異なる色に見える。虹やプリズムを通して見た太陽光のように，波長の短い方から，菫，青，緑，黄，橙，赤，といった色に見えるのである(図2-1参照)。この色の見え方には感覚受容器の反応特徴が大きくかかわっている。

(2) 目の構造

　視覚の感覚受容器(光受容細胞)は，眼球網膜にある杆体(桿体とも書く)と錐体である(図2-2参照)。これらの光受容器は光に対する感度の特徴が異なっている。杆体は光に対する感度が高く，夜や暗闇などで少しの光にも反応できるが，多くの光が与えられすぎるとその活動は上限に達し飽和してしまう。一方，錐体が活動するには杆体よりも多くの光を必要とするため暗い

2-2 視　覚　　　　　　　　　　　　　　　　　　　　　　　　　　　　　19

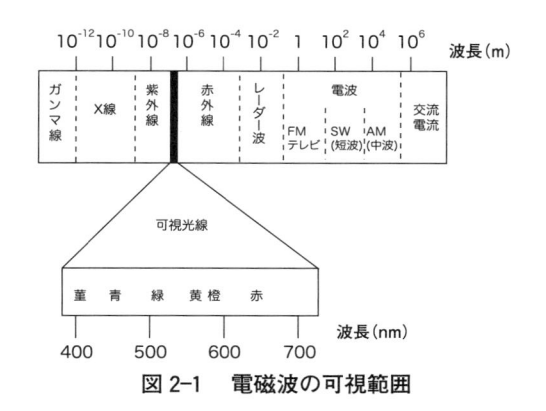

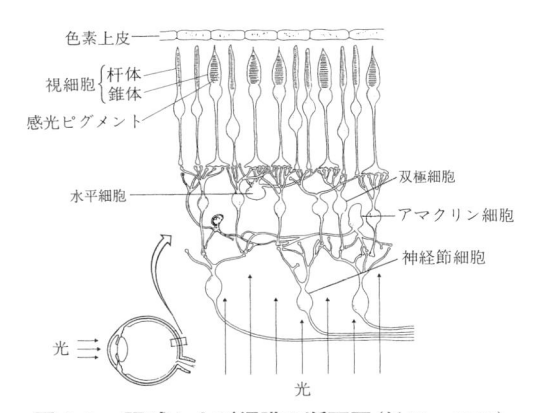

図 2-1　電磁波の可視範囲

図 2-2　眼球および網膜の断面図(松田，2000)

環境では反応できないが，日中など光量の多い環境で活動できる。この錐体細胞には光の波長に対して異なる感度をもつ3種類があり，その反応が私たちの色感覚の基盤となっている。まず1つ目の錐体は長波長側の可視光線によく反応する。そのため，この錐体はL錐体(LongのL)とよばれる。長波長とは600 nm近傍の波長のことで，その光は赤く見える。2つ目の錐体は可視光の中波長領域の光に最もよく反応することから，M錐体(MiddleのM)とよばれている。この中波長の光は主に黄緑色などに見える光線である。そして，3つ目は，より短波長の光に感度を持った錐体で，S錐体(ShortのS)とよばれている(図2-3参照)。短波長の光は青っぽい光に見える。私

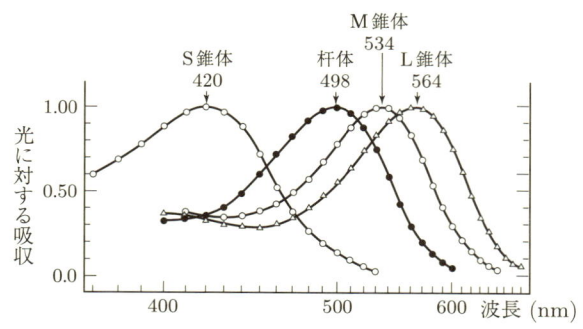

図2-3 3種類の錐体および杆体の光に対する吸収率
(Coren, Ward, & Enns, 1993)

たちの色の感覚はこれらの3タイプの錐体の反応のバランスが基盤になってもたらされている。

(3) 暗所視と明所視，薄明視とプルキンエ現象

錐体が反応するためには比較的多くの光を必要とする。このため私たちは日中や明るい場所で色覚はあるが，光が少ない夜や暗闇では色が見えないばかりか，トンネルや映画館など明るいところから突然暗い環境下(そのような環境での視覚を暗所視という)へ入ると，しばらくの間，周りのものがよく見えない。しかし目が暗さに慣れると，それには数分以上かかるが(暗順応)，ものの形や影がわかるようになる。これは明るい所では光が多すぎて反応飽和状態になっていた杆体が，活動を再開するために少し時間がかかるものの，夜あるいは暗闇で働きだしたことを示している。逆に暗いところから突然明るいところへ出るとしばらくの間まぶしくて目が開けられないくらいに感じるが，これもしばらくすると慣れてくる(明順応)。昼間や明るい照明環境下(明所視とよぶ)など，光が多い環境では杆体の反応は飽和してしまうが，逆に錐体は多くの光を必要とするため，今度はこちらが反応を開始するのである。例えていえば，杆体は，1キロ秤のようなもので，50グラムや500グラムを量るにはよいが，10キロのおもりを載せると針が振り切れてしまう。他方，錐体は1トン秤のようなもので，10キロや500キロの重たいものを量るにはよいが，数グラムのものを載せても秤の針は動かない，という

2-2 視　　覚　　　　　　　　　　　　　　　　　　　　　　　21

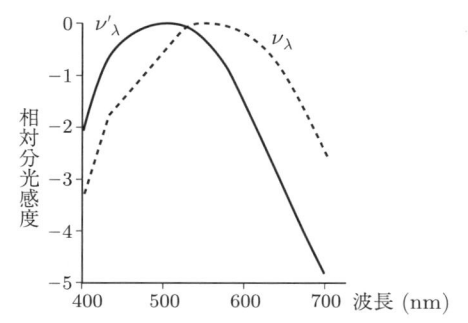

図 2-4　暗所視（実線）および明所視（点線）における相対分光感度
(Hood & Finkelstein, 1986)

ことである。
　夕暮れ時に街の景色が青っぽく見えることに気づいた人も多いだろう。この現象をプルキンエ現象という。光の量が暗所視と明所視の中間の時（薄明視という）には杆体と錐体の両方の光受容細胞が働く。このような状況は日の出，日の入りの頃に起こる。暗所視のときの杆体の光感度（図 2-4　ν'_λ）は，明所視のときに錐体による光感度（図 2-4　ν_λ）よりも短波長寄りにあるため，これら両方が働く薄明視（$\nu'_\lambda + \nu_\lambda$）では，明所視（$\nu_\lambda$）よりも相対的に光への感度が短波長側（青っぽく見える波長）に移動することになる。つまり，薄明視では，赤系統の色はそれまでよりも相対的に感度が低下して暗く見え，逆に青系統の色の感度は相対的に増加することになるため，夕暮れ時には青っぽい風景に見えるのである。

（4）視野と視力
　私たちは視覚世界を万遍なく一様にとらえることができるわけではない。私たちの光に対する感度は網膜上に分布する錐体と杆体の分布に依存している。錐体は視野（網膜）の中心領域（中心窩という）に高密度で存在するが，逆に杆体は中心窩にはほとんど存在せず，中心から視角で（視覚対象の大きさや位置を表すのに，視野中心の視軸からの角度で表現する）10～30度離れた領域に多く分布している。このため明所では，中心視野で視力が良く，しかも色の識別が可能だが，暗所（錐体は働かず杆体のみが働く）では視野中心で

は対象の形が見えづらいばかりか色の感覚はなく,周辺視野での方が対象がよく見える(光の検出感度も良い。このため,星を見るときには周辺視野に注意を集中した方がよく見えると教えられる)。また,網膜の中で,光受容器からの信号を脳へ伝える視神経の出口となっている網膜部位(視野中心より耳側へ約15度付近に対応する網膜部位)には光受容器がない。ここがいわゆる盲点といわれる場所で,この網膜部位に投射する視覚対象を私たちは見ることができない。

(5) 視力と時空間解像度

　私たちの視力の良し悪しは,光受容器の密度と網膜像の結像の度合いに大きく依存している。前者は,光受容器が網膜像をどれくらい細かく記録できるかという問題である。つまり,網膜上の画素(ピクセル)にあたる錐体あるいは杆体の密度が高ければ網膜像は細部まで表現でき,密度が低ければ粗い表現にならざるを得ない。カメラやテレビなどの解像度と同じ理屈である。このため明所視では錐体の密度の高い視野中心部,暗所視では視線の中心から少し周辺へ外れた部分での解像度が良いことになる。後者の結像の度合いとは,主に,カメラのレンズにあたる水晶体の調節の問題である。人は近くの物や遠くの対象を見る場合に,眼の周りの筋肉を収縮弛緩させて水晶体の厚みを変化させ,網膜焦点を調節している。しかし,近視や遠視,老眼の場合にはそのような調節がうまくいかない。このため私たちは眼鏡やコンタクトレンズを用いることによって焦点調節機能を補助している。

　視力とは「見分けることのできる最小差異」であるといえ,通常,さまざまな大きさのC文字(ランドルト環という)の向きを答えることで調べられている。しかし一般に,視覚の感度(違いを知覚できる刺激の強さ)は対象の大きさなどによって異なる。このような視覚の空間的感度特性は正弦波格子縞(正弦波状にコントラストの強さが変化する縞模様)によって測定されており,(空間的)コントラスト感度曲線とよばれている。単位空間あたりの縞の数(空間周波数:cpd(cycle per degree)で表す)を変化させて縞の存在を知覚できるコントラストの強さを測定すると,私たちの視覚は,5〜10 cpdの縞模様に対して最も感度が高く,わずかなコントラスト変化でも模様の存在

を知覚できる。しかしそれより空間周波数が低くても高くても感度は落ちてしまう。一方，同様の刺激を点滅させることによって視覚の時間的感度を測定することもできる。測定の結果，私たちの視覚は，1〜10 Hz (Hz: 1秒あたりの頻度) くらいの頻度で光が揺らぐと，多少の光の揺らぎでも非常に敏感に感じる。しかし，やはり時間周波数がそれよりも高かったり低かったりするとそのちらつきに気づくためには大きなコントラスト変化を要する。実は家庭用蛍光灯は国内家庭向け電源の周波数である50／60 Hzで点滅しているのであるが，普段それに気づくことは少ない。この50 Hzは，私たちのちらつき知覚の限界 (臨界融合頻度) であり，場合によってはそのちらつきを知覚できる周波数であるが，蛍光塗料などによって点滅強度変化が大きくならないようになっているため気がつかない。

2-3 聴　覚

(1) 音とは何か

聴覚刺激である「音」とは空気の振動によって作られる粗密波のことである。物体が振動すると空気を揺り動かし，空気に圧縮された (密) 部分とまばらな (疎) 部分が発生する。この空気の疎密振動の波を音波とよんでいる。このような音波が大気中を伝わり，私たちの耳に到達すると「音」として聞こえるのである。

音波は，一般に，波の大きさ (振幅) と単位時間当たりの振動回数 (周波数：単位Hz) によって表される。一般に人は約20 Hz〜約20,000 Hzの周波数帯 (可聴周波数範囲) の音を聞くことができるが，可聴周波数帯域の音でも低周波数の音 (低音) と高周波数の音 (高音) を聞くためには，より多くの強度を必要とする。周波数中域の音はそれらより聞こえやすい (図2-5　最小可聴閾参照)。

日常的に耳にする音は，さまざまな周波数の音波が混じった音であることが多い。単一の周波数による音波を純音とよび，複数の音波が集まった音を複合音とよぶ。楽器音や機械音などは同じ要素の音波が周期的に繰り返される複合音である。爆発音や衝撃音のような音も複合音であるが，それらには

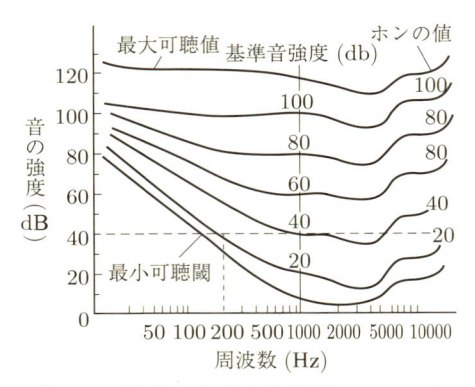

図 2-5　聴覚の等感度曲線(松田, 2000)

周期性はない。また，さまざまな周波数成分を雑多に含む音を私たちは普段「雑音」とよんでいるが，特に，その周波数成分が一様なものを白色雑音(ホワイトノイズ)という。

(2) 耳の構造

　哺乳類の聴覚器官である耳は外耳，中耳，内耳から成り立っている(図2-6(a)参照)。空気振動が外耳に到達すると鼓膜が振動し，その振動は中耳の耳小骨の振動へと変換される。そして，それが次に内耳の前庭とよばれる部分へ伝わる。前庭の先にはカタツムリのような形をした蝸牛という器官が付属している。前庭上部は半規管とよばれる器官(この部分の機能については，平衡感覚の項で述べる)となっている。

　蝸牛内部は3層構造になっており，上から前庭階，蝸牛管，鼓室階とよばれている。そのうち蝸牛管は内リンパ液に満たされており，その内部の底(基底板)の上には蓋膜に覆われた有毛細胞が同方向を向いて並んでいる。この部分をコルチ器という(図2-6(b)参照)。

　蝸牛の基底板に与えられた振動は，蝸牛管内部で蝸牛底(蝸牛の入口)から蝸牛頂(蝸牛の一番奥)へのリンパ液の進行波を生み出し，周波数によって蝸牛の異なる部分で最高の振幅をもたらす。そして，その波による衝撃がそれぞれの位置の有毛細胞に興奮を引き起こす。このようにして，コルチ器の有

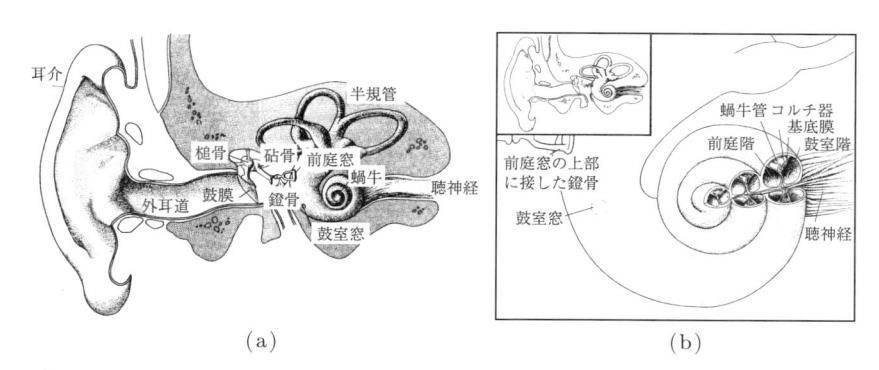

図 2-6　(a)聴覚器官　(b)内耳の構造(Lindsey & Norman, 1977)

毛細胞の一群はそれぞれの音声(周波数パターン)に対応して異なる反応パターンを生み出すことになる。そして，有毛細胞の基底部分は神経終末となっており，その神経反応を脳中枢へと伝えている。

(3) 音の周波数と振幅

音波の周波数は基本的には音の高さ(ピッチ)に対応している。特に純音の場合にはその周波数自体が音の高さに対応する。しかし複合音の場合，一般的には基音(基本周波数の音)がその音の高さを決めるのであるが，楽器の音のような複合音は倍音を含んでおり，逆に基音だけを除去しても知覚される音の高さは変わらない場合がある。このことから，基本周波数と知覚される音の高さは必ずしも同じでないことがわかる。また，複合音ではさまざまな周波数の組成が「音色」となって現れている。同じ高さの音でも楽器によって「音色」が異なるのはそのためである(図2-7参照)。

音声の聞こえ方は近接する周波数の音やノイズによって影響をうけることがある。その最もよく知られる現象の一つに唸り(beat)がある。これは周波数の近い2つの音が同調的に大きく聞こえる現象であり，このため一方が他方の音(信号音)やその倍音の検出を妨げるように働く。ところが，2つのうちの片方が信号音の周波数を含むホワイトノイズの場合にはこのような唸りの効果は発生せず，信号音の検出閾はノイズ強度の分だけ上昇するにすぎない。この効果はホワイトノイズの限られた周波数範囲においてのみおこり，

純音

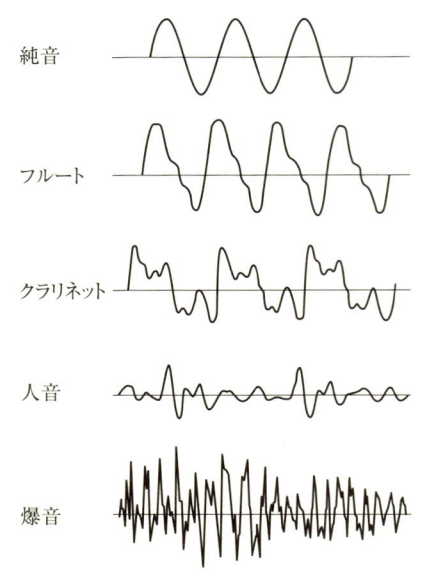

フルート

クラリネット

人音

爆音

図 2-7　さまざまな音の波形(小笠原他，1977)

この範囲を臨界帯域幅という。

　また，音波の振幅は音の強度を表している。しかし音の強度変化と知覚される音の大きさは同じではなく，音の大きさの感覚は音の物理的強度の対数に比例することが知られている。このため知覚される音の強度は，基準強度（1 kHz における一般成人の絶対閾強度 S = 0.00002 pa）に対する刺激強度（T）の比（$T/S = 10^x$）を対数で表すと都合がよい（単位 Bell）。そして通常は，それを10倍した値（$x = 10 \log(T/S)$）としてデシベル(dB)で表している。しかしまた音の等感度曲線（図 2-5 参照）からわかるように，音の物理的強度が同じでも主観的には大きさが異なって聞こえる場合がある。このため主観的な音の大きさをラウドネスとよび，ホン(phon)という単位で表している。

（4）雑音と騒音

　日常の生活では，電気製品の作動音，室外を行き交う人や車の音，話し声などさまざまな音が発生している。聴き手にとって意味のない音は「雑音」といえるが，人の思考や活動の妨げになったり，許容できないと感じられる

音は騒音とよばれる。「騒音」となる音の大きさについては環境基本法の中で定めがあるものの，現実にそれが騒音であるかどうかは聴き手の印象や好悪など心理的要因にも依存する。例えば，街中や乗り物の中では通常の生活環境と比べて非常に大きな音がしている。このような場面では，多くの場合，私たちはその大きな音あるいは騒々しい聴覚環境に順応し，最小可聴閾は上昇して（聴覚感度は低下し），その音をもはや「騒音」とは感じなくなる。しかし，物理的に同じ音であったり小音量の音でも，断続的にそれを聞かされたり聞きたくないと思っている音（音声や音楽）は不愉快に感じられ，その場合には「騒音」となりえるのである。

(5) 難　聴

不快に感じていなくても職場や生活環境などで強い騒音に長時間曝され，その程度が著しくなると聴力損失を招くことがある。さらに，非常に大きな音響環境下にしばらくいると，その後，通常の大きさの音声が聞きにくいばかりか，耳が塞がったような感じや耳鳴りがしたりする。このような一時的難聴はコンサートやナイトスポット，ある種のイベントなどの後に経験した人も少なくないのではなかろうか。しかし，このような経験が繰り返されたり，大音量というほどでなくても比較的大きな音環境での生活を続けていると，聴力は低下する。また，聴力は年齢とともに低下し，高齢者では特に高周波成分の聞き取りが難しくなることも知られている。可聴最高周波数は一般に 60 歳で約 10,000 Hz，80 歳では 5,000 Hz 程度にまで低下するといわれており，このような現象は老年性難聴とよばれている。

2-4　触覚と体性感覚

一般に，私たちが触覚とよんでいる感覚は，体性感覚の一部である。体性感覚には，触覚や皮膚感覚などの表面感覚，筋運動感覚や肢体位置感覚を含む自己受容感覚，前庭機能に大きく依存する平衡感覚，そして内蔵感覚などを含む深部感覚などが含まれる。ここでは体性感覚のうち私たちに馴染みの多い感覚について述べる。

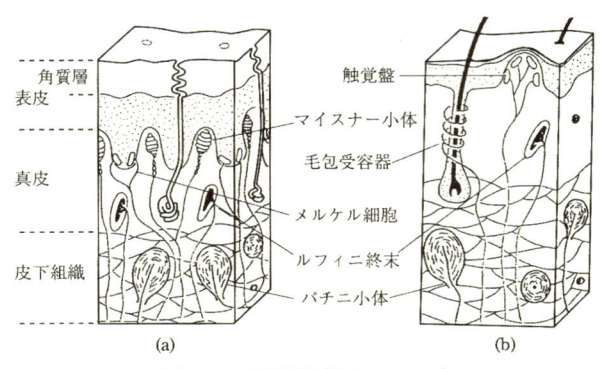

図 2-8　触覚器(松田, 2000)

(1) 触　　覚

　触覚は，皮膚に加えられる力学的刺激に対して機械的受容器が反応することによっておこる。このような受容器としてマイスナー小体，パチニ小体，メルケル細胞，ルフィニ終末などがある(図 2-8 参照)。これらは皮膚上に散らばって混在している。これらの機械的受容細胞は受容野サイズの大小と刺激への順応速度の違い(速い／遅い)という特性から分類することができる。マイスナー小体は対象が皮膚を押すとき反応するが，押され続けると反応しなくなり，接触の感覚を伝えていると考えられる。パチニ小体は一過性の刺激や振動刺激によく反応するという。一方，メルケル細胞とルフィニ終末は圧刺激が与えられると強度に応じて持続的に反応するがその受容範囲の広さが異なっている。これらの受容器の反応の組み合わせによって硬い／柔らかい，ざらざら／すべすべ，くすぐったいなどの感覚をもたらしていると考えられる。

　触覚がどれくらい触刺激の位置の違いを区別できるのかは二点弁別閾によって測定されている(図 2-9(a)参照)。この触二点閾は手指で最も小さく(感度がよく)，顔面特に上唇そして頬がこれに続く。そして足母指なども比較的低いが，それに比べて体幹部や上肢下肢は閾値が3倍程度も高い。また，二点による圧刺激ではなく振動刺激を用いると閾値が相対的に低くなることも知られている。これらの感度は，皮膚上での機械的受容器の分布に依

2-4 触覚と体性感覚

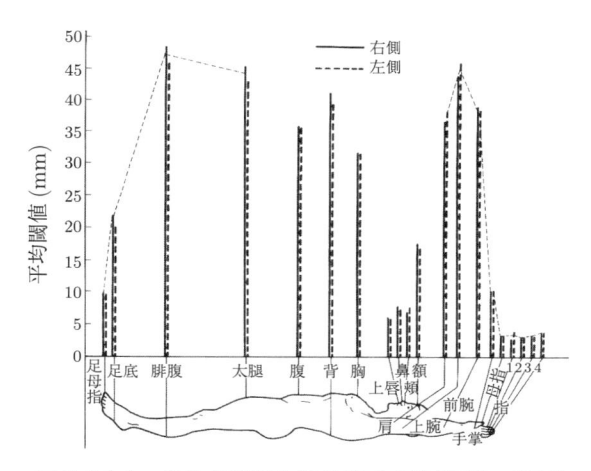

図 2-9（a） 身体各部における触二点閾(宮岡，1994)

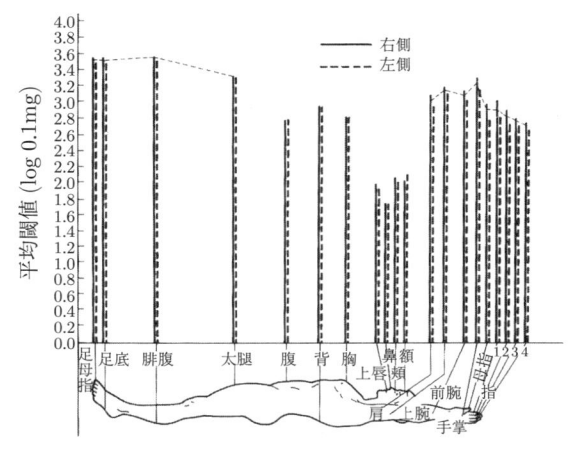

図 2-9（b） 身体各部における圧覚閾(宮岡，1994)

存している。手指と手掌での機械受容器の密度と二点閾の関係を調べると，手指先端部の受容器の密度が高い部分で空間解像度が高く，密度と感度の分布は対応している。

　一方，全身の体表面の触感覚(圧覚閾)についても，やはり最も敏感な部位は顔であり，特に鼻の触覚閾が最も低い。続いて体幹，上肢，下肢の順に感

度が低い(図2-9(b)参照)。また男子に比べて女子の閾値が低いという。

(2) 温覚・冷覚・痛覚

　皮膚上には触感覚とは別に温かさ(温覚)と冷たさ(冷覚)そして痛み(痛覚)をもたらす部位(温点，冷点，痛点)が点在していることが知られている。温覚と冷覚は，それぞれ温受容器，冷受容器によってもたらされ，皮膚上の受容器が順応温度よりも高温あるいは低温になると反応する。

　痛覚は侵害感覚ともよばれ，侵害受容器が興奮することによって経験される。痛覚を生む痛点の数は他の感覚点よりずっと多く，皮膚表面のみならず腹膜や横隔膜など体内にも広く分布している。しかし，肺や心臓，胃などはそれ自体痛覚を持たないという。自身への危険信号を伝える役目のためであろうか，痛覚は，あまり順応しない感覚として知られている。

(3) 自己受容感覚と平衡感覚

　身体を動かす際には骨格筋や関節などが動く。逆に，それらの状態から身体の位置や動きの感覚，緊張などの感覚，物体の重さの感覚などを持つことができる。この感覚を自己受容感覚(固有受容感覚：proprioceptive perception)とよぶ。これらの感覚は筋組織内にあって筋の伸張によって活動する伸張受容器，腱のゴルジ受容器，関節受容器などによって発せられる身体情報をもとにして生成される。

　姿勢の感覚・制御，いわゆる平衡感覚においては前庭器官からの情報も重要である。前庭器は内耳の蝸牛に隣接しており，耳石器と半規官(三半規管ともいう)から構成されている(図2-6(a)参照)。耳石器は高比重物質(耳石)を含むゼラチン様物質が有毛細胞を覆っている器官で，前庭器(頭部)が傾くと重力によってそのゼラチン状物質が傾き，それによって有毛細胞が反応して体の傾きを知らせる。一方，半規官はリンパ液が満たされた3つの半円形チューブが xyz 軸方向につながっている器官で，やはり内部に有毛細胞がある。頭部の傾きや回転によってリンパ液が動くと，その流れによって有毛細胞が反応し，3次元内での頭部の傾きの情報を与える。これらの感覚情報をもとに私たちは身体や姿勢をコントロールしているのである。

2-5 味覚と嗅覚

(1) 味　　覚

　味覚の感覚器は味蕾とよばれる器官である。味蕾は主に舌の表面にあるが口蓋や咽頭にもある。舌を観察するとその表面には細かな突起をいくつも見ることができるが，これらは乳頭とよばれ，その表面上に味蕾とよばれる小さな味受容細胞の組織が並んでいる（図2-10参照）。味覚物質が味受容細胞の表面に達するとそれらは反応して，味覚神経に電位変化の信号を送る。味受容細胞は水溶液中の化学物質に反応する。このため水に溶けない物質には味を感じない。それらの細胞の多くは複数の基本味に応答し，味物質の濃度に比例して電位を上げる。しかし，風邪をひくと食べ物の味がよくわからなかったりする。これは舌や喉，鼻などの炎症によって味蕾の機能が低下するとともに，唾液の分泌や粘度にも変化が起こるためと考えられる。また，「入れ歯をするとごはんがおいしくない」そうだが，これは口蓋部が義歯によって覆われてしまい，食べ物に含まれる物質をうまく受容できないためであろう。他にも，亜鉛欠乏になると味覚障害になることが知られている。これは蛋白質の代謝に亜鉛が必要で，寿命が10日程度と短い味蕾の新生交替が障害されるためである。

　従来は基本味として甘味，鹹味（かんみ：塩味），苦味，酸味の四味が挙げられてきたが，近頃はこれに旨味も加えられることが多い。基本四味については，主に，甘味は水酸基，鹹味は無機塩類の陰イオン，苦味はナトリウ

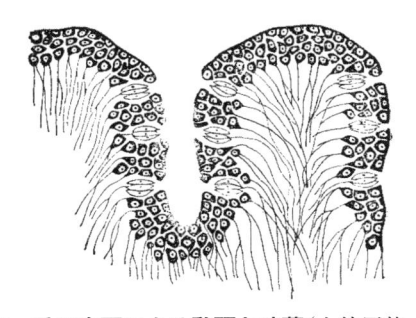

図2-10　舌の表面にある乳頭と味蕾(小笠原他，1977)

ム，カリウム，カルシウム，マグネシウムなどのイオン，酸味は水素イオンによって感じることが知られている。旨味となるのはアミノ酸や有機酸などである。しかし，私たちは，実際にはこれらの基本味のみならずもっと多様な味や複雑な味も感じ，微妙な味の違いも感じている。

　また，ミラクルフルーツの話をご存知だろうか？この果実を口に含むと，酸っぱいものが甘く感じられるという。この現象の有効成分はミラクリンとよばれ，それ自身に味はないが，酸と結合して化学変化し，甘味受容細胞を刺激する。ミラクルフルーツでなくても，食べ物や飲み物の味が食べ合わせによって変化することを，私たちは日常しばしば経験している。

　なお，「辛味」では味覚神経は応答しない。辛味物質はむしろ痛覚や温度感覚を刺激すると考えられている。また，風味などというように，匂いや口から鼻へ抜ける香りなども味の重要な要素ととらえられているように，私たちが普段「味」と感じている感覚は，味覚情報のみならず痛感覚や温度感覚，嗅覚，さらには視覚などさまざまな感覚情報を総合的に知覚した結果感じているものなのである。

(2) 嗅　　覚

　嗅覚器官である鼻は左右の鼻腔に分かれ，それらは内部で何層かに分かれているが，その上部は嗅上皮とよばれる嗅受容細胞の集まる領域である。鼻腔内壁にある嗅受容細胞からは粘膜に覆われた嗅毛が伸びている（図2-11参照）。嗅覚をもたらすニオイ刺激は空気中に漂う微小な物質で，ニオイ物質が鼻腔粘膜に付着すると，嗅毛をもった嗅受容細胞が反応する。個々の嗅受容細胞はそれぞれ異なるニオイ物質に，きわめて微量であっても反応するという。嗅受容細胞の一方は粘膜層に突起して嗅毛を伸ばしているが他方は軸索（嗅神経繊維）となった双極細胞であり，その軸索の束（嗅神経繊維）は直接頭蓋内の嗅球へ達している。嗅覚器官は非接触対象の情報を取り入れることができる点，味覚や触覚と比べて一段階進化した生物のもつ感覚器官であるといえるが，感覚器が直接中枢神経系へ接続しているなど，比較的原始的な感覚器官であるともいえる。嗅球は6層構造をした脳神経集合組織で，この組織がニオイパターンの弁別を行っていると考えられている。

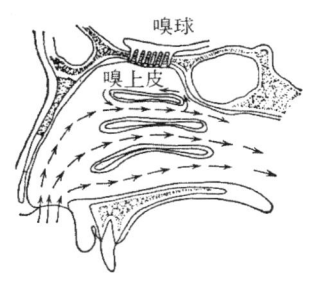

図 2-11　嗅上皮と嗅球(小笠原他, 1977)

　しかし，嗅覚の扱うニオイ物質の数は膨大にあり，物質の組み合わせによって構成されるニオイの種類も大変多い。ニオイをもたらす化合物は10万種類もあるといわれている。ニオイについては，味覚における基本味のような「基本臭」といった分類の試みは一般的にあまり受け入れられていない。むしろ，ニオイのパターンは未分化であり，嗅細胞の反応パターンの各々が直接対象をあらわしていると考えられる。個々の嗅受容細胞はニオイを構成するニオイ物質とその濃度の違いによって反応強度を変えることから，その反応パターンの違いによっておびただしい種類のニオイを弁別しているのであろうと考えられている。

　一方，嗅覚は順応性の高い感覚器官でもある。部屋やトイレなどの臭いには，そこに入った直後にははっきり感じるのに，しばらくすると慣れてしまうということがよくある。また，他のニオイを加えることでニオイを中和したり，打ち消すことができる場合があり，このような特性は消臭剤などとして日常生活で利用されている。

2-6　感覚量の測定と心理物理学

　私たちが感じることはしばしば言葉で適切に表現することが難しい。また，物事に対する「感じ方」は人それぞれである。このため，私たちが感じていることを他人にできるだけ正確に伝えたり，感じ方の一般性を知りたいと思ったり，また何らかの規則性を調べようとするとき，感覚の事象をより客観的に表すことが必要になる。このようなとき，感覚の種類や程度を量る

(測る)ということが必要になり，明確な基準を用いて定量的に感覚量を比較することが有用となる。

（1） 心理物理学

　感覚特徴の定量化の試みは古くから行われてきた。絶対閾や検出閾などの測定はその一例である（2-1-（2））。絶対閾・検出閾の場合には，どれくらいの強度の刺激を与えれば刺激の存在がわかるかを測定する。弁別閾は，ある刺激量を基準としてその刺激量を少しずつ変えていった場合，どれくらいの差異で，その変化に気づくかといった一般的な値を与えてくれる。心的な感覚の量を物理的刺激の量（物理量）によって定量的に表そうとするこのような測定を，心理物理測定（少々古い文献などでは精神物理測定）といい，その方法論を心理物理学（同，精神物理学）とよんでいる。

　例えば光の検出閾の測定などでは，暗黒の状態から光の量を少しずつ増していき，光を検出することができた量（物理量）を測定する。何度か測定してみると，その値は大体同じなのだが，厳密には一定でなく測定値が毎回微妙にずれることがわかる。しかし，光の量（物理量）を横軸にとり，光を検出した割合（例えば，同じ物理量の光を10回呈示した場合に何回光を感じたかという頻度）を縦軸にとってその感覚知覚の発生割合を表すと，一般に，光の量がきわめて弱いときには何度呈示しても観察者はその光を見ることはできない。しかし，徐々に光量を多くしてゆくに従って光覚頻度は徐々に高まり，光量が十分に多ければ100％光を見ることができるという結果になる。そして，その光覚頻度は，それらの中間部分では徐々に変化し，どの刺激量から確実に光覚をもたらすのか，その境界線ははっきりしない。むしろこのような感覚は確率的に起こることが知られている。このため，「あるか，ないか」「同じか，違うか」の境い目（閾，イキ：しきい）を感覚確率の中間の値によって表し，その値を閾値とよんでいる。そして感覚知覚の確率関数は累積正規分布関数やロジスティック関数などで近似できることが知られており，心理測定関数（psychometric function）とよばれている。このような感覚知覚の特性は，光の知覚だけでなく，動きを感じる運動量，重さの違いの感覚，甘みを感じる砂糖の量など，感覚の種類や刺激の次元が異なっても同様

の手順によって測定できる。

(2) 感覚量の法則

感覚量と物理量の関係については，いくつかの規則性が知られているのでここでいくつか紹介する。

ウェーバー(Weber, E. H.)は刺激の差異が感じられる刺激量である弁別閾について調べた。そして，弁別可能な変化量(ΔI)は原刺激(比較の元になる刺激)の量(I_s)に対しておよそ一定の比率であること，すなわち $\Delta I / I_s = C$ (一定) の関係があることを発見した。この関係をウェーバーの法則という。C(ウェーバー比：定数)の値は感覚の次元(例えば，明るさ感覚，重さの感覚，音の強さの感覚，ニオイの強さの感覚など)によって異なるが，その感覚内ではほぼ一定であることが知られている。

その後，フェヒナー(Fechner, G. T.)はウェーバーの法則をもとに，感覚量(S)は刺激量(I_s)の対数関数，すなわち $S = n \log I_s$ として表すことができることを示した(フェヒナーの法則：n は定数)。この関係は，刺激量が極端な場合には当てはまらないが，私たちが普段経験している程度の感覚量／刺激量に対しては当てはまることが示された。

さらにスティーブンス(Stevens, S. S.)は，厳密な心理物理測定によらず，人の感覚量をむしろ直観的な数値で感覚量を見積る(例えば，ある基準刺激を10などとおき，それとの比較で別の刺激を 25, 100, 5 などと直観的に評価する)と，感覚量(S)は刺激量(I_s)のベキ関数で近似できることを見いだした($S=kI_s^n$：k は定数，n は感覚の種類や刺激変数によって異なる)。これを(スティーブンスの)ベキ法則とよび，この感覚量推定方法を「マグニチュード評価法」という。

(3) SD法

上に示したような感覚量の物理的な定量化ではなく，感覚量を主観的に定量化する方法としてよく用いられる方法として SD 法(semantic differential method)がある。この方法は，感覚量を物理的に測定しようとはせずに，多面的な心理量で表現しようとする。具体的には，ある対象が，複数の形容

詞語や特性語にどれくらい当てはまるかを評価してもらい，その感じ／印象／評価がどのような要素（因子ともいう）から成り立っているかを明らかにしようとする。これは本来，対象概念などを表現するためにオズグッド（Osgood, C. E.）が開発した手法であるが，今日，心理学における印象評定のみならず，商業的な印象評価や機能検査などでもよく用いられている。

3章　　　　　　　　　　　　　　　　知　　覚

　外界の情報は5つの感覚器官から別々に入り，その入力は一時もやむことがなく複雑に変化する。しかし膨大で無秩序にも見える感覚情報の流れの中に，私たちは苦もなく単純で安定した世界を認識している。このように感覚と心の中に表現されたもの（表象）の間には大きなギャップがあり，この橋渡しを担うのが知覚である。各感覚情報の変化や五感の組み合わせは無数であり，解釈の可能性はたくさんある。知覚は，この中にすばやく妥当な1つの解を見いだし，それにあわせて調和する世界全体を構成する。そして導かれた世界を維持しようとする。知覚には多くの機能が含まれるが，大きく知覚の構成（体制化）と維持（恒常性）に分けて考えることができる。

3-1　知覚の成立

　絵を描くときには，描いているものの詳細な形や色を意識するであろう。人間の視感覚は鋭敏であり，明るさ，色，形など，多くの情報やその微細な変化を区別できるようなしくみを持っている。しかし日常の生活で，つねにその能力をフル回転して精緻な分析をしているようにはみえない。例えば，見ている物体が何であるか（同定），あるいは，以前に来たことのある場所か（再認），などの判断には，個々の感覚情報の精緻な分析よりも，情報の組み合わせ，まとまりが重要であろう。むしろ膨大な感覚情報をそぎ落として抽象化し，意味のない変化はあえて見落としてしまう。これによって例えば，いま食べているものがカレーだとか，ここが大学の学生食堂であるといった，日常活動にどうしても必要な認識が生まれる。このほぼ自動的に実行される，意味のあるまとまりをスムーズに構成することと維持することが，知覚の初期過程の主な仕事である。人間はまた1つの知覚処理を適切にこなした後は，すぐ次の知覚に関心が移ってしまうようにも見える。人間に限らず

どんな動物も，環境によって与え続けられる終わりのない感覚情報を処理し続けなくてはならないので，意味のない細部にこだわらずに身のまわりの環境をうまく認識するためには，これはいたしかたのないことかもしれない。生態学的視覚論の提唱者であるギブソン (Gibson, J. J.) は，刻々と眼に入ってくる膨大な光配列情報とその変化の中に，私たちが生活するのに必要な環境認識のための情報がすべて含まれている，と述べているが，確かにそうであろう。しかしここで，多くの感覚情報が調和する世界を心の中に表現するには，情報の中から外界の安定した特徴を取り出すことが重要である。またこれらで構成された知覚表象がなければ，対象の同定やシーンの再認といった高次知覚の課題を実行することは難しいだろう。

　ここで心の中に知覚表象をつくりだす方法を考えてみると，私たちは意味のあるまとまりを取り出すための外界に関する決まり事（規則）をいくつも持っていて，それをあまり意識せずに使っているように見える。森の中では木イチゴはたいていキノコより上の方で見つかるし，動物の区別には，大きさが重要な情報である（ウサギはリスより大きい）。野菜売場の赤い山は，リンゴやトマトの可能性が高いし，病院の待合室に白い衣服を着た人が多くいても驚かない。眼前に床柱や掛け軸，置物があればここは和室かなと思う。知覚は感覚システムを介して入ってきた情報の中から，自身が構築したい世界に統合できるものを，これらの規則にもとづいて選んでいるように見える。規則のいくらかは，神経系の成熟とともにほぼ生得的に備わるものかもしれないし，他は学習や経験をとおして確立されるものかもしれない。知覚の過程は複雑であり，比較的初期レベルから，次章で述べられる高次レベルの機能まで多岐にわたるが，この章では，初期レベルで実現されていると考えられている2つの機能，感覚情報をもとに外界を意味のあるまとまりに組織化する体制化と，その安定に寄与する恒常性について解説する。

3-2 体制化

　視野内のある領域が輪郭で囲まれていると，それはある対象として，他の対象や背景から分化される。分化された領域はそれぞれ異なった性質を持っ

て知覚される。この分化は，対象や背景の幾何学的特性に基づいて，あまり意識することなく行われる知覚的な体制化の一つである。人間の知覚に組み込まれたこの過程は，図と地の分化や，ゲシュタルトの対象の群化規則として知られており，視覚だけではなく聴覚などでも見られる。

(1) 図と地の分化

　一般に私たちは環境内のある領域を図(対象)として，残りの部分を地(背景)としてとらえる。図は注目しているものであることが多く，境界部を含んでいて形がはっきりわかる。一方，地には境界が属さず，図の背後に広がっているように見える。日常的な環境の見えでは，図と地は一義的に決まることが多いが，図 3-1 のように図と地があいまいな場合もある。この場合には，図となる対象が，見つめ合っている横顔の影絵か，白い壺かで，全体的な見え方は大きく異なってくる。このとき顔と壺はどちらも図になりうるので，顔が見えたり壺が見えたりする。しかし顔と壺のどちらか一方が図になるときは，必ずもう一方が地になるので，顔と壺が同時に見えることは決してない。たとえ両方の見え方が可能であることをわかっていても，やはり同時に顔と壺を見ることはできない。ただし図になりやすいかどうかは，画像の幾何学的特性によっておおよそ決まる。例えば面積が広い領域ほど地になりやすく，小さい領域は図になりやすい。図 3-1 の 3 つのパターンを比べると，白い部分の領域は右のパターンほど広くなっている。したがって，左にいくほど白い壺が図として見えやすく，右へいくほど横顔が図として見えやすい(Weisstein & Wong, 1986)。

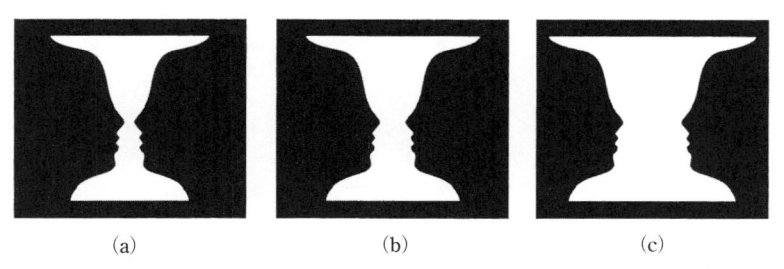

図 3-1　図と地があいまいな図形(Nolen-Hoeksema et al., 2009)

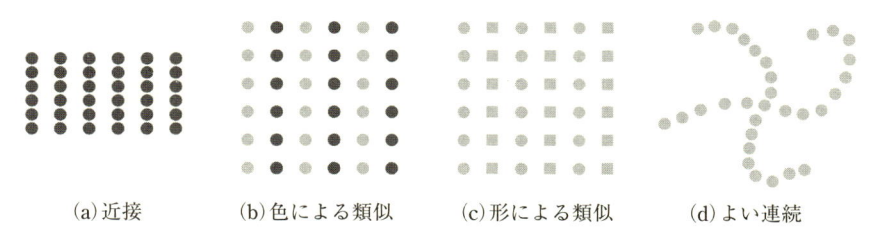

（2）ゲシュタルトの群化規則

　図と地の分化だけでなく，複数の対象をまとまりとして見る過程(群化)もまた，あまり意識しないでほぼ自動的におこる知覚的な体制化である。ゲシュタルト心理学者はこのまとまりとして見るための要因を多く提案しており，ゲシュタルトの群化規則とよばれている。例えば図3-2の(a)，(b)，(c)はいずれも行よりも列としてのまとまりが強い例である。つまり，(a)は列に並ぶ丸が行に並ぶ丸より接近することによって(近接)，まとまって見える。(b)は列の色がグレーと黒で交互に着色されており，似ているという要因によって(類似)，まとまる。(c)も類似の例であるが，丸同士，四角同士，形の同じ列がまとまりとして見える。これら3つの例では行の要素がまとまりとして見えることはほとんどない。(d)では点のなめらかな連続が結びついて線としてまとまり，2本の交差する点線(よい連続)が見えることが多い。その他にも，閉じた複数の線分などが(閉合)，図形としてまとまったり，同じ方向や速度で動くものが(共通運命)，まとまって見えたりもする。これらゲシュタルトの群化規則は一見すると単純ではあるが，強い拘束力を持っており，組み合わせて使うこともできる。私たちが見ている画像を分節化してとらえるとき，これらの群化規則は，見えの可能性としてある多くの候補の中から，矛盾が少なくてもっとも安定した見えを，1つだけ答えとして提案してくれる。分化がすばやく実行されることは知覚の体制化において重要であるが，図地の分離や群化規則は現実世界の見えとして誤った解釈を導くこともある。群化によるまとまりは，聴覚などでは空間よりも時間として現れるようであるが，他の感覚においても大きな役割を果たしている。

　　(a)近接　　　(b)色による類似　　(c)形による類似　　(d)よい連続

図3-2　ゲシュタルトの群化規則

3-2 体制化　　　　　　　　　　　　　　　　　　　　　　　　　　　　41

(3) 境界と形の構成

　人間の視覚が他の生物より優れているのは，環境の特徴をとらえるために多彩なしくみを備えていることにある。私たちはある視覚的な特徴が変化するとき，その変化点に境界を知覚する。色彩や明るさのような感覚情報に直結する特徴はもちろんであるが，面についた模様である肌理や，対象物の動き，左右の目の画像差（両眼視差），すき間を補う主観的輪郭などの特徴によっても境界をとらえることができる。これらの境界情報は，後述するように奥行き情報として3次元空間の認識にとっても重要な要素となるが，対象の境界となって形の構成にも寄与している。図3-3 はランダムドットステレオグラムとよばれ，左右のランダムな白黒点のパターンを，それぞれ右眼と左眼でみると，1つのパターンに融合して見えるが，そのとき中央部に正方形が浮き上がって見える。実は左右のパターンはまったく同じではなく，中央部の方形領域のドットのみ左右で少しずれている。そのずれを両眼間の視差情報としてとらえることで，そこから構成される面領域の奥行きと形状を私たちは見ることができる。ここで注目してほしいのは，左右のパターンを単独で見ただけでは，正方形に関するどんな手がかりも見つけだすことができないことである。つまりこの正方形とその境界は，両眼視差の手がかりだけで見ていることになる。

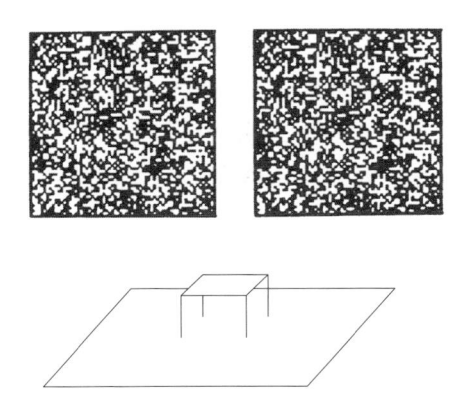

図3-3　ランダムドットステレオグラムとその融合時の見え方

(a)　　　　　　　　(b)

図 3-4　主観的輪郭線

　図 3-4 は主観的輪郭とよばれる現象を示している。線分の端点と黒円の切れ込みで表現される部分的な境界を補完する形で主観的輪郭が見え，その輪郭も含めて，中央に閉じた白い領域がはっきり知覚できる。また白領域の面が手前にあって，後ろにある黒い線で描かれた三角形を部分的に隠しているように（遮蔽），3次元的な奥行きを持って感じられる場合もある。複数の端点と黒円の切れ込みをバラバラなものと見るよりも，1つの白い三角領域と見る方が形としてまとまりがよい。現実の場面では，対象の輪郭は，遮蔽などによって全体が見えない場合が多く，主観的輪郭は不完全な境界を補強して，対象の形をまとまりよく見せてくれる。この見えが実際には間違っている可能性もあるが，私たちはほぼ迷わずにこの見えを選択してしまう。

　図 3-5 は透明視とよばれる現象を示している（松田，1995）。背後のものが透けて見えるような印象を持つが，実際にこの本が半透明の紙で印刷されているわけではない。この場合も主観的輪郭と同様に，形におけるまとまりの良さが重要である。この図の場合，白，黒，灰の3種類のインクで，それぞれ複数の領域（白5，黒5，灰3）を描いて印刷してあるが，計13領域が組み合わされた複雑な図形ではなく，灰色の背景上に白い十字があり，その上に黒い半透明の長方形と文字Pが重なっているとしか見えない。このように見た方が，形としてはるかにまとまりがよい。半透明の遮蔽は実生活でも生起するので，この経験からも知覚システムは瞬時に後者の見えを選択するようである。

　明暗や色の違いはもちろんであるが，これらの例のように両眼視差や主観的輪郭，透明視，あるいはその他の特徴処理は，特徴の変化点を強調して明

3-2 体制化

図 3-5　透明視(松田，1995)

確な境界として私たちに見せてくれる。さらに複数の境界からよいまとまりである形を知覚する。つまりさまざまな特徴から生まれた複数の境界に対して，図と地の分化やゲシュタルトの群化規則が適用されることによって，よいまとまりが生まれるのだろう。それぞれの特徴は，視覚皮質の異なった部位で処理されており，機能的に独立した構成部品(モジュール)とよべるような単位で実現されているようである。

(4) 奥行き情報の構成

前節では特殊な例も含めて境界と形の見えを紹介したが，これらの現象には奥行き感も伴って見える。主観的輪郭でまとまった形は手前にあって，背後のものを隠しているように見えるし(図3-4)，ランダムドットによる見え(図3-3)や透明視(図3-5)はまさに空間内の奥行きを認識しているとも言える。知覚システムはこれ以外にも多くの奥行き手がかりを使って，立体的な表象を心の中に構成しようとする。私たちは3次元の世界に住んでいるのだから，これは当然の帰結かもしれないが，実際に2次元の網膜像から完全な3次元の表象を作り出すのは不可能である。ただし，絵で描かれたもののように立体的に見せることは可能であり，実際に知覚はそれを行っている。網膜で失われた3次元情報は，ある対象の奥行き情報を与えてくれるさまざまな奥行きの手がかりを使い，ほぼ自動的に再構成される。

私たちの眼は，正面に並んで存在している。そのため2つの眼の視野の大

部分は重なってしまう。ウサギのように左右に分かれて眼が位置していれば視野も広がって有効であるが，この進化の上での選択には大きな理由がある。左右の眼がある対象を見るとき，視点の違いから少し異なった見え方になるのは，片目をつぶって交互に見るとわかる。このずれは両眼視差とよばれ，対象が近いほど大きく，遠ざかるにつれてだんだん小さくなり，5mを超えると視差はほぼなくなる。同じ対象を見ている左右の眼の情報は，大脳において比較され統合されるが（両眼融合），このとき視差量の大小によって，視差が大きいほど近いところ，小さいものは遠いところと，空間内のさまざまな位置に各対象を割り当てている。図3-3のランダムドットステレオグラムも両眼視差による奥行き感の一例である。視差による奥行き手がかりは，5mを超える遠距離では効力を発揮しないが，それ以内の近距離ではとても有効である。身近にあるものに手でふれたり，歩いているときに障害物をかわせるのはこのおかげである。この他にも比較的近い距離で機能する手がかりはたくさんある。例えば，焦点深度は，カメラのピント合わせと同じ原理だが，やはり奥行き手がかりの一つである。眼がある対象に焦点を合わせたときに，ピントが合う空間範囲が限られていることで，他の距離に位置するものがぼけてしまうが，これも奥行きを判断する材料になる。また絵を描いてみるとその効果がよくわかるが，対象に黒やグレーで陰影をつけてやると絵の平板な印象が薄れて立体的にみえる。

　図3-6は顔のくぼんだ部分に照明条件にあうように影をつけているだけの単純な陰影であるが，立体的な印象が強まる。このように陰影もまた奥行きの重要な手がかりであるが，さらに実際の場面では，照明光と反射面の角度に応じて面の明るさが決まるので，陰影は最明部の白から最暗部の黒まで，かなりの階調のグレースケールで表現されている。そのため面の凹凸の程度にあわせて陰影が微妙に変化する見えの中に，私たちは立体的な構造を鮮やかに知覚することができる。他にも例えば対象間の重なりは，重要な奥行き手がかりになる。実世界の対象は全体がすべて見えることは少なく，お互いに重なりあって見えることが多い。このとき隠している対象を近くに，隠された対象を遠くに知覚する（遮蔽）。

　では比較的遠い距離の奥行き感はどのように形成されるのだろうか。遠ざ

3-2 体制化

図 3-6　陰影による奥行き感(Cavanagh, 1991)

かっていく自動車が消えていく遠くの町並みや，そのはるか彼方にうっすらと見える山々，といった日常の風景にも奥行き感はある。ここでも私たちは状況に応じて多くの手がかりを使ってこの立体感を生み出している。ではこの手がかりをいくつか箇条書きにしてみよう。自動車の助手席側の窓から，遠くまで一面に広がる畑を見ているとしよう。このとき畑の映像が後ろに流れていくが，手前の畑ほど早く，遠くに行くほど遅い（運動視差）。今度は見通しのきく地平線まで続くまっすぐな道を走っているとしよう。ガードレールの支柱は同じ形状であるが，遠くのものほど小さく見える（大きさによる手がかり）。また遠くの支柱ほど視野の高い所に位置し地平線に近づいていく（高さによる手がかり）。遠方に向かって平行にのびる道幅は遠くに行くほど狭まり，やがて一点に収斂する（線遠近法）。道や周辺の景色は遠くに行くほど白くかすんだように見える（大気遠近法）。これらの例から，遠方の奥行き感についてもさまざまな手がかりが使われて知覚が構成されるのがわかる。他にも，石畳の道や四角いタイルの廊下を歩いていると，石畳やタイルの間隔が遠くに行くほど狭まって小さくなる（肌理の勾配）。この例は図 3-7 に示されている。左の図では黒丸が，右の写真ではひまわりがそれぞれ肌理となって，連続的に小さくなっていく肌理の勾配が見られるが，その面が遠く地平線まで続く地面のように知覚される。

図 3-7　肌理の勾配による面の奥行き感

（5）運動情報の構成

　私たちはつねに移動しているし，他の人や動物，自動車などは環境内をたえず動いている。したがって知覚が絵画のように静的な体制化のみに重点をおいた構成になっているとは考えにくい。実際に運動の検知は知覚において重要な要素である。どんなときに動きが見えるのだろう。網膜上を対象の映像が動くときと言えばそれまでであるが，そのような条件がそろわなくても，あるいは実際に動いていなくてもはっきりと動きを知覚することはある。踏切の警報機は，2つの赤いランプが時間をおいて点滅を繰り返しているだけで実際の動きはないが，私たちには赤いランプが左右に動いているように見える。これは仮現運動とよばれ，夜のネオンサインも同じ原理である。映画もコマ送りで静止画を見ているだけなので，動きの知覚は，この現象が生起するときの対象の出現と消失に関する時空間条件によっているといえる。
　日常における実際の対象の動きを見ているときには，止まっているものや違う速度で動いているものなど，さまざまな対象との相対的な動きをとらえることが重要である。一様な背景より，さまざまなもので構成された複雑な背景の方が動きを見やすい。また人が歩いたりイスに腰掛けたりなど，日常的な動作を行うとき，動きそのものからその活動の意味を理解している可能性がある。特殊なカメラにのみ写るマーカーを人の関節部などに設置して，歩いているときのマーカーのみの映像を作成したとしよう。ほとんどの人は

3-2 体制化

10個強のマーカーの相対的動きだけから，人が歩いている様子を知覚できる。つまり私たちは見慣れたものであれば，動きそのものから，その日常活動が何であるかを理解できる。さらに相対的な運動情報だけから，対象の境界や形を知覚することもできる。図3-3のような両眼視に使う2枚のランダムドットステレオグラムを1秒ずつ連続的に同じ位置に提示し，両目で観察したとしよう。そのとき視差のある中心部分の正方形が動いて見える。この動いた瞬間に正方形の境界がはっきりわかるが，境界はすぐ消えてしまう。これは運動視差の一種であり，私たちの知覚システムが，動きによって境界や形を検知できることを示している。このとき同じ方向と速度で動く正方形領域がまとまってみえる（ゲシュタルトの共通運命の規則）。また動いた正方形は背景に対して手前にあるように認識され，奥行きの手がかりとしても使われる。このように動きは知覚の体制化にとって重要な役割を果たしている。

滝をしばらく見ていると，流れが遅くなったと感じたり，周囲の断崖が上向きに動いて見えたりしたことはないだろうか。ある運動を見続けていると，類似した方向や速度の運動における感度が低下してしまうが，方向や速度の異なる動きの感度は損なわれない。これは選択的順応とよばれ，明るさや色の順応と近似したしくみが運動にもあると考えられている。実際に大脳視覚野のある各細胞群は，それぞれ特定の方向や速度にのみ反応するようにふるまう。これらの細胞の分化で，滝の錯視を説明できる。下向きの動きを見続けることで，下向きの動きを検知する細胞は疲弊して，動きの知覚は弱まる。一方，上向きの動きを検知する細胞は疲労しないので，それらの支配が相対的に強まり，静止した対象においても運動の印象（運動残効）を引き起こす。また動いているものを追視する場合に，対象の網膜像が静止していても運動の知覚がもたらされる。これらは眼球運動や首の筋肉運動も動きの知覚に寄与しており，脳内で情報が統合されていることを示している。このような運動の方向や速度による分担処理，あるいは眼や首の筋肉制御情報との統合などの知見から，運動情報は明るさや色などと同じく精緻に分析され，人間においては環境の知覚的体制化を担う重要な要素の一つとなっていることを示している。

3-3 恒常性

　私たちは感覚の微妙な変化をとらえてさまざまな性質を識別することができる。しかし，いったん個々の感覚がまとまって知覚的な体制化がおこり，物体や情景が認知されてしまうと，照明などの環境条件や自身の移動によってその見え方が大きく変わっても，それらの物体や情景の持つ基本属性が変化していないように思ってしまう。もしくは日常生活の中でその変化を意識しないで活動しているようにも見える。つまり対象物が不変で安定した属性を持っていると考えてしまうようであるが，これは誤りで実際には感覚情報は大きく変わっている。例えば，歩いている先に小さく見える青い点が，駐車場に止まっている自分の自動車だとわかったとしよう。見かけ上，近づくうちに自動車はどんどん大きくなるが，その変化はほとんど意識されない（大きさの恒常性）。近づいたあと助手席側の斜め前から正面を横切り運転手側のドアに立つまで，自動車の形状は大きく変化するが，これもほとんど気づかない（形の恒常性）。また朝，昼間，夕方や夜間といった時間帯で，太陽や灯りなどの照明条件が大きく変わっているのに，いつでも明るい青のボディに思えてしまう（明るさと色の恒常性）。感覚情報は大きく変わっているのに知覚は変わらない。これが知覚の恒常性である。そのしくみはさまざまであるが目的は同じであり，知覚的に体制化されたものの安定的な維持にある。体制化によって得られた対象や場面をさし示すのに相応しい固有の情報は，日常生活の中で，本質とは無関係な意味のない変化にさらされ続けている。恒常性はこれを大胆に取り除いて，有効な情報だけを残してくれる。恒常性が，環境の中で知覚的な経験を積むことによって得た知識に大きく依存していることは間違いない。

（1）明るさと色

　先ほどの例で車が青く見えるのは，ある光源からくる光を車のボディが反射して，その光が私たちの眼に入るからであるが，そのときの光の波長組成が青領域の短波長光を多く含むからであろう。ただしこの組成は，車のボディの反射特性（青領域の色をより多く反射する）だけでなく，照明光の種類

にも依存する。当然，昼間の太陽光とトンネル内の照明や夜間の街灯では眼に入る光の組成は大きく異なってくる。どのような条件下でもこの車のボディが青に見えるというのであれば，色の恒常性とは照明光の波長にかかわらず，物体の反射特性を認識する能力といえる。色の恒常性がおこる理由として大きく2つ考えられる。一つは経験を通じて獲得した知識によるという考えである。いま見ている物体を熟知しているときには，その物に固有の，あるいは典型的な色の方向に調整がおこる。もう一つはやや機械論的であるが，ふつう照明光は対象だけでなくその周囲にも同じように降りそそぐので，周りの対象の色との対比によるコントラスト知覚のように，照明光の色を相殺するような機構があるという考えである（Land, 1977；Maloney & Wandell, 1986）。見知ったものではなかったり，周囲に物がないとき，色の恒常性の成立はかなり困難になる。白と黒も色と考えれば，グレースケールの中でおこる明るさの恒常性も，色の恒常性と同様の機構が成立に関わっていることがわかる。ただし，野外での一日の日照量変化は，色（波長）変化に比べてはるかに劇的であるため，照明光の強さを相殺するための機構はより強力である必要がある。これらには明るさ対比や明順応の機構も関係するであろう。

（2）大きさと形

　大きさの恒常性はおそらく最も知られた現象であろう。いま親指の爪を眼から20 cmくらい離して観察してみよう。次に手を伸ばして，倍の40 cmかそれ以上の距離から見てみよう。あなたの眼の網膜に写った爪の映像は半分以下の大きさになっているはずである。つまり感覚としての爪の大きさは確かに半分になったのだが，あなたはそれを意識できただろうか。ほとんどの人は爪の大きさは変わっていないと感じているはずである。学校の廊下で数10 m先の向こうから歩いてくる友人を見つけたとき，会釈しながら近づいてくる友人とやがて向き合って話をする。しかしこの短い時間に友人の顔が数十倍に大きくなったと意識する人はほとんどいないであろう。つまり感覚（網膜像の大きさ）としては，数十倍にもおよぶ変化があったが，知覚的にはほぼ不変と言える。これを大きさの恒常性とよぶが，このとき私たちは明

らかに距離(奥行き)の手がかりを利用している。大きさ－距離不変仮説というものがあり，網膜像の大きさが一定であれば，知覚する見かけ上の大きさは奥行き距離に比例する。つまり日常的な場面のように，前節で述べたさまざまな奥行きの手がかりを使って対象との距離を把握できているときには，上の例の爪や顔はほぼ同じ大きさに知覚される。しかし奥行きの手がかりをうまく使えない環境を設定してやると，大きさの恒常性は成立しなくなる。

　私たちはたえず歩きまわって移動し，物を手に持って動かすため，日常眼にする対象の網膜像における形は，大きく変化する。しかしその変化を私たちはあまり意識しない。また例えばドアやはさみ，あるいはネコなどの動物は，それぞれに特有の形の可変性や可動性によって，網膜像の形を大きく変えるが，やはりその形はほぼ不変のように感じる。形の恒常性の成立にも，過去にその対象物をどのくらい見たことがあるかが重要である。形の変化や観察視点に依存した網膜像の多様な変化型を経験していれば，変化にかかわらず安定した対象物の知覚が可能かもしれない。

(3) 恒常性による知覚の安定と逸脱

　一般に知覚の恒常性では，環境の劇的な変化によって感覚はたえず変化するが，知覚は安定しているという構図が見られる。対象物の同定や再認といった知覚の最終的な目的を考えるとき，この安定は知覚的体制化の維持につながり，とても有効な機能と言えるだろう。見え方は大きく変わっても，これは○○だとわかる。もしこの判断ができなければ，日常生活での不都合が生ずる。生活環境の中で，絶え間なく見る経験を積むことによって，意識することなしに，対象物の見えの変化の可能性を推測でき，変化を許容しあるいは相殺して同一の対象であると認識する。この課題は難しく，恒常性はとても洗練された知的システムに依存していると言えるだろう。まだこの機構に関しては十分なモデル化がなされていない。

　ただし恒常性にも限界があり，ここから錯覚が生まれることがある。図3-8は月の錯視とよばれる現象であり，地平線の月は天頂の月よりかなり大きく見える。この場合，地平線上には奥行きの手がかりが豊富なため遠くにあるように見える，ということが重要である(Hershenson, 1989)。同じもの

3-3 恒常性

図 3-8 月の錯視現象
地平線付近の月は天頂にくらべかなり大きく見える。

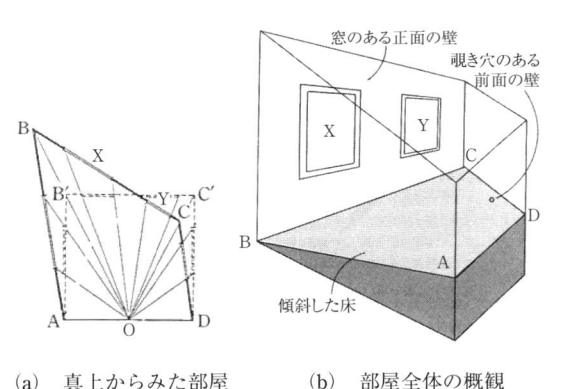

(a) 真上からみた部屋　(b) 部屋全体の概観　(c) 中にいる人の立っている位置により、大きく見えたり、小さく見えたりする。

図 3-9 エイムズの部屋(松田, 1995)

が遠くにあるのなら、大きさ－距離不変仮説から、地平線の月を過大視する錯覚が生じても不思議ではない。有名なエイムズの部屋の錯覚(図 3-9)や一部の SF 映画における特殊効果も、あやまった奥行き手がかりの利用が原因である。エイムズの部屋はゆがんだ台形のような構造をしているが(図 3-9(a))、のぞき穴をとおして見ると通常の長方形の部屋のように見える(図 3-9(b))。また正面壁の窓枠の形もゆがめられ、床のタイル張りのきめの勾配なども傾斜を作って調整することで、ほとんどの奥行き手がかりを長方形の部屋を見ているときと同じように設定してある。しかし部屋の左右の隅までの実際の奥行きは 2 倍も違っているので(図 3-9(a))、同じ身長の人が立つ

と左隅の人の見かけの身長は，右隅の人の約半分になってしまう。ここで左隅までの距離は右隅の2倍であるという正しい奥行き情報が使えれば，大きさの恒常性は機能するが，同じ距離と錯覚してしまうので，大きさと距離の不変仮説はうまくあてはまらない。結果として強い違和感はあるものの，左隅の人が小人のように小さな人と見えてしまう。

4章　高次知覚

　私たちは視覚によって外界の情報の多くを得ている。今自分がいる状況を把握し，目に映るオブジェクトが何であるかを認識し，人の顔を見て個人を特定する。このように，視覚の大きな目的の一つは「今見えている物は何なのかを決める」ことと言えるだろう。日常生活のほとんどの場面で，私たちはこの作業を瞬時に，かつ正確に遂行できる。しかし，これから見ていくように，これは決して簡単な作業ではない。例えば，一言で「椅子」と言っても，さまざまなデザインの椅子があるように，あるカテゴリーに属するオブジェクトの実例には無限の多様性がある。また，同じオブジェクトであっても，それを見る自分の視点が変われば，網膜に映る像は全く異なるものになりうる。オブジェクト自体，あるいは視点による見え方の多様性があるにもかかわらず，私たちがオブジェクトを安定して正しく認識できるのはなぜだろうか。本章ではオブジェクト・シーン・顔の認識を取り上げ，高次知覚の働きについて考えていく。

4-1　オブジェクト認識

　おそらく，今この本を読んでいる人の多くは椅子に腰掛けているだろう。そして，本を手に取り，この文字を読んでいる。「椅子に腰掛けて本を読む」という行動には，「椅子」「本」「文字」など，さまざまなオブジェクトの認識が関わっている。認識の対象が椅子であれ文字であれ，オブジェクト認識の過程を考える際の本質的な問題に違いはない。あるオブジェクトの像が網膜に映ったとき，それを正しく認識するためには，そのオブジェクトの認識に本質的な情報を網膜像から抽出し，その結果をオブジェクトに関する知識や記憶といった内的に保有している表現と照合しなければならない。刺激画像からの情報の抽出と内部情報との照合が成功して初めて，例えば「こ

れは椅子である」「これは『A』という文字である」というオブジェクトの認識が成立するのである。つまり，問題になるのは認識のために刺激画像から抽出する情報はどのような形式かということであり，それは同時に照合すべき内部表現の形式の問題でもある。まず，文字の認識を例にとって考えてみよう。

(1) 鋳型照合モデルと構造記述モデル

網膜像と内部情報との照合過程として想定しうるもっとも単純なモデルは，ある文字の網膜像に対して，直接比較可能な画像の形式で保有するその文字の内部情報を照合し，両者がぴったりと一致すればその文字を認識する，というものである。このとき，内部情報は網膜像を当てはめる「鋳型」のようなものと考え，このモデルを「鋳型照合モデル」とよぶ。異なる文字にはそれぞれ異なる鋳型が用意されているので，ある鋳型とぴったり一致する像が網膜像の中に見つかれば，その鋳型の文字が認識されるというしくみである。このように，網膜像と鋳型を画像として扱い，両者が完全に一致する場合のみ認識が成立するというモデルを特に「素朴な」鋳型照合モデルとよぶ。

しかし，このモデルには問題がある。例えば「A」という文字のみを考えても，私たちが遭遇する「A」にはさまざまな字体・大きさ・傾きなどの変化があり得る。素朴な鋳型照合モデルでは，そのすべてを認識するためには，それぞれに対して専用の鋳型を用意する必要がある。これでは，たった1つの文字を認識するためだけでさえ，莫大な数の鋳型を持たなければならなくなってしまう。また，初対面の人が書いた文字など，初めて見る文字をその場で読むためには，過去に遭遇したことがない文字の鋳型まであらかじめ持っていなければならないことになってしまう。これでは，私たちの記憶の容量がどれほど大きいとしても到底足りるはずがない。また，1つの文字を特定するだけでも膨大な数の鋳型との照合を行う必要があり，処理の効率や速度の点でも問題がある。

このような問題点を解消する案として，厳密な鋳型照合ではなく，ある程度柔軟な照合過程を持つモデルを考えることもできる。内部情報を網膜像と

の一致度を評価するための典型例（プロトタイプ）と考えれば，あらゆる刺激に対して鋳型を個別に用意する必要がなくなるため，鋳型の数の問題は改善される。このようなモデルをプロトタイプモデルとよぶ。

鋳型照合とは異なる考え方として，字体・大きさ等の変化によらず，ある文字に共通して存在する基本的な情報を用いて認識するというモデルが考えられる。このモデルでは，縦・横・斜めの線分や曲線などといったさまざまな文字を構成する一般的な要素を抽出し，それらがどのような位置関係にあるかという情報を元に文字を認識する。このようなモデルを「構造記述モデル」とよぶ。構造記述モデルによれば，文字の特徴を示す適切な要素が抽出でき，その位置関係が特定できさえすれば，初めて見る文字でも正しく認識することが可能である。「A」という文字を見たときは，右上がりの線分「／」と右下がりの線分「＼」が端点で接して上に凸の角をなし，さらにその内側を結ぶ水平な線分「―」があるという構造が特定された場合，その文字を「A」と認識することになる。

素朴な鋳型照合モデルと異なり，構造記述モデルでは1つの文字に必要な内部情報は基本的に一種類で済むことになり，記憶容量や処理過程の効率の点で有利である。また，視覚情報処理の初期過程では，ある傾きを持つ線分を抽出するような処理が行われていることが生理学的な研究により明らかにされている（Hubel & Wiesel, 1959）。これは，構造記述モデルが線分を文字認識の基本要素として想定していることと整合性があり，実際に構造記述的な認識処理が行われていると考える根拠となり得る。

（2）立体的なオブジェクトの認識

これまで見てきたような文字の認識においては，文字を構成する要素が主に線分などの単純な特徴だったため，構造記述モデルにおいて構成要素をどのように切り分けるかはあまり大きな問題にならなかった。しかし，例えば椅子や机などのより一般的なオブジェクトの認識を考える場合，構造を記述するためにはまず構成要素を適切に定義する必要がある。また，立体的なオブジェクトを観察する場合，同一のオブジェクトでも視点の変化に伴って見え方が大きく変わる。では，どのようにして異なる視点から見た像を同じオ

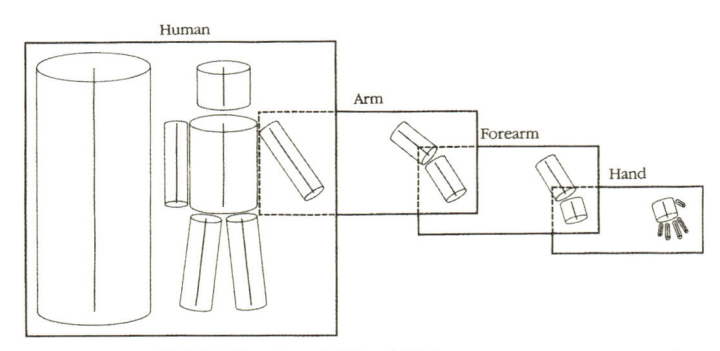

図 4-1　一般化円錐による人間の表現(Marr & Nishihara, 1978)

ブジェクトであると認識できるのだろうか？

　立体的なオブジェクトの認識においても，文字の認識と同様にオブジェクトを構成する基本的な要素を抽出し，その位置関係を記述することで物体の認識を可能にする構造記述的なモデルが提案されている。このようなモデルでは，文字を構成する要素として単純な線分や点を考えたように，単純な形状の立体を構成要素として考えている。

　マー(Marr, D.)は立体的なオブジェクトの認識に用いる構成要素として円錐を考え，これを一般化円錐とよんだ(Marr & Nishihara, 1978)。刺激像におおよそ当てはまるように，さまざまな大きさ・傾きの円錐を組み合わせた内的なモデルを構築すると，その構造がオブジェクトの特徴を示し，オブジェクトの認識の手がかりとなる，という考え方である。図 4-1 に一般化円錐による人間のモデル表現の例を示す。円錐によるオブジェクトの構成は階層的であり，全体を大まかにとらえるときは大きな円錐の組み合わせのみで認識するが，細部を細かくとらえる場合は大きな円錐を小さな円錐の組み合わせに細分化して認識する。また，構成要素が同じであっても，各要素の大きさの比などが対象を識別する際の手がかりとなる。

　ビーダーマン(Biederman, I.)はマーの一般化円錐の考え方を拡張し，「要素による認識理論」(Recognition-by-Components theory, RBC 理論)を提案した(Biederman, 1987)。RBC 理論では，円錐からいくつかの変形方法の組

4-1 オブジェクト認識

(a) ジオンの例　　(b) ジオンによるオブジェクトの構造記述の例

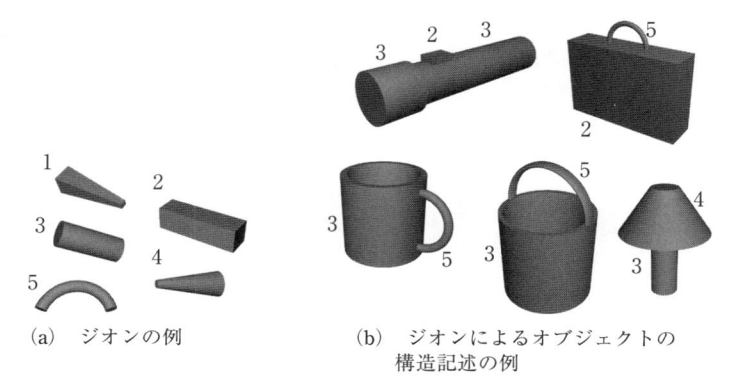

図 4-2　要素認識理論による物体認識（Biederman, 1987）

み合わせで体系的に作り出された 36 種類の立体構造をオブジェクトの構成要素の単位とする。この基本的な立体要素は "Geometric Ion" を組み合わせた「ジオン (geon)」という造語で名づけられ，ジオンの組み合わせおよびその位置関係を特定することによってオブジェクト認識が行われるとする。図 4-2 はジオンの例およびその組み合わせで構成される物体の例である。RBC 理論によれば，数個のジオンの組み合わせによって数十億通りもの物体を表現できるため，ジオンは物体認識の基本要素として十分に機能すると考えられる。

（3）視点不変性と視点依存性

　日常的な経験として，視点の変化に対してオブジェクトの認識が安定している以上，私たちのオブジェクト認識において何らかの形で視点不変性が実現されていることは疑いの余地がない。RBC 理論では，オブジェクトを構成するジオンが適切に特定できさえすれば，視点の変化に対してオブジェクト認識が影響されることはないため，視点不変性を実現している。

　しかし，その一方で，オブジェクト認識のある側面が視点に依存して変化することも事実である。例えば，この本を上下逆さまに持って読んだとしたら，通常の向きの場合と全く同じ速度で読むことはできないだろう。パルマー (Palmer, S.) は，さまざまな視点から撮影した物体の写真に対して，その

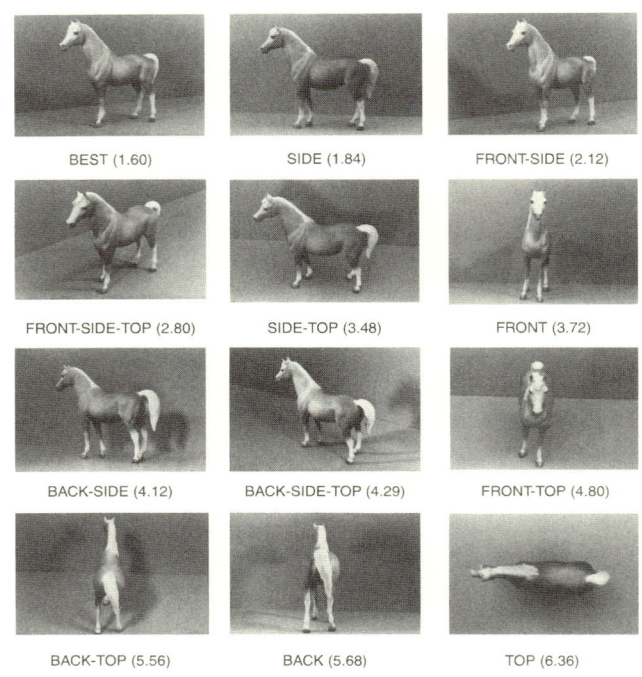

図 4-3　オブジェクト認識の視点依存性(Palmer et al., 1981)
括弧内の数値は,「写真がオブジェクトをどれだけよく表しているか」を 1 (非常によい) 〜 7 (非常に悪い) の 7 段階尺度で評定した値の平均値である。

見えの典型性を評価させる実験を行ったところ, 特定の視点からの見えに対する典型性の評価が高くなる傾向が明らかになった (図 4-3)。また, その写真に写っている物体を命名する課題の反応時間は, 典型性の評価が高い視点の写真に対して短くなった (Palmer, Rosch, & Chase, 1981)。

視点に依存して評価や反応時間が変化するということは, 物体認識において視点に依存した処理過程が存在することを示している。ター (Tarr, M.) らは, いくつかの標準的な視点からのオブジェクトの見えが内的に保持されており, 中間的な視点からの見えの認識の際にはそれらを補間する処理が必要となるため, 視点に依存したパフォーマンスの変化が生じると想定し, 鋳型照合的な要素をもった仮説を提案した (Tarr & Pinker, 1989)。

4-1　オブジェクト認識

　これらの主張では，視点に依存したパフォーマンスの変化が生じているのは確かであるが，視点に依存せずオブジェクトの命名自体は可能であることから，オブジェクトの認識自体は視点に依存しないことも同時に示している。排他的にどちらかのみが正しいと考えるより，視点依存性の有無などの処理特性が異なる複数の認識過程が共存していると考えるべきだろう。生理学的な研究でも，左右の脳半球において視点に依存または非依存の処理が独立に行われている可能性が指摘されている(Burgund & Marsolek, 2000 ; Vuilleumier, Henson, Driver, & Dolan, 2002)。

　また，私たちが視覚的に認識し命名できる概念には，構成要素が定義し難く，オブジェクトとしての姿が不定形のものがある。例えば，海や空のように，広がりがあってそれ自身の境界を持たないオブジェクト(とよんでおくことにする)は，見てそれと認識できてもその構成要素や構造を決めることは難しく，見る状況によって大きく形が異なるため鋳型照合の考え方にもなじまないだろう。あるいは，「適当に丸めた新聞」というオブジェクトは，作るたびに異なる形状になるため，やはり特定のジオンの組み合わせによる構造記述でも，ある特定の鋳型に合致するかどうかの評価でも確たる認識結果が期待できそうにない。オブジェクトの視覚的な認識は，構造記述・鋳型照合のみならず，いくつもの認識処理を総合した結果として実現されているのだろう。そこには，次に述べるように知識や記憶などの内部情報が認識に影響するという，トップダウンの効果も考えなければならない。

(4) ボトムアップ処理とトップダウン処理：文脈の効果

　これまで紹介してきたオブジェクト認識のモデルは，基本的に認識対象となるオブジェクトを独立したものとして扱っているが，それでは解決できない問題がある。その一つが文脈や期待の効果である。鋳型照合であれ構造記述であれ，網膜像を出発点として情報処理を行い，その結果を内部情報と照合してオブジェクトを認識するという，ボトムアップ型の処理を想定している。しかし，ボトムアップ処理だけでは，全く同じ網膜像に対する認識の結果が場合によって変わってしまうことを説明できない。

　図4-4は文脈によって全く同じ形の文字を違う文字として読むことができ

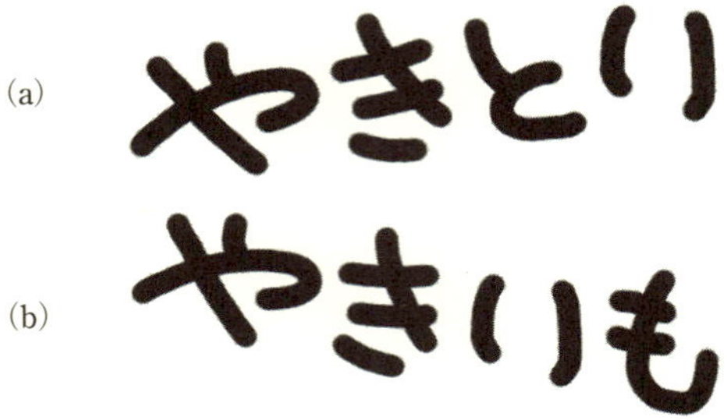

(a) やきとり

(b) やきいも

図 4-4　文字認識における文脈効果の例

る例である。図 4-4(a)において「やきとり」の「り」と読める文字は，図 4-4(b)で「やきいも」の「い」と読める文字と全く同じ形である。この場合，同じ形の文字を異なる文字と認識するための手がかりは，周囲にある特定の文字とのまとまりが形作る「単語」という文脈の情報である。これは，文脈に基づいて同一の網膜像を異なるオブジェクトとして解釈するという，トップダウンの処理過程が関わっていることを示す例と考えることができる。

(5) オブジェクト認識の階層性

　文脈以外にも，オブジェクト認識について考えなければいけない問題がある。それは，オブジェクトの階層性である。例えば，「木」というオブジェクトは「枝」や「葉」という要素から構成されるが，同時に「森」や「林」というより大きなオブジェクトの構成要素でもありうる。オブジェクトの構造を階層的に考えるとき，「全体」と「部分」は相対的な関係であり，自明のものではない。

　図 4-5 はネイヴォン(Navon, D.)が考案した階層構造を持つ刺激の例である。上段は2つとも大きな「H」という文字に読め，下段は「S」と読めるが，大きな文字を構成する小さな文字を見ると，刺激によって大きな文字と一致あるいは不一致となっている。ネイヴォンはこのような刺激を用いて実験を行い，大域的な処理が局所的な処理よりも優先されるという「大域優先効果」を報告した(Navon, 1977)。

　その後の研究により，大域的処理が優先されるかどうかは左右の視野で異

4-1 オブジェクト認識

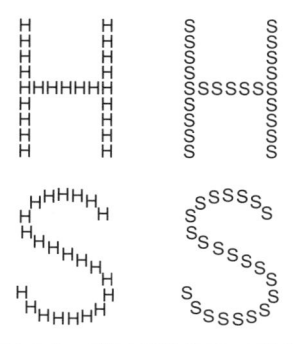

図 4-5 階層構造を持つ図形

なっており，左視野では大域的処理が，右視野では局所的処理が優先することが報告された(Sergent, 1982)。また，大脳の左右半球のどちらかのみを損傷した患者は，左半球に損傷がある場合は局所的処理に問題が生じるが大域的処理には比較的問題がなく，右半球に損傷がある場合はその逆の関係となることが報告された(Delis, Robertson, & Efron, 1986)。これらの知見により，オブジェクト認識に関わる局所的処理と大域的処理はある程度独立しており，おそらく左右半球においてそれぞれが並列に働いているものと考えられている(Ivry & Robertson, 1998)。

(6) カテゴリー分類としてのオブジェクト認識

　オブジェクトの認識とは，オブジェクトに対して何らかの命名を行うことと考えることができる。では，あるオブジェクトを見たとき，誰でも全く同じ命名をするだろうか？オブジェクト認識に関わる観察者の側の要因として，オブジェクトの属するカテゴリーに関する専門的な知識が挙げられる。例えば，「鳥」というカテゴリーは「動物」というより大きなカテゴリーの一部であるが，同時に「スズメ」や「ハト」といった，より詳細に分類されるカテゴリーの集合でもある。羽が青く腹の下側が赤い鳥の写真を提示されたとき，鳥類に関する専門的な知識がない観察者は単に「鳥」と認識するだろうが，鳥類の専門家はより詳細な種の名前(例えば「ヤイロチョウ」)で認識するだろう。あるオブジェクトを命名するとき，最も早くアクセスされる

カテゴリーのレベルはエントリーポイントとよばれるが(Jolicouer, Gluck, & Kosslyn, 1984)，特に専門的な知識がない観察者と比較すると，専門的な知識を持つ観察者はエントリーポイントが下位カテゴリーにシフトする傾向があることが知られている(Tanaka & Taylor, 1991)。

　ここでオブジェクト認識のモデルについて考えてみると，「鳥」というカテゴリーレベルでの認識は，RBC理論によって容易に可能であり，種の細かい違いによらず安定した結果を得られるだろう。しかし，詳細なカテゴリーを分類する場合には，ジオンの組み合わせとその変形の仕方や構造の記述のみを手がかりにして認識することは難しいと考えられる。おそらく，種に特有の色や模様などが見えるかどうかが詳細なカテゴリーに分類する際の重要な手がかりであり，この場合は鋳型照合的な認識過程が有利であろう。全く同じオブジェクトであっても，観察者の専門的な知識に依存して分類するカテゴリーのレベルやその手がかりが異なるということからも，オブジェクトの認識には複数の異なる処理過程が関わっていると考えるべきであろう。

4-2　シーンの認知

　ここまでは主に単独のオブジェクトに対する認識を扱ってきた。しかし，日常的にはあるオブジェクトが単独で存在することはなく，常にシーンの中に存在する。シーンとはオブジェクトとその背景要素を含む全体像であり，同時に要素の意味的な関係によってオブジェクトが存在する状況を規定する文脈も意味する。シーンの認識はどのようになされ，オブジェクトの認識はシーンの認識とどのように関わっているのだろうか。

(1) ジストの認識

　日常的に私たちが見ているシーンは視野全体に広がっており，その中には多くの要素となる物体が含まれている。しかし，私たちはそのような大きく複雑なシーンを見たときでも，一瞬でどのような状況かという大まかな認識ができる。このようなシーンに関する大まかな意味的記述のことをそのシーンのジストとよぶ。ジストの認識の日常的な実例としては，例えばテレビの

4-2 シーンの認知

チャンネルを次々に変えているとき，ほんの一瞬映し出された画面に何が映っていたかをだいたい理解できるといった経験があるだろう。

ポッター(Potter, M.)は複数の写真の系列を高速に切り替えて提示し，あらかじめ言語的な記述で指定した内容に一致する写真が，提示した写真の系列の中にあったかどうかを観察者に判断させる実験を行ったところ，系列の切り替え時間が100ミリ秒程度でも高い正答率を示すことを報告した(Potter, 1976)。一方，同じ方法で提示した写真の系列に対して後から再認テストを行うと，正答率はチャンスレベル程度にとどまった。つまり，ジストの認識は，視覚的に詳細な処理が行われるよりもずっと早く行われるということである。

(2) 変化の見落とし

シーンのジストが非常に高速に認識できるという事実の一方で，私たちはシーンの中の細かい部分の変化には気づきにくい。例えば，雑誌などでよく見かける「間違い探し」は，ほとんど同一の2枚の絵や写真から違っている箇所を見つけ出すというものであるが，この作業が簡単にできないことはそ

図4-6　変化の見落とし課題の刺激(Rensink et al., 1997)

れが遊びとして成立していることからも明らかである。レンジンク(Rensink, R.)らは，図4-6に示すように，写真の一部に対して消去や移動などの加工を施し，加工後の写真と未加工の写真の2枚を短時間の空白画面を挟んで交互に提示して両者の相違点を観察者に探させると，相違点を発見するまでにかなり時間がかかることを発見した(Rensink, O'Regan, & Clark, 1997, 5-1(1)参照)。

ジストの認識が高速かつ正確である反面，変化の見落としによって示されるように特定のオブジェクトなどの細部の認識が遅いということは，シーン中の個別のオブジェクトの認識に関わる処理が，ジストの認識の処理と異なるものであることを示唆する。オリヴァ(Oliva, A.)らは，似通ったジストが認識されるシーンの画像には共通する全体的な特徴が存在し，逆にあるシーンの画像に含まれる全体的な特徴から観察者がそのシーンのジストをどのように認識するかを推定できることを示した(Oliva & Torralba, 2001, 2006)。つまり，ジストが瞬時に認識できるのは，個別のオブジェクトに対する局所的な処理をせずとも，画像に対する全体的な処理だけで十分であるためと考えられる。一方で変化の見落とし課題のように個別のオブジェクトの位置や形に関する処理を行う場合には局所的な処理が必要であり，課題に必要とされる処理過程の違いがこのようなシーンの認識の特性の違いに繋がっていると考えられる。

(3) シーンの認識とオブジェクト認識

シーンの認識はあるオブジェクトが存在する状況を示す文脈情報となり，

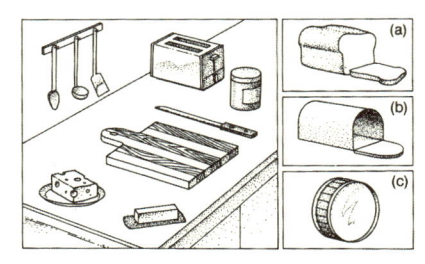

図4-7　オブジェクト認識に対する文脈の効果(Palmer, 1975)

オブジェクトの認識に影響を及ぼす。パルマーは観察者にあるシーン（例えばキッチン）を描写した線画を短時間提示し，続いてさまざまなオブジェクトの線画をターゲット刺激として提示して命名させる課題を行った（図4-7）。すると，先行して提示したシーンと文脈が一致するターゲット刺激（例えば図4-7(a)の食パン）の命名の正答率は高くなり，似たような形でも文脈が一致しないターゲット刺激（例えば図4-7(b)の郵便受け）に対しては，先行するシーンを提示しない条件よりも正答率が低くなった（Palmer, 1975）。つまり，先に認識されたシーンのジストの情報が文脈として働き，後続するオブジェクトがそのシーンの状況に整合する場合にはその認識に促進的な影響を与え，整合しない場合は抑制的な影響を与えたことになる。

　パルマーの実験では，シーン刺激がターゲット刺激に対して時間的に先行して提示され，ターゲット刺激は単独で提示された。しかし，日常的な状況では，オブジェクトはシーンの中に同時に存在している。この場合，オブジェクトの空間的な位置関係，すなわちレイアウトの情報もまたオブジェクトの認識に影響する。ビーダーマンはターゲットとして指定したオブジェクトをシーンの中から探し出す課題を観察者に課し，図4-8のようにターゲットをシーン中のさまざまな位置に配置して提示した。その結果，ターゲットを物理的に不可能な位置や確率的にあり得ない位置などに配置した場合，ターゲットの発見が困難になることが示された（Biederman, 1981）。

　このようにジストとレイアウトはどちらもオブジェクトの認識に影響を与えるが，それぞれの影響は独立しているのだろうか。ホリングワース（Hol-

図 4-8　**オブジェクト認識に対するレイアウトの効果**（Biederman, 1981）

lingworth, A.)は，日常的なシーンの画像を用いて，シーンの意味的な文脈とオブジェクトのレイアウトの関係について一連の実験を行った。日常的なシーンの画像の中から，あるオブジェクトを削除した加工後の画像に対して，「オブジェクトがあったとしたらどこか」を観察者に示させると，もともとオブジェクトがあった位置の近くを指す傾向が見いだされた(Hollingworth, 2005)。つまり，シーンの意味的な文脈(ジスト)はオブジェクトの空間的な位置関係の認識(レイアウト)に対して影響を与える。その一方で，ジストを示すような背景画像が全くなく，オブジェクトの位置関係の情報しかない場合でも，オブジェクトの認識に影響を及ぼしうることが確認された(Hollingworth, 2007)。ジストには状況理解の手がかりとなる空間的な構造の情報がある程度含まれる上に，日常的にはジストとレイアウトが独立あるいは矛盾する状況はまずあり得ないために両者の独立性を実感することは難しいが，これらの実験結果により，ジストの処理とレイアウトの処理はある程度独立していると考えることができるだろう。

4-3 顔の認知

　私たちは毎日の生活の中で多くの人の顔を見ている。知っている人の顔は見た途端に誰だかわかるし，人混みの中からでも簡単に見つけ出すことができる。一方，知らない人の顔であっても，別の人の顔と見分けることに苦労はない。知らない人の顔は皆同じに見えるわけではないし，今すれ違った人がさっき入った店の中で見かけた人だとわかることもある。自分が顔を知っている人の数，あるいは一日に目にする知らない人の顔の数を考えると，私たちの顔を識別する能力は驚くべきものと言えるだろう。
　顔の認知には個人の識別という側面のほかに，表情を手がかりとして感情を読み取るという側面がある。電話越しで顔が見えない状況よりも，対面して顔が見える状況の会話では，より円滑な意思の疎通が可能になる。また，マンガや絵文字など，単純化された線画においても表情の認知が可能であることは日常的に経験しているだろう。
　このように顔という刺激が人間の社会生活にとって非常に重要であるた

4-3 顔の認知　　　　　　　　　　　　　　　　　　　　　　　　　　　　67

め，顔の認知の特性やしくみは盛んに研究されている。顔の認知はその他のオブジェクトの認知と同じように考えてよい機能なのか？知っている人がすぐにわかるのはどのようなしくみによるのか？その他さまざまな疑問に対する研究が行われているが，ここでは主立ったいくつかのトピックを取り上げることにする。

(1) 顔の認知は特殊なのか？

　パターンやオブジェクトの認識においては，多様性のある刺激に対して，いかにして共通点を抽出して「同じカテゴリー」あるいは「同じもの」とみなすかが問題となる。ところが，顔の認知においては，顔を構成する目・鼻・口といった基本的な部品はほとんどの人で共通している。その中で，知っている人だけでも膨大な数に上る顔の一つ一つを見分けるという作業は，パターンやオブジェクトの認識と全く異なる処理過程を考えなければならない。つまり，顔というカテゴリーの中で，共通した要素の詳細な違いを手がかりにして，特定の個人を識別するという処理が必要となるのである。

　このような顔に特有の処理の存在を示唆する証拠が，心理学的および生理学的な研究で見つかっている。心理学的に顔の認知に特有の現象としてよく知られているのが倒立効果である。トンプソン(Thompson, P.)は図4-9で示すように倒立した状態で顔刺激を提示すると，表情の知覚が著しく阻害されることを示した(Thompson, 1980)。この図の右側は目と口を切り取って180度回転させてある。本を上下逆さまに持ち，写真を正立させて見ると強い違

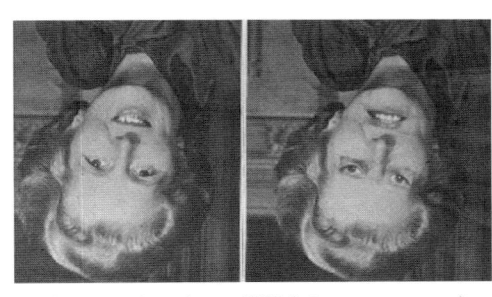

図 4-9　サッチャー錯視(Thompson, 1980)

和感を覚えるが，倒立した状態で見ると違和感はそれほど強くないだろう。つまり，顔の認知的な処理は視点に強く依存するということである。これは椅子がひっくり返っていてもすぐ椅子とわかるような，視点に依存しないオブジェクトの認識とは異なる処理の関与を示唆していると考えることもできるが，一方で，倒立していても顔であること自体は椅子と同様に容易に認知できるので，表情や個人の特定などの顔から導き出される情報の認識と顔そのものの認識とは異なる処理であり，特殊と考えるべきは前者の認識過程のみであると言えるだろう。

一方，生理学的に顔に特有の処理の存在を示唆する症例が相貌失認である。相貌失認とは，主に脳の損傷の結果として人の顔の識別能力が選択的に阻害される症状のことを言う。相貌失認の患者には，その他の物体の認識には問題が生じない例が多数報告されている。また，声などの顔以外の手がかりを使えば人の識別が可能であることから，相貌失認は友人関係などの人に関する知識を喪失したことによるわけではない。カンウィッシャー(Kanwisher, N.)は，fMRIを用いた研究により，側頭葉の紡錘状顔領域(fusiform face area, FFA)とよぶ部位が顔の認識に特化した処理を行っており，この部位を損傷すると相貌失認が発症すると主張した(Kanwisher, McDermott, & Chun, 1997)。しかし，顔でなくとも，詳細な特徴の違いに基づいて物体を識別する課題の遂行中にFFAに相当する領域が活動するとの報告もある(Gauthier, Tarr, Anderson, Skudlarski, & Gore, 1999)。脳内で顔の処理に特化した領域が存在するかどうかに関しては，現在も最終的な結論には至っておらず，活発に研究が行われている。

(2) 部分と全体

私たちが顔を認識するとき，どのような情報が利用されているのだろうか。大別すると2つの可能性が考えられる。1つは目・鼻・口などの部分ごとの特徴情報であり，もう1つはそれらの部分の位置関係が示す全体的布置の情報である。特徴的な目や鼻などの部分が個人を識別するときの有力な情報となり得ることは日常的な経験からも明らかであるが，全体的布置の情報もまた個人の識別に重要な役割を果たすことが明らかにされている。

4-3 顔の認知

　顔の認識において部分的な特徴の重要性を示す研究として，エリス（Ellis, H.）らの知っている顔と知らない顔の認識に手がかりとして用いられる特徴が異なることを示した研究がある（Ellis, Shepherd, & Davies, 1979）。エリスらは，知らない人の顔を認識する場合は，顔の内側の特徴（目・鼻・口）と外側の特徴（髪型・輪郭）の手がかりは同程度の有効性を持つが，よく知っている人（著名人）の顔の場合は，顔の内側の特徴がより有効に働くと報告している。

　一方，全体的な布置の情報が顔の認識に重要な影響を及ぼすことを示した研究もある。ヤング（Young, A.）らは，著名人の顔写真を上下半分に切り分けた刺激を，異なる人物の顔の半分と組み合わせて一つの「新しい顔」ができあがった状態で観察者に提示し，その上下どちらかの半分が誰の顔であるかを同定させた（Young, Hellawell, & Hay, 1987）。すると，それぞれの半分を単独で提示した場合は人物の同定が可能だったにもかかわらず，同じ半分の刺激が「新しい顔」を構成している状態では同定が困難になった。さらに，この「新しい顔」による阻害的な影響は，写真を上下逆さまにして提示すると弱まり，人物の同定が比較的容易になった。つまり，顔画像の中から，一部のみを独立に取り出して処理することは困難であり，顔の処理には全体的布置の情報が非常に強く影響していることが示された。また，この全体的布置の影響は正立像に限定されることから，顔の処理の特殊性は全体的布置の情報を用いた処理と深い関わりがあると考えられる。

　また，ホマ（Homa, D.）らは，顔の各部分（目・鼻・口）が正常な配置になっている顔刺激か，上から鼻・口・目の順に配置されたスクランブル顔刺激のいずれかを観察者に瞬間提示し，5種類の目（試行によっては鼻あるいは口）のリストから提示された刺激に含まれていたものを選択させた（Homa, Haver, & Schwartz, 1976）。すると，正常な配置の顔刺激における正答率が，スクランブル顔刺激における正答率よりも高くなった。この課題では，観察者は特定の部分（例えば目）のみの識別を求められていたにもかかわらず，課題と無関係な全体的布置の情報が課題の成績に影響を及ぼした。これは，顔の全体的布置に関する処理が各部分の詳細な処理に先行し，その結果が部分の処理に影響することを意味している。

(3) 顔認識のモデル

ブルース(Bruce, V.)とヤングは，顔の認識がどのようになされるのかを示す機能的モデルを考案した(Bruce & Young, 1986)。モデルの概観は図 4-10 に示す通りである。このモデルは，表情や視覚的な発話情報の分析など，顔刺激の処理に関するほかの側面もあわせて扱っている。顔画像の処理は，構造の符号化処理によって，観察者中心の記述と，表情と独立した記述を生成することから始まる。そして，知っている顔かどうかによって異なる処理が行われる。知っている顔については，表情と独立した記述が個人の識別を行うための処理に送られる。まず顔認識ユニットが活性化し，次に個人識別ノードに送られ，そして最終的に名前の生成過程へと処理が逐次的に進んでいく。一方，表情分析と視覚的な発話情報の処理については，知っている顔かどうかに関わらず観察者中心の記述が用いられ，感情状態の認知や発話の知覚に用いられる。

日常的な経験として，ある人の名前以外の情報は思い出せるのに名前だけが思い出せないことはよくあるが，その逆のケースはまずあり得ないだろ

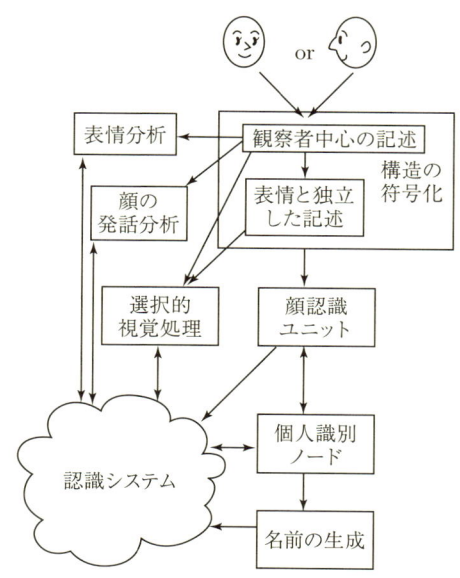

図 4-10　顔認識の機能的モデル(Bruce & Young, 1986)

う。モデルに沿って考えると，この場合は，個人識別ノードまでは処理が進んだが，名前の生成には至らなかった状況であると解釈できる。また，知っている顔と知らない顔の処理が互いに独立していることを示唆する相貌失認の症例が報告されていることや(Malone, Morris, Kay, & Levin, 1982)，モデルが想定する逐次的処理の各段階における処理を要求する課題への反応時間がモデルの段階の順に長くなることなど(Young, Ellis, & Flude, 1988 ; Young, McWeeny, Hay, & Ellis, 1986)，さまざまな根拠からこのモデルの妥当性が支持されている。

　しかし，著名人の写真を見たときに名前は思い出せるのに，職業などの名前以外の情報が思い出せないという症例が報告されたため(de Hann, Young, & Newcombe, 1991)，個人識別ノードに障害が発生しても名前が生成できることが明らかになった。そこで，ブルースとヤングのモデルを修正して，逐次的処理ではなく顔認識ユニット・個人識別ノード・意味情報ユニットの間に双方向性の接続を想定する相互活性化モデルが提案された(Burton, Bruce, & Johnston, 1990)。この修正モデルは新しい症例や心理学的知見の説明能力において改善されているものの，各ユニットの詳細な特徴がはっきりしていないことや，そもそも知らない顔と知っている顔をどのようにして区別するのかなどの問題が元のモデルから引き続いて残されている。これらの残された問題に対しては，現在も研究が続けられている。

(4) 現実場面における顔の認知

　多くの心理実験によって示されるように，私たちの顔の認知能力は非常に高速かつ正確である。例えば，非常に多くの顔を次々に短時間だけ提示したとしても，再認テストの正答率は一般に非常に高くなる。しかし，その一方で，現実場面における顔の認知を考えてみると，本項の冒頭に挙げたように顔の認知能力が高いことを示す状況がある反面，犯罪者の顔の目撃証言においては目撃したはずの犯罪者の顔を思い出せなかったり間違えたりすることが珍しくないなど，必ずしも顔の認知・記憶能力が正確とは言えない場面もある(Bruce, 1988)。この矛盾はどのように考えたらよいのだろうか？

　考えられる要因の一つは実験状況と目撃状況の違いである。多くの心理実

験では，記銘時と再認時に用いられる顔刺激は全く同一の写真ないし絵が用いられることが多い。しかし，目撃状況では，一瞬しか目撃しなかった場合，その瞬間の視点からの見えしか記憶していないことになる。そして，次に証言する際に同じ視点からの写真ないし本人の顔を見ることはないだろう。このように記銘時と再認時の顔の角度や表情が異なる場合，必ずしも再認の正答率は高くないことが知られている（Bruce, 1982）。

　また，目撃者の証言を元に似顔絵やモンタージュ写真などを作成する場合には，また別の問題が生じる。目撃した顔が鮮明に記憶されているとしても，描きかけの似顔絵の目・鼻・口などの部分に対して独立に類似度を評価できるだろうか？　また，上述したように顔の認識には全体的布置の情報が非常に重要であり，部分間の位置関係がわずかに変わっただけでも顔の印象は大きく変わる（Haig, 1984）。果たして顔の部分間の位置関係まで詳細に思い出せるのか，またそれをどのように伝えることができるのか，という問題があるだろう。

　さらに，記憶した顔について言葉で表現する方が，言葉で表現しない場合よりも再認テストの成績が悪くなるという「言語隠蔽効果」が発見されている（Schooler & Engstler-Schooler, 1990）。つまり，似顔絵を作るために目撃した顔の特徴を言語報告してもらうこと自体が，その人の目撃記憶の信用度を下げてしまう可能性が高い。

　このように，顔の認識に関する研究の成果の多くが現実場面においても非常に重要な意味合いを持っている。さらなる研究の進展が期待されるとともに，その成果が社会に還元され，有効に活用されることが必要である。

5章　　　　　　　　　　　　　　　　　　　注　意

　注意は処理容量の限られた情報処理システムにおいて情報を効率的に選択するための機能である。本章は主に外的環境中の刺激に対する注意を扱い，注意による選択がどのような働きなのか，入力から出力までの情報処理段階におけるどこで起こるのか，さらにどのような表象に対して作用するのかについて述べる。

5-1　注意とは

(1) 注意の失敗
　注意に関する言葉や現象は日常的によく経験される。例えば，「注意して人の話を聞く」「目立つものに注意を奪われる」「気が散って集中できない」「不注意でうっかり忘れ物をする」など，そのありさまは多様である。そのため心理学の領域ではしばしば，さまざまな注意(varieties of attention)があるとされる(Parasuraman & Davis, 1984 ; Styles, 2006)。
　ここではまず，注意がどのようなものであるかを，注意の失敗例から考えてみよう。例えば，一部だけ異なる2枚の写真または人工画像を，間にブランクを挟んで交互に繰り返し提示したとき，2枚の画像間の比較的大きな変化がなかなかわからないことがある(図4-6参照)。このような現象を変化の見落とし(change blindness)といい，画像の詳細まで見えているという主観的感覚との食い違いが興味深い(Rensink, 2000 ; 横澤・大谷, 2003)。動画を用いた実際的な場面における変化の見落としのデモンストレーションをウェブ上で見ることができる(http : //www.simonslab.com)。また，注意の瞬き(attentional blink)という現象がある(図5-1参照)。これは，何かに注意を向けた直後には，他のものに注意を向けるのが難しくなることを示す。

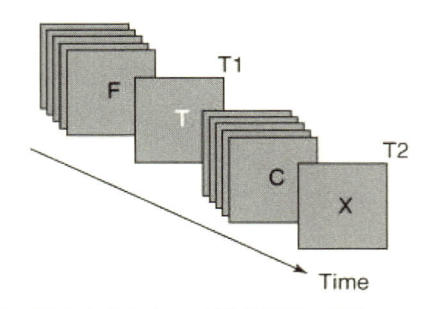

図 5-1　注意の瞬きを生じさせる視覚提示の例(Kim & Blake, 2005)
高速で提示される一連の文字において1つ目の標的(T1)を探そうとすると，T1後500 ms以内に提示される2つ目の標的(T2)がしばしば見落とされる。

　次に，自動車運転中の携帯電話の使用についてである。これは道路交通法で罰金対象であるが，その理由として，1990年代から運転中の携帯電話の利用が元で発生した人身事故が多発したことが挙げられる。認知課題やドライビングシュミレーションを用いた実験的研究などから，ハンドフリータイプであっても，通常の手に持つタイプと同様に，携帯電話での会話が出来事の検出や同定成績に悪い影響を及ぼすことが示されている(Ishigami & Klein, 2009)。つまり，運動の制限ではなく認知的な要因によって，携帯電話での会話は運転を妨害するのである。ちなみに同乗者との会話では，同乗者は道路状況などを運転者と共有することができる点で携帯電話の場合とは異なると考えられる。
　上記の例はいずれも，私たちが一度にできることには限りがあることを示している(前者は意識できること，後者は行えることの例)。しかし日常生活には，複数の刺激や課題が同時に存在するような状況が少なからずある。注意は，特定のものを選択することによって，重要な事柄を優先的に処理し，効率的で首尾一貫した行動を可能にする機能であるといえる。

(2) 注意の分類

　注意には大きく分けて，1つのものを選択する機能である焦点的注意(focal

5-1 注意とは

attention)と，2つ以上の刺激や課題に振り分ける機能である分割的注意(divided attention)がある。焦点的注意は，注意する刺激の処理を促進したり，その他の処理を抑制したりする。特に注意を一定レベルに維持する機能を持続的注意(sustained attention)といい，不規則な間隔で出現する信号を長時間にわたってモニターするヴィジランス(vigilance)課題によって測定される。例として，航空管制官の仕事や，母親が赤ん坊の声に耳を澄ますことが挙げられる。

　一方，分割的注意は，情報処理システムの限られた容量(limited capacity)を複数の刺激や課題に配分する機能である。配分のされ方は，課題にどれほど習熟しているかによって変わる。再び自動車の運転を例にとると，慣れていないうちは同乗者との会話もままならず，運転の手順や道路状況に集中するが，慣れるとほとんど意識せずに両者を同時に行うこともある。注意を必要としないまでに習熟することを自動化といい，自動化された課題であれば，他の課題と同時に遂行することは比較的容易である。また，よく学習され自動化された処理には，意図に関わらずついやってしまうという側面もある。例えば自国語の文字を読むことが挙げられる。色の付いた色名文字に対して，文字ではなく色を声に出して読み上げるとき，その色と異なる色名文字が干渉して反応時間が遅延するストループ効果は有名である。このようなとき，思わず文字を読み上げてしまわないように抑制するのも注意の働きの一つである。

　もう一つの注意の大きな区分として，注意を駆動する方向性に関することがある。そのときの目標や知識，予測によって能動的・意図的に向けられる注意をトップダウン的注意という。例えば人混みの中で知人と待ち合わせをしているとき，その人の特徴(髪型や顔立ちなど)を思い浮かべながら探すことがこれにあたる。しかし，もしもその人が非常に長身であれば，探そうとしなくても周囲の人たちから際立って見えて，すぐに見つかるかもしれない。このように刺激の持つ顕著な特徴などによって駆動される受動的な注意をボトムアップ的注意という。

5-2 視覚的注意

では，注意の働きがどのようなものかを，視覚的注意を例に見てみよう。視覚の場合，もっともはっきりした選択の方法は，刺激の場所に目を向けることである。網膜の周辺部は空間解像度が低いため，解像度の高い中心部に像が結ばれるように私たちは頻繁に眼球を動かしている。このような外部から見てわかる注意を顕在的注意(overt attention)という。しかし眼を向けている場所が必ずしも注意が向けられている場所とは限らない(例えば球技などのフェイント)。私たちは目を向けている場所とは別の場所にも注意を向けることができる。このような外部から観察できない注意を潜在的注意(covert attention)という。実際には，まず潜在的注意が働き，その結果として眼球運動が生じるとも考えられる。聴覚や触覚における注意も外部から観察できない潜在的注意である。以下に挙げるのは，視覚的注意の代表的な研究パラダイムの中の2つである。

(1) 空間手がかり法

ポズナー(Posner, M. I.)の開発した空間手がかり法は，潜在的注意の存在を次のような実験によって可視化する(Posner, 1980)。まず，中心に凝視点があり視野の左右に2つのボックスがある(図5-2)。中心に矢印が出現し，その直後左右のボックス内のいずれかに標的が現れる。有効(valid)条件では，矢印が標的の現れる位置を高頻度(約80%)で指すため実験参加者は指された位置に注意を向ける。矢印が逆側を指すのが無効(invalid)条件，手がかりが標的位置に関する情報を持たないのが中立(neutral)条件である。標的検出時間は，中立条件に比べて，有効条件では短縮し，無効条件では延長する。このように，注意による処理の促進や無視する位置における抑制が反応時間として可視化されるのである。

手がかりが矢印のようなシンボルであり，意味まで処理されてはじめて注意が向けられる場合を内因性(endogenous)手がかりという。一方，標的が出現するボックスを一瞬光らせるなどして，注意をボトムアップ的に惹きつける手がかりを外因性(exogenous)手がかりという。両者は類似した注意効

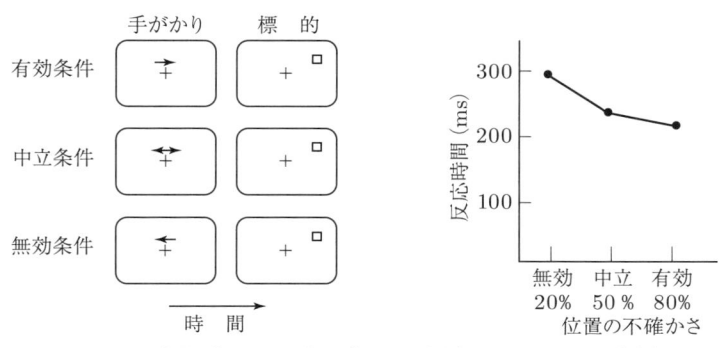

図 5-2　空間手がかりパラダイムの例（Posner, 1980を改変）

果を生じるが，外因性手がかりの方が早く効果を生じる（手がかり出現後100 ms以内）。興味深いことに，外因性手がかりの出現後約300 ms以上では逆に，有効条件における反応時間の遅延が見られる。これを復帰抑制（inhibition of return）といい，一度注意した位置への再注意を抑制することによって，効率的に外界を探索するしくみであると考えられる（武田・小川, 2003）。

注意はスポットライトにたとえられるが，空間手がかり法はこのスポットライトが制御される際のメカニズムを明らかにするのに用いられている。空間手がかり課題における脳損傷患者のデータからは，注意の成分として，開放（disengage），移動（move），増強（enhance）が分離されている（Posner & Raichle, 1994）。

（2）視覚探索課題

注意による選択が特に必要なのは，競合するような複数の刺激があるときである。そのような状況での注意の働きは，視覚探索の研究で広く調べられている。視覚探索課題では，色や形などの異なる特定の標的項目を周囲の妨害項目（ディストラクタ）の中から見つけて検出または弁別を行う（図5-3）。標的がディストラクタと単一の特徴次元で異なる特徴探索（feature search, 図5-3（a））では一般に，標的はディストラクタの数に比較的関係なく容易に見つかる。この現象をポップアウトという（ただし，この例では，標的を見つけることが必ずしも簡単でないことに注意）。一方，標的がディストラク

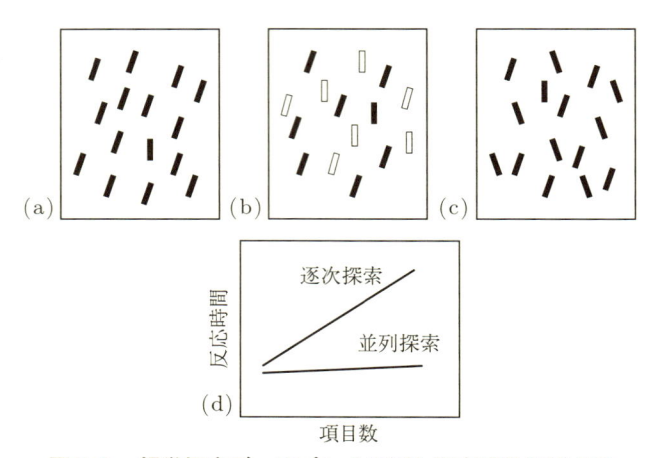

図 5-3 視覚探索ディスプレイの例と探索関数の模式図
特徴探索(a)，結合探索(b)，特徴探索の応用(c)の例。いずれにおいても1つだけ周囲と異なるもの(黒い垂直棒)が標的。

タと共通の特徴を持ち，複数の特徴次元の組み合わせで定義される結合探索(conjunction search，図 5-3 (b))では，ディストラクタ数が増えるほど課題遂行にかかる時間が増加する。

　トリーズマン(Treisman, A.)は，1960年代に生理学的研究で発見されていた方位などの基本特徴の検出器(つまり特定の特徴に選択的に応答する神経細胞)の知見から発想を得て，特徴統合理論(feature integration theory)により特徴探索と結合探索の関数の違い(図 5-3 (d))を説明している(Treisman, 1999)。特徴探索では視野内に並列的に存在する特徴検出器において標的が前注意的(preattentive)に検出され，注意を惹きつけるため，ディストラクタ数によらない並列探索(parallel search)となる。一方，結合探索では異なる特徴次元に対して独立する検出器からの情報を統合しなければならない。このとき，焦点的注意が1つ1つの項目に逐次的に向けられながら，「糊」のように，それぞれの空間位置における異なる特徴次元の情報を結び付ける働きをする。そのためディストラクタ数が探索時間に反映される逐次探索(serial search)となるのである。特徴統合理論は，注意が著しく制約された条件下での結合錯誤(illusory conjunction)の現象でも支持されている。

しかし並列探索と逐次探索の関数が連続的であることや，単純な基本属性では決まらない3次元的形状などでも並列探索的関数が得られることが示されたため，視覚探索のモデルには修正が施されている。ダンカンとハンフリー(Duncan, J. & Humphreys, G. W.)は，標的とディストラクタ，さらにディストラクタ間の類似性が探索関数に影響することから(図5-3(c))，トップダウン的な注意テンプレートと，刺激のゲシュタルト要因による群化といったボトムアップ要因の相互作用によって探索が誘導されるモデルを提起した(Duncan & Humphreys, 1989)。また，その他にも視覚探索に影響する要因は数多くあることが明らかになっている。ボトムアップ的に注意を捕捉する刺激として，突然の物体の出現や表情などの情動的刺激のような特殊な事態があること(岩崎・大原，2003)，先行試行における刺激文脈や選択の履歴などの記憶メカニズムが関わることが報告されている(熊田，2003)。

5-3 注意と情報処理段階

以上のような，情報選択におけるボトムアップ的およびトップダウン的側面は注意研究の一大トピックであり，現在も広く議論されている。次に，注意による選択が感覚入力から出力までのどの情報処理段階で起こるのかという，選択の場所(locus of selection)問題について触れる。これは初期の聴覚における注意研究から活発に議論されている古典的問題であるが(Pashler, 1998)，最近の脳科学的研究による進展も合わせて理解が大きく進んでいる。

(1) 初期選択 vs.後期選択

両耳分離聴取(dichotic listening)の実験では，ステレオヘッドホンなどで左右の耳に違う単語や文章を同時に流しながら，どちらか片方の耳側だけを追唱するなどの課題を行う(Cherry, 1953)。このとき無視する側の言語が途中で変わったり逆再生されたりしても気づかなく，直後に内容を尋ねられても答えられないことがある。これはガヤガヤとうるさい宴会場などでも会話している人の話だけを聞くことができる「カクテルパーティ現象」を実験室

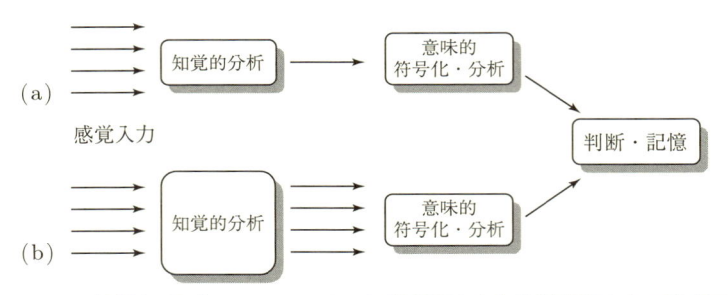

図 5-4　情報処理プロセスにおける初期選択(a)と後期選択(b)の模式図

で再現したものといえる。ブロードベント(Broadbent, D. E.)はこのような現象をフィルターモデルで説明した(Broadbent, 1958)。一度に処理できるより多くの感覚入力は，高次の処理段階へと入る前段階で，重要な情報だけが通過するようにふるい(フィルター)にかけられる。フィルターは注意する情報に開かれ，無視する情報には閉じられる門のようなものである。このように，選択が意味処理より前の段階で起こるとする主張を初期選択(early selection)説という(図 5-4(a))。しかし，自分の名前など重要なことであれば無視している側に提示されても気づくことがあるだろう。このような例は初期選択説では説明できない。そこで後期選択(late selection)説では(図 5-4(b))，入力された刺激はすべて意味処理までなされ，意味処理または反応段階で選択が起こると主張する(Deutsch & Deutsch, 1963)。

　初期選択は，入力量を制限することで情報処理システムに負荷をかけない効率的方略であるが，選択が単純な属性で決まるため重要な刺激を見逃してしまう可能性がある。一方，後期選択はすべての情報を意味処理まで行うためこの点を解決するが，容量以上の刺激の意味情報が競合するための負荷が生じる。このように初期選択と後期選択の機能はいずれも完璧ではなく，ある種のトレードオフの関係にある。私たちの認知機能はこのトレードオフにどのように対応しているのだろうか。もう 1 つの古典的な注意理論であるカーネマンの容量モデル(Kahneman, 1973)が 1 つの手がかりを与えてくれる。容量モデルでは，1 つの総量の限定された処理容量または資源があり，そのとき利用可能な処理資源が課題に配分されることを想定している。容量

配分は，課題や情報の重要性，そのときの意図など，さまざまな要因によって決まり，また総量自体も覚醒などの影響を受けて可変である。

(2) 注意の知覚的負荷理論

ラビ(Lavie, N.)は初期選択と後期選択の対立に対する1つの解決として，フランカー課題を利用した一連の実験から(図5-5)，注意の知覚的負荷理論(perceptual load theory of attention)を提起した(Lavie, 2005)。フランカー課題では，中央に提示された文字列の中にある標的刺激に対して左右の手で弁別反応する課題において，周辺に妨害刺激(フランカー)が提示される。フランカーが標的と反対の手で反応するよう割り当てられた不一致条件では，一般に，同じ手が割り当てられた一致条件よりも反応時間が遅延する。これを刺激－反応不適合性効果という。この効果は意味または反応段階において矛盾する情報が競合するために生じると考えられるので，無視すべき刺激(フランカー)も意味処理までされている，つまり後期選択が生じていることの1つの証拠と考えられる。

ラビたちはこの刺激－反応不適合性効果が，弁別する刺激量が多いか弁別が難しいなどの知覚的高負荷条件では，減少することを示した(図5-5)。この結果はフィルター理論と容量理論の組み合わせによって解釈される。つまり初期の知覚処理段階にも容量限界があり，それを超える妨害刺激にはフィ

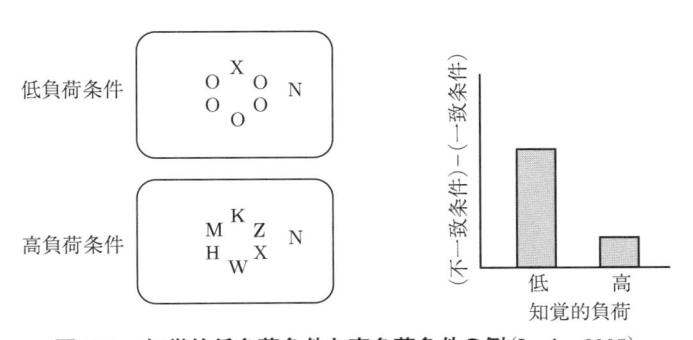

図5-5 知覚的低負荷条件と高負荷条件の例(Lavie, 2005)

中心の文字列にXかNのどちらが含まれているかを判断する。周辺に離れて1つあるのが(上例ではN)フランカーである。低・高負荷条件のいずれも不一致条件の場合を示す。

ルターがかけられるため初期選択となる。しかし超えないときにはすべての刺激が意味処理までされて後期選択となるのである。

興味深いことに，知覚ではなく記憶に負荷をかけた場合(何かを覚えておきながらフランカー課題を行う)では逆に，刺激－反応不適合性効果が増加することが示されている。つまり負荷の種類によって正反対の効果を生むのである。これは，知覚的負荷が知覚処理段階における資源の問題であるのに対して，記憶における負荷が干渉を抑制するための実行制御機能と処理資源を共有するためであると考えられる。このように初期選択か後期選択かは，課題の性質によって変わるといえる(詳細は，八木・熊田・菊地, 2004)。

(3) 生理学からの示唆

行動実験では反応出力から処理過程を推測するが，生理学的指標には中間段階の処理を可視化するものもある。頭皮上から導出される脳波を，刺激の出現にそろえて加算平均して得られる事象関連電位(event-related potential, ERP)は，刺激入力から出力までの間の処理過程を一連の電位の波としてミリ秒単位で反映する。両耳分離聴取と類似の実験でERPを測定すると(図5-6)，無視する側に提示された刺激が惹起する感覚皮質由来の初期成分(刺激出現後100 ms前後)が，注意側の刺激に比べて減衰することがわかって

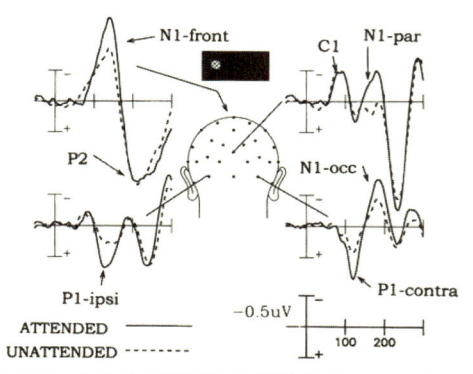

図 5-6　視覚 ERP における初期選択の証拠(Hillyard & Anllo-Vento, 1998)
注意する位置に出現した刺激は，無視する位置に出現した刺激に比べて，振幅の大きな初期 ERP 成分を惹起する。

いる(Wolddorff et al., 1993)。これは初期選択を直接的に支持する知見であるといえる。ただし，振幅の減衰であるため，刺激を通すか否かのフィルターというよりも，トリーズマンの唱えた減衰説(Treisman, 1969)がより合致する。

　視覚でも類似の知見が数多くあるとともに，さらにメカニズムに関する新たな知見も提出されている(詳細は，河西・熊田, 2003)。例えば，空間手がかり法における外因性手がかりによっても，内因性手がかりの場合と同様に早い成分における注意効果が見られている(Hopfinger & Mangun, 1998)。したがって，注意を駆動するメカニズムが異なっても，同じ選択メカニズムが関与することが示唆される。ただし，ERPの注意効果は，聴覚と視覚のいずれでも，刺激が高速提示されるなどの知覚的高負荷条件でのみ早い成分で生じ，記憶や反応などより高次の処理段階に負荷がある状況では遅い成分に生じる(Luck & Hillyard, 1999)。これは行動実験から提起された負荷理論と通ずる知見である。

　まとめると，選択が起こる場所は，初期か後期の二者択一ではなく，特定の課題において「競合」が生じる情報処理段階であるといえる。では，この「競合」の正体は何なのだろうか。サルの単一細胞記録のデータに基づくバイアス化競合モデル(biased-competition model)では，さまざまな情報処理段階における神経レベルの競合の存在を指摘している(Desimone & Duncan, 1995)。例えば，視覚皮質において，視野内にある特定の刺激に対する単一ニューロンの活動は他にも類似の刺激があるとき減衰する(詳細は石金，

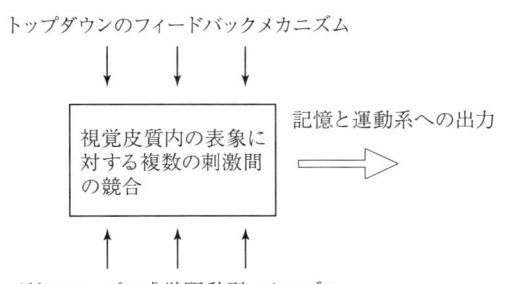

図 5-7　注意のバイアス化競合モデル(Kastner & Ungerleider, 2000)

2003)。これは複数の物体や特徴に対する神経表象が互いに競合関係にあることを示す。競合には顕著性のようなボトムアップ要因と目標志向的なトップダウン処理の双方からバイアスがかけられ，勝者独り勝ち(winner-takes-all)の原理に基づいてもっとも活性の高い表象が選択されるメカニズムが提案されている(図5-7)。

5-4 注意と表象

これまで注意がどのように働くのか(how)，そして，注意による選択が情報処理段階のどこで起こるのか(where)という問題に触れた。では，注意はいったい何を選択するのだろうか(what)。ここでは主に半側空間無視の例を挙げながら，注意が作用する空間と物体の表象について述べる。

(1) 半側空間無視

半側空間無視とは，特定の脳部位の損傷によって，損傷した半球(主に右)の反対側の空間にある対象に対して注意が向きにくくなる症状である。このような症状は視野に欠損がなくても生じる。半側空間無視に関する1つの興味深い知見として，左側が燃えている家とそうでない家の線画を垂直に並べて見せたとき，患者はそれらを同じだと答えたが，住むならばどちらかという問いには燃えていない方を選んだ(Marshall & Halligan, 1988)。これは，注意が気づき(awareness)と密接に関わるとともに，注意が向かない刺激であっても何らかの処理がされていることを示す知見である。

半側空間無視の現象は，注意が脳における空間表象を介することを示す1つの例であるが，では，その空間とはどのようなものなのだろうか。パソコンのディスプレイ面に刺激を提示する一般の注意実験では，あたかも注意のスポットライトが2次元平面上に投射されているように扱われている。しかし実際の空間は3次元であるとともに，注意のスポットライトは外界ではなく脳で構築された外界の表象に当たっているはずである。そこで3次元空間における注意を調べるために，実際に奥行きの異なるライトを点滅させたり，両眼立体視ディスプレイを用いたりして奥行き方向の空間手がかり法の

実験が行われている(詳細は,木村・三浦,2003)。その結果,異なる奥行き位置の間にも注意効果が生じ,注意は3次元の空間表象上で作用することがわかっている。

では,注意が作用する3次元的空間は脳内でどのように表象されているのだろうか。神経心理学的知見は,半側空間無視が,手の届く範囲の近空間と,届かない遠空間のいずれかのみで生じることがあることを示している(Halligan & Marshall, 1991)。これは,空間が周囲に連続的に広がっている感覚と矛盾して,近空間と遠空間が脳に分かれて表象されていることを示す。健常者においても,異なる空間領域が分かれて表象されていることを示す類似の知見がある。例えば半側空間無視を測定する1つの手法である線分二等分課題(水平線分の中心を示す課題)では,近空間に提示された線分に対して中心がやや左に偏って報告される偽無視(pseudo-neglect)とよばれる現象が知られるが,これは遠空間では消失する(McCourt & Garlinghouse, 2000)。

(2) 物体ベースの注意

半側空間無視において,特に,左右の視野に競合するような2つの刺激があるとき片方を見落とす現象を視覚的消去(visual extinction)という。このとき,左右の刺激が1つの「物体」としてまとまる程度によって,見落としの頻度が減少することが報告されている(Humphreys, 1999)。これは「物体ベースの注意(object-based attention)」の現象の1つであり,注意が作用する空間が,何もない空白の空間ではなく,物体を形作る空間であることを示している。

物体ベースの注意には健常者を対象とする行動実験も多数ある(Scholl, 2000)。空間手がかり法を用いた実験では(Egly, Driver, & Rafal, 1994),視野に提示された2つの長方形(物体)の一端に手がかりが出現し,直後に出現する標的が検出された(図5-8(a))。ここで,標的が手がかりと異なる位置に提示される無効条件の反応時間は,手がかりが標的の帰属する長方形と同じ長方形上にあるとき(物体内条件),異なる長方形上にあるとき(物体間条件)よりも短縮した。これは,注意が物体表象内を自動的に拡散するためで

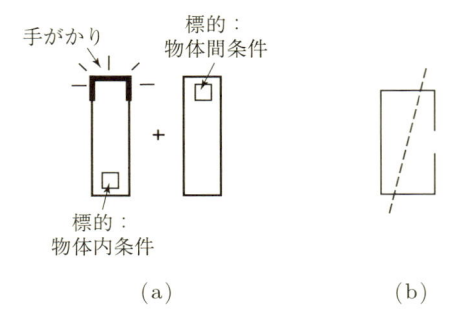

図 5-8　物体ベースの注意実験における物体例
(a) 空間手がかり法の場合 (Egly et al., 1994)。(b) 分割的注意課題の場合 (Duncan, 1984)。2つの重なった物体に対して，4つの特徴がある（線分の傾き，破線か点線か，四角形の大きさ，ギャップの向き）。このうち，弁別すべき2つの特徴が同物体上にあるのが物体内条件，異なる物体上にあるのが物体間条件である。

あると考えられる。

　特徴に対する注意も物体ベースであることが示されている。分割的注意課題を用いた実験では（図5-8(b)），弁別する2つの特徴が1つの物体に属するとき，それぞれが異なる物体に属するときよりも遂行成績が向上することが報告されている(Duncan, 1984)。これらの知見から，物体ベースの注意の研究領域では，注意選択の最も基本的な単位が物体であると考えられている。

6章　作動記憶

「これは大事なことだからよく覚えておきなさい」と言われたとしよう。ここにはいくつかの悩ましい問題が含まれている。「大事なこと」を頭のどこに，どのように，また，いつまで蓄えておけばよいのだろう。「大事」というからにはいつかは使うのだろうが，保持している間にその内容は変化しないのだろうか。あるいは，必要なときにアクセスできるようにしておけるのだろうか。こういったさまざまな疑問に対して，記憶研究は多くの知見を提供してきた。この章では，外界からの情報を記憶系にどのように取り入れ，それがどのように処理されるかについての研究成果を述べていくこととする。これらの研究は，興味深い実験結果・新たな理論が次々と発表された記憶研究の草創期にあたり，いずれも現在の基礎を築いたといえる。

6-1　記憶に関する最初の実験的研究

　記憶という精神現象をはじめて科学的実験対象として取り上げたのは，エビングハウス(Ebbinghaus, H.)である。まず，記憶を測定し解明しようとした彼の研究を紹介することから始めよう。
　彼以前は，記憶については内観による方法が一般的であった。しかし，時間とともに変容する記憶現象を内観によってとらえることは難しく，測定することができない。そこで，彼はさまざまな工夫を凝らして実験的研究を行った。
　まず，学習する項目(記銘材料)に対する学習者の経験の程度を統制するため，彼の記憶実験では，「子音—母音—子音」からなる無意味綴りとよばれる記銘項目のリストが考案された。この記銘リストを1項目ずつ一定のスピードで読み上げ繰り返し学習する。誤りなく再生できるまで学習した後，20分から31日間までさまざまな間隔をおいて再びそのリストを完全に学習する

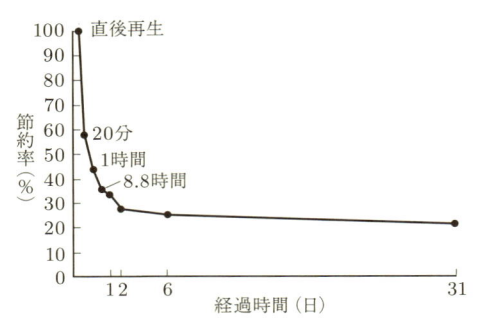

図 6-1　エビングハウスの忘却曲線(Ebbinghaus, 1885より)

というように実験条件を厳密に制御した。そして，実験結果は再学習法によって得られる節約率[注1]によって示された。再学習法とは，一度学習が完成した記銘材料を，時間をおいて再び学習するときは，学習が容易になるということを利用した記憶検査法の一つである。節約率は，最初に学習が完成したレベル（原学習水準）に，再学習時にどの程度の時間や回数で達することができるかを，原学習水準と比して量的に示される。つまり，節約率が大きいほど少ない時間や回数で再学習できたことを表し，忘却していないことを意味する。

エビングハウスの実験結果としてよく知られているのは忘却曲線である。図 6-1 は，横軸に再学習までの時間間隔を，縦軸に保持量を意味する節約率をとったグラフである。これによると，記銘後 1 時間で節約率（保持量）は極端に落ち込み 50 ％以下となり 2 日後では約 30 ％と低下するが，6 日後以降 1 か月にわたって大きな低下はないことを示す。つまり，記憶情報は学習した直後から急激に消失するものの，ある一定の期間を過ぎれば保持され続けることが理解される (Ebbinghaus, 1885)。

6-2　記憶のモデル ── 単独構造か多重構造か

外界から入力された情報は，どのように記憶に保持されるのか。特に，記

注1）　節約率 $=(L_1-L_2)/L_1\times100$　（L_1：最初の学習に要した時間や回数，L_2：再学習に要した時間や回数）

6-2 記憶のモデル—単独構造か多重構造か

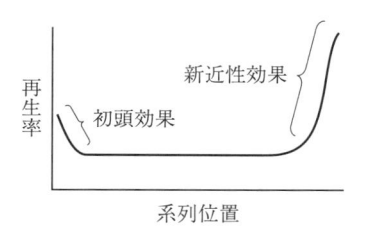

図6-2 系列位置曲線の模式図

憶を貯蔵庫としてとらえた場合，単独の貯蔵庫であるのか多重の貯蔵庫であるのか。これについて多様な議論がなされてきたが，以下に一つの古典的な実験例を紹介しよう。

今，相互に無関係な30個からなる単語の記銘項目リストを学習すると仮定する。1度に1つずつ順に学習すべき単語が提示される。30単語がすべて提示された後で，自分の好きな順序で，できるだけたくさん再生するように求められる。こういった記銘−自由再生実験の結果は1つの特徴的な曲線を描き出すことが知られている。これが系列位置曲線(serial position curve)である(例えば，Murdock, 1962)。横軸に項目の提示された順序(系列位置)を，縦軸にその項目が正しく再生された割合(再生率)をとると，図6-2に示すように，系列位置の始めと終わりの位置にある項目の再生率は中央部の項目の再生率より高い。系列の初頭部での再生率の上昇は初頭効果とよばれ，終末部のそれは新近性効果とよばれる。

この系列位置曲線，特に，新近性効果についての説明として，項目の提示時間から再生までの時間が短いためであるという可能性が考えられる。そこで，ポストマンとフィリップス(Postman & Phillips, 1965)は，記銘リストの最終項目が提示された後の一定時間，数字の減算という遅延課題を挿入し，その後に再生を求める実験を行った。この遅延課題は，例えば，975からはじめて3ずつ数字を引き算していき，その答えを975, 972, 969, 966, 963, ···というように順次素早く声を出して言う課題である。これによって覚えた項目を忘れないように頭の中での繰り返し—リハーサル(rehearsal)—を妨害することになる。その結果，初頭効果には影響ないが，新近性効果を打ち消すことが見いだされた。これは，記憶貯蔵庫は単独ではな

く少なくとも二重，すなわち，短期記憶と長期記憶に分けられるとの有力な証左となった。なぜなら，記銘リストの終末部の記憶情報は，この遅延課題によって短期記憶が妨害を受け再生できなくなった。一方，初頭部や中央部の記憶情報は既に長期記憶に送られているため妨害を受けることがなかったと解釈されるからである。

このような研究成果から，1970年前後から記憶は複数の貯蔵庫からなる構造を有すると考えられるようになり，多重貯蔵庫モデルが提唱された。また，情報処理概念が心理学に導入されたことから，情報が各段階でどのように処理されるかといった認知心理学的アプローチが数多く認められるようになった。

記憶の一般的な理論に関し，短期記憶の概念を組み込んだ最初の体系的な試みは，アトキンソンとシフリン(Atkinson & Shiffrin, 1968, 1971)によってなされた。これ以降，感覚登録器(sensory registers)，短期記憶(short-term memory)，長期記憶(long-term memory)という3種類の記憶貯蔵庫に基づく多重構造説が唱えられてきた。これについて以下に概観する。

6-3 感覚記憶

外界から入力された情報は，認知されたり解釈されたりする以前に，最初に感覚様相に特有な貯蔵庫(modality- specific store)，例えば，視覚情報ならアイコニックメモリー(iconic memory)，聴覚情報ならばエコイックメモリー(echoic memory)というように，それを保持する特有の貯蔵庫に入ることが知られるようになった。そこでは，まだ解釈されていない大量の情報が非常に短い期間保持される。

感覚記憶については，スパーリング(Sperling, G.)の貢献が非常に大きい。彼は瞬間露出器(tachistoscope)を用いた巧妙な実験を行った。瞬間露出器は，視覚刺激をミリ秒単位の短い時間被験者に提示することができる装置である。これを用いた実験で，彼は，3～16個の文字や数字を被験者に瞬間的に提示し，正しく報告することを求めた。その結果は平均4.5文字であった。この結果自体はたいして目新しさはない。しかし，被験者が「もっとた

6-3 感覚記憶

くさん見えていたのに報告しているうちに消えていった」と訴える点に着目した。つまり，彼は，報告される文字数の限界は必ずしも文字を知覚する能力の限界と一致しないのではないか，と考えたのである。そこで，従来のできるだけ多くの文字を報告する手続き—全体報告法(whole-report procedure)—とは異なる，部分報告法(partial-report procedure)という新たな手続きを開発した。

部分報告法では，被験者に3行3列あるいは3行4列に配置された文字刺激が短時間提示される。文字が消えた直後に，高音，中音，低音のどれかが聞こえる。それぞれの音は最上位行，中間行，最下位行に相当し，被験者がどの行を報告するか指定する信号音である。スパーリングは，この手続きによって，全体報告法とは全く異なる結果を得た。部分報告法では，どの行を報告するように求められても，被験者は3行3列条件では91％(9文字中の8.2文字に相当)，3行4列条件では82％(12文字中の9.8文字に相当)正答した。つまり，被験者の記憶には提示された文字の大部分が利用できる状態にあったことを意味する。彼はこの方法を用いて，信号音の遅延時間を操作することで，利用可能な文字数がいかに変化するかを示した。その結果が図6-3である。これによると，部分報告法の成績が全体報告法のそれよりも顕著に高いが，信号音が遅延されるとともに成績が低下し，遅延時間1.0秒で全体報告法の成績とほぼ一致することがわかる。

スパーリングは，刺激消失後も原刺激そのままの情報がきわめて正確に保

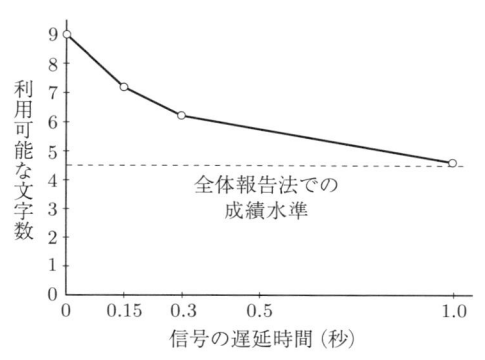

図6-3 部分報告法の実験結果(Sperling, 1960より)

持されるものの,急速に崩壊する特徴をもつ視覚的情報貯蔵(visual information storage, VIS)が存在することを証明したのである(Sperling, 1960)。この VISは,ナイサー(Neisser, U.)が名づけた「感覚登録器」の内の視覚登録器 アイコンあるいはアイコニックメモリーに相当する(Neisser, 1967)。

　この感覚登録器に入った情報のうち,注意が向けられパターン認識に成功 したわずかな情報が短期記憶に送られる。

6-4　短期記憶

　人間は,入力される多種多様な情報を多くの段階的な処理を経て,意味の ある情報へ成立させていくと考えられる。しかし,これらの各段階で行われ た処理結果をすべて記憶しているというわけではない。これらの処理はごく 短時間に消滅したり,あるいは後続の情報によって置き換えられたりする。 私たちは最終的に処理された情報の意味を記憶しておくに過ぎない。こう いった意味情報を長期的に保持しておくための前処理機構として短期記憶が ある。

　短期記憶にはいくつかの特徴がある。その第1は短期記憶の容量とその保 持時間,第2は短期記憶からの情報の検索方法,第3は保持したり長期記憶 に転送したりするためのリハーサルの機能である。それぞれについて見てい こう。

(1) 短期記憶の容量と保持時間

　今だれかに電話することを考えてみよう。電話帳から電話番号を見つけダ イアルする。仮に,その電話番号が市外局番3桁,市内局番3桁,加入者番 号4桁から構成されているとしよう。ダイアル中,この10桁の電話番号を 覚えておかねばならない。しかし,市外局番が既知ならば覚えておく数字は 7桁,市内局番まで知っているなら4桁ですむ。これならば覚えるのは容易 だと感じる。こういった例は,人間が一時的に記憶にとどめておく情報量に 厳しい限界があることを示している。

　従来,短期記憶における容量は直接記憶範囲(span of immediate memory)

6-4 短期記憶

とよばれこれを測定する多くの研究がある。ミラー(Miller, G.)は，こういった過去の知見を総合して直接記憶範囲は7±2個であり，人間は情報を7個程度のチャンク(chunk)に統合する能力を有するとした。これは，日常的に7色の虹，7音階，7曜日，7つの海，7不思議など7にまつわる用語が多く見受けられることに符合し，これを「マジカルナンバー・7±2」とよんだ(Miller, 1956)。

ここで重要なことは，記憶の単位は入力項目の数ではなく保持されるチャンクだということである。例えば，被験者に645794119215491603の18数字を順に提示したとする。各数字をそれぞれ覚えようとしてもすべてを再生することは困難である。しかし，これらが日本史の年号(645，794，1192，1549，1603)とわかれば5チャンクとなり記憶し再生することができる。こういった文字列や数字列が単語や年号を形成しているときには多くの文字や数字を覚えられる。これは，複数の文字列や数字列を1単位に再符号化(re-coding)し，意味のある単語などに結びつける(chunking)ことができる能力に基づく。これによって得られた単位がチャンクである。

ピーターソン夫妻(Peterson & Peterson, 1959)は非常に簡単な実験を行った。彼らは，被験者にPSQのような3字からなる子音系列(trigram)を覚えさせ，18秒経ってからそれを再生するように求めた。しかし，被験者はその多くを思い出すことができなかったのである。その理由は，提示と再生の間に先述した逆算課題を挿入したためであった。さらに興味深いことに，記

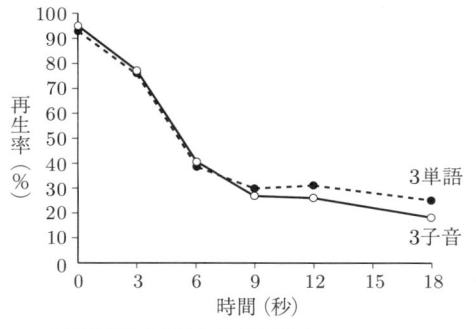

図 6-4　短期記憶の保持時間関数(Murdock, 1961より)

銘材料を3単語にしてもその結果は図6-4に示すとおり3子音の条件とほとんど変わらなかった(Murdock, 1961)。この結果は、記憶容量がチャンクに依存することを示すとともに、短期記憶内の保持時間にも制約があることを示す。つまり、短期記憶には数十秒間しか情報が保持できないことが明らかとなったのである。

(2) 短期記憶からの情報検索

短期記憶からの検索についての研究は、スタンバーグ(Sternberg, S.)の研究を契機として発展してきた。彼は記憶走査(memory scanning)とよばれる実験手続きを用いた。その実験の基本構成は次のとおりである。数字や文字の項目リストが被験者に提示される。そのリストの長さ(字数)は1個から6個まで変わる。次に、ターゲット刺激が提示され、それが先のリストに含まれていたかどうかを記憶に基づいて判定する。もし含まれていれば正反応、含まれていなければ負反応のそれぞれのボタンを押す。この課題自体は被験者にとって容易であり、ほとんど間違えることはない。スタンバーグの関心は被験者の反応時間にあった。その結果、反応時間は、記憶内の項目数の関数として直線的に増大し、しかも、正反応も負反応もほぼ一致した結果であった。負反応の場合、項目リストに相当する記憶表象を順に走査し、すべての比較・照合を終えた時点でいずれも該当せず、負反応ボタンを押すことになる。一方、正反応の場合、順に走査すると最初にテスト刺激と一致することもあれば、最後にようやく一致する場合もある。論理的に考えれば、正反応の反応時間は平均すると負反応のそれの半分となることが予想される。しかし、実験結果ではこの両者の反応時間が一致していた。スタンバーグはこの結果について、正反応であろうと負反応であろうと記憶表象を順に、そして、すべてを走査し終わった時点で正負の反応をすると解釈した。つまり、短期記憶での情報検索は直列悉皆走査(serial exhaustive scanning)であると結論づけたのである(Sternberg, 1966 ; 1969)。

しかし、その後、直列悉皆走査に対する批判が示された。その1つは、理論的側面からである。直列悉皆走査でなくてもスタンバーグの結果を説明するモデルが提唱されている。例えば、タウンゼント(Townsend, J. T.)は、す

6-4 短期記憶

べての項目を同時に検索する並列走査によっても説明しうると主張した。これによると，項目すべてに処理資源が配分されるが，処理資源には限界がある。項目数が少ないときには各項目への資源が多く配分されるため素早く処理される。しかし，項目数が多いとそれぞれの項目への配分は少なくなるため，処理に時間がかかる。このように，正反応と負反応の区別なくどの項目も並列的に処理されるが，項目数に応じて各項目に配分される処理資源が異なることから反応時間が変化すると考えるのである(Townsend, 1972)。

また，反応時間の系列位置曲線に関する実験的側面からの反証もある。直列悉皆走査ならば反応時間の初頭効果や新近性効果は認められないはずである。しかし，これを検証した実験では初頭部や新近部において著しく反応時間が短くなるという結果が見いだされている(小谷津, 1973；McElree & Dosher, 1989；Murdock & Franklin, 1984)。また，走査すべき項目数が多くなった場合，正反応の場合の反応時間は，負反応の場合のそれに比べ約1／2となることも認められている(小谷津, 1973)。

短期記憶の情報検索について，これまで数多くの実験的検証により，ターゲットの性質や数，被験者の方略などを考慮する必要性が指摘され，現在では，短期記憶からの情報検索は，素早い並列走査であると考えられている。

(3) リハーサル

先に述べた，電話番号を覚えておくときのことを思い出してみよう。ダイアルしながら，その電話番号を心の中で何度も繰り返していることだろう。このように忘れないように記憶にとどめておくために繰り返すことをリハーサルとよぶ。このリハーサルには2種類ある。一つは主として短期記憶内に情報を維持するための維持リハーサル(maintenance rehearsal)である。もう一つは，短期記憶内の情報を長期記憶に転送する精緻化リハーサル(elaborative rehearsal)である。

維持リハーサルは，あたかも記憶すべき項目の弱くなった情報の痕跡を取り出し，それをひそかに口に出し，自分の内なる声(内的発話)に耳を傾け，短期記憶内に再入力させ，その項目の強度をもとの状態にすることである(Lindsay & Norman, 1977)。このリハーサルは，忘却する前にその項目を回

復させる働きであり，長期記憶には影響を及ぼさない。また，処理レベルは浅く，音響的水準における継続的処理であるといわれる。

一方，精緻化リハーサルは，短期記憶に項目を維持するだけでなく，長期記憶におけるその項目の記憶を強める。このリハーサルは，意味的処理に対応していると考えられている。この処理によって，短期記憶で項目同士を相互に連合させたり，既存の知識内の情報と関連づけたりすることで，その情報の質が高められると考えられる。既存の知識と関連させることで項目の再生能力を高める方法として記憶術がある。これには，よく知っている場所と記銘項目を関連づけて覚える場所法，記銘リスト内の項目間に単純な連想を見つけ，これらを結びつけて意味の通る物語にする連想法などがある。こういった記憶術も精緻化リハーサルを促進させる手段の一つであると言える。

6-5 処理水準説

記憶を多重構造としてとらえる大きな潮流はあったが，それとはやや異なる側面からアプローチを試みた研究もある。その1つがクレイクとロックハート(Craik & Lockhart, 1972)の処理の深さに関する研究である。彼らは，入力された刺激の意味に注意を向ければ向けるほど，記憶された情報の検索は容易になると考えた。つまり，記憶は，入力情報の知覚的・認知的な処理の程度(水準)に依存するのであって，必ずしも多重構造である必要はないという考え方である。

処理水準説の基本的仮定は，入力刺激が多くの異なった方法で処理されうること，これらのさまざまな処理方法は，処理の深さとよばれる一つの次元に沿うことである。入力刺激の処理は，物理的(あるいは知覚的)水準，音響的(あるいは構造的)水準，意味的水準に分けられる。

この各水準での処理を単語の処理として考えてみるとよく理解される。最初の処理水準である物理的水準は，例えば，単語の外観によって処理される。例えば，TABLEという語は，あるフォントの大文字の連鎖としてコード化される。次の音響的水準は，発音によって処理される。weightはcrateと同じ韻を踏む。最後の意味的水準は，入力された単語の意味的属性が処理

表 6-1 処理水準の違いと各質問に対して提示される単語
(Craik & Tulving, 1975より)

処理水準	質　　問	答え Yes	答え No
物理的水準（活字）	その単語は，大文字で書かれているか	TABLE	table
音響的水準（音韻）	その単語は，weightと同じ韻を踏むか	crate	market
意味的水準（文章）	その単語は次の文章に挿入できるか： "彼は町で____に会った"	FRIEND （友人）	cloud （曇り）

される。FRIENDは自分の周りに存在し，仲が良い人間として表象される。

　実験では，被験者には，ターゲットとなる単語を提示する前に，その単語に対する処理水準を方向づける質問課題が与えられる。この方向づけの質問は，表6-1に示すように，活字の処理を求める物理的水準，音韻的処理を求める音響的水準，文章処理を求める意味的水準のいずれかである。例えば，"その単語は大文字で書かれていますか？"と質問文が提示される。そして，1秒後に"TABLE"が提示されたならば，被験者はただちに"Yes"の反応キーを押すことになる。単語提示から反応までの時間が記録される。他の処理型の場合も同様である。こういった手続きが繰り返された後に，被験者に事前には予告していなかった，ターゲット単語に対する再生実験が行われる。こういった手続きにより処理水準説の検証がさまざまに行われた。その結果，多くの研究で処理の深さが増すにつれて再生率は増加した。つまり，入力情報がより深く，意味的に処理されるほど，その情報は後で想起されやすいことが証明された。

　ただし，この処理水準説に対しては処理の深さの客観的測度がなく，そのため定義が曖昧であるといった批判もある。また，入力時の処理の深さが記憶を引き出すのではなく，○○と同じ韻を踏む単語はあったか？といった上の質問文と類似した別種のテストならば，意味的水準より音響的水準の方の成績が良いことが見いだされている(Morris, Bransford, & Franks, 1977)。つまり，記憶成績は入力時の処理水準に依存するのみならず，どんなタイプのテストを使うかという検索時の条件にも依存することが明らかにされている。

6-6 作動記憶

　記憶の多重貯蔵モデルでは，短期記憶には7チャンクの格納場所があるとして構造上の制約を設けている。しかし，最近では，その限界を処理の限界と関係づけて考えるのが一般的となっている。特に，注意容量の限界が短期記憶の保持容量を制限していると考えられるようになっている(Eysenck, 1986)。このような注意の機能を反映させ，アトキンソンとシフリンの短期記憶の概念から発展し，バッドリーとヒッチ(Baddeley & Hitch, 1974)によって展開された概念が作動記憶(working memory)である。

　もともと短期記憶の概念には，短期貯蔵庫のほかに，その制御機能が不可欠であると考えられていた。その制御の主眼は項目を保持することの機能であった。すなわち，その記憶の役割として，保持のみならず，もっと広く認知的課題全般に関わるとの発想は持たれてこなかった。

　これに対して，バッドリーらは，短期記憶には，感覚様相に応じた処理を行ったり，注意が向けられた情報に対して処理を促進させたりする機構が備わっていると考えた。そして，言語理解や推論などの人間の高次な認知活動と関連する記憶のモデルが必要であるとした(苧阪, 2002)。この発想に基づいて，彼らは作動記憶システムを考案した。作動記憶は制御機能に依存する割合が大きく，しかもその制御機能は単純に保持機能を支えるのではなく，認知活動のなかの動的な記憶を支えるため，より複雑な働きを担っている。

　バッドリーらが唱えた作動記憶のモデルは，音韻的情報の保持と処理に携わる音韻ループ(phonological loop)，視覚的・空間的情報の保持と処理に携わる視空間スケッチパッド(visuo-spatial sketch pad)という2つの従属システムの他に，それらの働きをコントロールする中央実行系(central executive)という3つの下位システムからなっている。

　記憶課題を遂行する上で，これらの下位システムがどのように関与しているかを明らかにするために二重課題法が開発された。二重課題法とは，一次課題と二次課題を同時に被験者に課した場合，一次課題だけを課した場合と比べてどの程度成績が低下するかを調べることにより，作動記憶のどの下位システムが一次課題に関与しているかを特定しようとするものである(三

6-6 作動記憶

宅・齊藤, 2001)。

(1) 音韻ループ

　音韻ループは，言語的リハーサルループと考えることができる。例えば，電話番号をしばらくの間覚えておこうとするときには，"心の中で声に出して繰り返す"ことで記憶痕跡をリフレッシュさせる。また音韻ループは，言葉を話すために準備している単語を保持しておくことにも使われる。情報を時間的，系列的な方法で構造化し，音声化によって言語情報を扱う，いわば内なる声(inner voice)であるといえる。

　この音韻ループを妨害する二次課題としてよく用いられるのが，構音抑制(articulatory suppression)課題である。この課題では"the, the, the"など言い慣れた語やフレーズを繰り返してつぶやくことが要求される。これが課せられると一次課題だけを行う場合に比べ，単語や数字の直後系列再生など音韻情報に依存する一次課題の成績が低下する。一方，碁石やオセロを格子状の盤に配置したときにできるようなドット・マトリックスの直後再生など視空間情報に依存する一次課題の成績にはあまり影響しない(Baddeley, 1986)。

(2) 視空間スケッチパッド

　視空間スケッチパッドでは視覚的情報(形，色，質感など)，および空間的情報(位置)を扱い，音韻ループと同様，情報をリハーサルできる。これが使われる場面は，例えば，心の中でイメージを作り上げて操作したり，メンタルマップを表現したりするときなどである。このことから内なる目(inner eye)と考えることができる。

　視空間スケッチパッドの働きを選択的に妨害する二次課題として，コンピュータ画面上にランダムな位置に明滅するドットパターンを追視させる無関連視覚刺激パラダイム(irrelevant picture paradigm)がある。これは構音抑制課題とは逆に，音韻情報の保持を妨げず，視覚的な情報保持を選択的に妨害する方法である。

(3) 中央実行系

　中央実行系は，最も上位にあり，音韻ループ，視空間スケッチパッドを制御し管理する。認知的努力を多く必要とする課題を遂行するときには，これが重要な役割を果たす。なぜなら，非常に柔軟性に富むシステムであり，さまざまな経路から入力されたどんな感覚様相の情報でも処理することができると仮定されているからである。しかし，この中央実行系は容量にかなりの限界がある。これについてバッドリーは「中央実行系はまさに注意システムとよぶにふさわしいものである」と述べている(Baddeley, 1981)。

　この中央実行系の機能を妨害する二次課題として，一定間隔ごとに1から9までの数字を1つずつできるだけランダムな配列になるように生成することを求める乱数生成(random number generation)課題などが開発されている。

　以上のような3つの下位システムからなる作動記憶モデルを原型として，先のチャンキング概念も説明できるように修正され，第4の下位システム―エピソディックバッファ―が加えられるに至っている(Baddeley, 2000)。この下位システムは，例えば，音韻ループ内情報と長期記憶内の言語知識を結びつけたり，音韻ループと視空間スケッチパッドからの情報を統合したりすることで作られる統合表象を一時的に保持する機能を持たせたものである(図6-5参照)。この下位システムは，情報統合機能への注意を促し，長期作

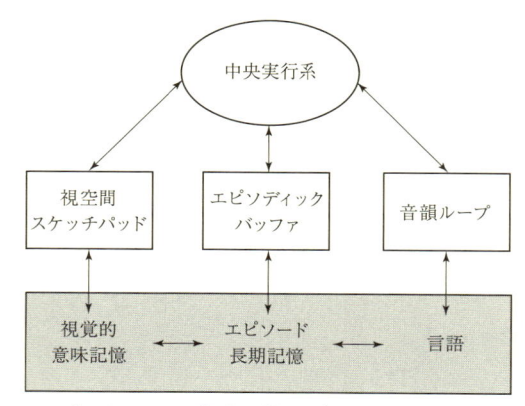

図6-5　バッドリーの作動記憶モデル(Baddeley, 2000より)

動記憶(long-term working memory)理論との橋渡しの役目を果たすことが期待されている(三宅・齊藤, 2001)。

7章　長期記憶

　私たちの記憶系には，膨大な情報が長期記憶として貯蔵されている。本章ではまず，情報が長期記憶として符号化され，貯蔵され，検索される際の特徴を説明する。次に，長期記憶の多様性について述べる。長期記憶は単一のシステムではなく，性質によっていくつかの種類に区分できるとみなされている。そうした区分と，その根拠となる知見について説明する。また，記憶の構成的性質について述べる。記憶は過去の出来事の正確なコピーではなく，さまざまな要素から再構成されると考えられる。こうした記憶の構成過程に影響を与えるとされている要因について説明する。

7-1　符号化と検索

　外界から取り込まれた情報は，感覚記憶，短期記憶など何段階かの処理を経て変換され，最終的には長期記憶として保存される。情報が長期記憶として貯蔵されること(記銘)を符号化とよび，貯蔵されている情報を取り出すこと(想起)を検索とよぶ。記憶研究では，主として無意味綴り("XOF"，"GEQ"などのように，意味をなさない文字列)や単語などの言語的な材料を用いて，符号化と検索の過程，および，それらに影響を及ぼす要因を探ってきた。

(1) 符号化

　長期記憶への符号化には，覚えようとする情報を自分が有している知識の体系に組み込む精緻化リハーサルが効果的であると考えられている。
　例えば，覚えるべき情報にさらなる情報を付け加えて記憶表象をより豊かにすることで，後の検索はより容易になる。こうした処理を精緻化という。具体的には，年号や外国語の単語に日本語の意味を付加して語呂合わせを行

うことや，覚えるべき複数の単語を相互に組み合わせて文章を作ること，あるいは言語的な材料に視覚的なイメージを付け加えることなどが精緻化に当たる。

また，覚えようとしている複数の項目を関連のあるもの同士でまとめ，整理することによって，後の検索は容易になることが知られている。こうした方略を体制化とよぶ。人はしばしば，何かを覚えようとする際にこの体制化を自発的に行う。

精緻化や体制化は，符号化すべき情報を，既有知識との相互作用によって知識の体系に適合するように加工する過程であるといえる。

（2）検索と忘却

長期記憶は，短期記憶とは異なり，その容量に制限はなく，一旦符号化され貯蔵された情報は半永久的に持続するものと一般的には考えられている。しかし，日常の経験からも明らかなように，貯蔵された情報のすべてが，必要とされるときにうまく検索されるわけではない。一旦はしっかりと覚えたはずの情報をどうしても想起できないという現象は，どのように解釈されるだろうか。

まず思い浮かぶのが，記憶内におけるその情報の記憶痕跡が時間の経過とともに薄れ，もはや検索できないまでになってしまった，という解釈である。このようにして忘却が起こるとする考え方を，記憶痕跡減衰説とよぶ。

しかし，記憶痕跡の減衰のみが忘却の原因とは限らない。例えば，後から入力された情報が先の情報に干渉し，競合することによって，先の情報の想起が妨げられることも考えられる。これを干渉説とよぶ。

ジェンキンスとダレンバッハ(Jenkins & Dallenbach, 1924)の実験は，干渉説の根拠として扱われている。彼らは2名の学生に複数の無意味綴りを学習させ，一定の時間が経過した後に再生を求めた。その際，学習後すぐに眠る条件と，学習後も覚醒したまま通常の活動を続ける条件とを設けた。その結果，いずれの実験参加者でも，覚醒条件では睡眠条件と比べて，時間の経過に伴う再生成績の低下がより急速であった。この結果は，覚醒している間のさまざまな認知的な活動が先の学習の記憶を阻害したために生じたと解釈

された。この実験に見られたように，後の学習が先の学習を阻害することを逆向干渉とよび，逆に，先の学習が後の学習を阻害することを順向干渉とよぶ。

なお，この実験に関しては，睡眠は，無意味綴りの学習に対する逆向干渉を防ぐ役割を果たしたと解釈されているが，最近の研究によって，学習直後の睡眠にはそれ以上の効果があることが示唆されている。例えば知覚－運動学習や単語の学習などの課題を行い，その直後に睡眠をとる条件と，一定時間が経過した後に睡眠をとる条件とを設けて後の記憶成績を比較すると，直後に睡眠をとった条件の方が良好であるという結果が報告されている (例えば，Gais et al., 2006)。こうした結果は，学習から記憶検査までの経過時間が等しく，睡眠時間の長さも等しく，異なるのは睡眠を取る時期のみであるような場合でも見られる。つまり，干渉の大きさは同程度であると推測できる場合であっても記憶成績には差が生じている。この結果は干渉説では説明しきれないことから，睡眠には記憶を固定化させるという積極的な働きがあると考えられる。

ところで，日常生活において，何年も想起されることのなかった出来事がふとしたはずみに蘇ったり，試験中にはどうしても思い出すことができなかった内容が，試験が終了した後に不意に思い出されたりといった経験をすることは珍しくない。こうしたことは，記憶の痕跡が薄れて検索が不可能なまでになってしまったという考え方や，干渉によって検索が妨げられるという考え方では説明しきれない。その情報は記憶内に確かに存在するのだが，時によって検索に成功したり失敗したりするのであると考えるとうまく説明できる。このような考え方を検索失敗説とよぶ。

タルヴィングとパールストーン (Tulving & Pearlstone, 1966) は，果物や乗り物の名前からなる単語リストの学習と再生からなる実験の結果，単なる再生を行うよりも，手がかりとして，学習の際に単語とともに提示されていたカテゴリー名を与える方が多くの単語が想起されること，また，手がかりなしの状態では再生されなかった単語の中にも，手がかりを与えられると再生される単語があることを確かめた。こうした単語は，記憶内に存在しており，検索（利用）できる可能性はあったのだが，たまたまアクセスできなかっ

たと解釈できる。彼らはこの知見に基づき，記憶の利用可能性(availability)とアクセス可能性(accessibility)を区別することを提案した。

(3) 文脈による手がかり

　状況によって記憶内の情報が検索できたりできなかったりするということは，検索がさまざまな要因の影響を受けるということを示している。

　例えば，検索の際の環境が符号化の際の環境と似ていると検索が促進される場合のあることが知られている。環境には，周囲の状況つまり外的な環境と，検索する人自身の体調や感情の状態つまり内的な環境の両方が含まれる。

　外的な環境が符号化時と検索時とで類似していると検索がより容易になることを，文脈依存効果(context-dependent effect)とよぶ。例えば，ゴドンとバッドリー(Godden & Baddeley, 1975)は，潜水クラブに所属する大学生に単語リストの学習を行わせ，直後に再生を求める実験で，学習時の場所と再生時の場所が同じか異なるかによって成績に違いが生じるかどうかを調べた。場所の一方は陸地(海岸)，もう一方は深さ20フィートの海底であった。海底では，参加者は，多くの点で陸地とは相当に異なる環境の中で，レシーバーを装着して，読み上げられる単語を自分自身の呼吸音と重ならないよう注意しながら聴き取った。実験の結果，学習時と再生時の場所が同じであった場合は(陸地であろうと海底であろうと)，異なっていた条件よりも，再生は良好であった。この実験結果は，情報の検索が，少なくとも再生の場合には，外的な環境に左右されることを示している。

　同様に，内的環境についても，学習時と検索時で類似していると検索がより良好になされる場合があり，気分に関するこうした現象を気分依存効果(mood dependent effect)とよぶ。アイクとメトカルフェ(Eich & Metcalfe, 1989)は，実験参加者に音楽を聴かせて楽しい気分または悲しい気分に誘導するという方法を用いて，単語リストの学習時と検索時で気分が同じである条件と異なる条件との成績を比較することによってこれを検証した。その結果，いくつかの条件において気分依存効果が見いだされた。例えば，学習する材料が外的に提示された単語であった場合には，条件間で想起成績に差は

見られなかったが，学習時に参加者自身が生成した単語を後で想起した場合には，同じ気分の条件の方が成績はよかった。この結果から彼らは，気分依存効果のような内的な環境の影響は，記憶する対象が外的に提示されるよりも内的に生成される方が生じやすいと論じている。また，彼らの実験では，気分依存効果は再生を行った場合には生じたが再認では生じなかった。このように，必ずしも安定した現象とはいえないが，気分や体調などの内的な環境が情報の検索に何らかの影響を及ぼすことが確かめられている。

7-2　長期記憶の区分

　長期に蓄えられる記憶は，単一のシステムに支えられているのではなく，性質を異にするいくつかの種類の記憶から構成されていると考えられている。以下に，主要な区分を説明する。

（1）エピソード記憶と意味記憶の区分

　私たちが長期的に有している記憶には，過去に起こった出来事についての記憶ばかりでなく，私たちがこれまでに蓄えてきた知識も含まれる。前者をエピソード記憶，後者を意味記憶とよぶ。

　a. エピソード記憶　エピソード記憶は，「高校の入学試験の日，僕の友人○○は遅刻してきた」「先週の木曜日に，△△でサークルの新入生の歓迎会があった」というような，経験した過去の出来事についての記憶である。あらゆる出来事には，いつ（時間的文脈），どこで（空間的文脈）起こったかということが付随しているので，エピソード記憶も，特定の時間的文脈および空間的文脈に位置づけることができる記憶であるといえる。また，「5歳のころ，近所の家の池に落ちたことをおぼえている」というように，エピソード記憶には『おぼえている』という動詞がよく適合する。

　ところで，私たちが経験する出来事の中でも，自分にとって衝撃的であった出来事や，社会的な大事件や大事故などはとくに鮮明な記憶として思い出される。こうした記憶は，暗闇でフラッシュが光ってその光景が焼きつけられることになぞらえて，フラッシュバルブ記憶とよばれる（Brown & Kulik,

1977)。フラッシュバルブ記憶がなぜ生じるのかについては，情動を強く喚起するような出来事を経験すると脳神経系が特殊な働き方をし，そのためによく記憶されるのであるとする説，衝撃的な出来事は繰り返し想起されたり語られたりするために，その反復によって記憶が向上するのであるとする説などがあり，それぞれについて支持する研究結果がある。

b. 意味記憶　意味記憶は，事実，概念，語彙など，私たちが世界について有している知識を指す。私たちは「電車に乗るためには切符を買う必要がある」のような日常生活に必要な常識や「地球は丸い」といった一般的な知識から，複雑な化学式や難解な数式などの高度な学術的知識に至るまで幅広い膨大な知識を有しており，それらの知識が意味記憶とよばれる。意味記憶は，エピソード記憶とは異なり，その情報が得られた特定の時間的文脈，空間的文脈からは独立している。また，「イルカは哺乳類であるということを自分は知っている」というように，意味記憶は「知っている」という動詞の対象となるのが適切であるような記憶である。

c. 意味記憶の構造　意味記憶，つまり知識が，私たちの記憶内にどのような形式で蓄えられているのかについては，いくつかの考え方がある。ここではその一つである意味ネットワークについて説明する。図7-1に示すのは，コリンズとロフタス(Collins & Loftus, 1975)のモデルである。意味ネットワークの考え方によれば，知識は，さまざまな概念，および，それぞれの間の意味的なつながりとして私たちの記憶内に保存されている。図7-1では，楕円で囲まれたものが概念にあたり，ノードとよばれる。概念と概念を結びつけている線は，概念間の意味的なつながりを示し，リンクとよばれる。2つのノード間のリンクが緊密であるということは，その2つの概念間に意味的に強い関連があるということを示す。このモデルを提唱したコリンズとロフタスはまた，活性化の拡散という考え方も提案している。活性化拡散理論によれば，単語などが提示されると，それに対して何らかの認知的な処理が行われ，意味ネットワーク内のその単語に対応する概念のノードが活性化する。その活性化は，近接する他のノードにリンクを伝って拡散し，その結果，他のノードも活性化する。活性化の拡散は，最初に活性化したノードと結びつきの強いノードほど起こりやすい。

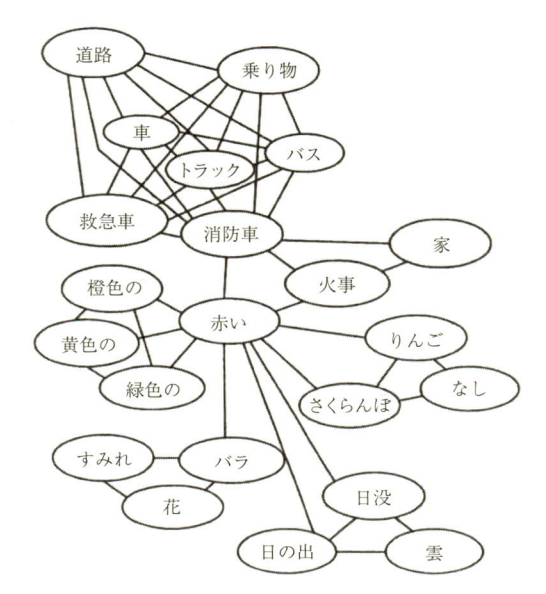

図 7-1　意味ネットワーク(Collins & Loftus, 1975)

　意味ネットワークのモデルと活性化拡散理論によって，実験的研究から得られたさまざまな現象を説明することができる。
　例えば，意味的プライミング効果とよばれる現象がある。意味的プライミング効果の実験では，視覚的に提示されたある単語(例えば看護師)が実在する単語であるか否かをできるだけ速く判断する語彙性判断課題を行い，その所要時間が測定される。その際，その単語の提示に先立って，関連のある単語(例えば医師)が提示された場合は，無関連な単語(例えばバター)が提示された場合よりも，判断に要する時間が短いことが知られている(例えばMeyer et al., 1975)。このように，先に提示された刺激によって，その刺激と意味的に関連のある後続の刺激の処理が促進されたり，場合によっては抑制されたりといった影響を受けることを，意味的プライミング効果とよぶ。活性化拡散の考え方によれば，この現象は，先行して提示された単語の概念(医師)がまず活性化し，その活性化が意味的な関連のある後続の概念(看護師)まで拡散することによって，その単語(看護師)の語彙性判断が促進され

たものであると解釈される。

d. エピソード記憶と意味記憶の関係 エピソード記憶と意味記憶という区分は，タルヴィング(Tulving, 1972)によって提唱されたものである。例えば，読書をする場合，私たちは単語や文章を理解するために意味を検索する。それらの意味と時間・空間文脈とを結合させることで読書というエピソード記憶が成り立つ。このことからタルヴィングらは，意味記憶がエピソード記憶に先行するという順序関係を提案している。彼らの提案するSPI(serial parallel independent)モデルでは，情報の符号化に関しては，エピソード記憶への符号化は例外なく意味記憶を介して系列的(serial)になされ，情報の貯蔵に関してはエピソード記憶と意味記憶で並列的(parallel)になされ，検索はそれぞれ独立に(independent)なされるとされる(例えば，Tulving & Markowitsch, 1998)。

また，最近では，エピソード記憶と意味記憶の区分に関して，それぞれの想起に付随する意識の違いが強調されている。この立場によれば，エピソード記憶の大きな特徴は，主観的な時間を遡って，過去の出来事を，それを経験した主体として再経験できるということであり，こうした想起に伴う意識を，タルヴィングはautonoetic(self-knowing)な意識とした。また，これに対応させて，世界について知っている事実を客観的に想起するときに伴われる意識をnoetic(knowing)な意識とし，エピソード記憶と意味記憶の主たる違いはこの意識状態の違いにあるとした。別の表現によれば，エピソード記憶は出来事を経験した人の視点からの記憶であり，意味記憶は世界を客観的に観察している人の視点からの記憶である(Wheeler et al., 1997; Tulving, 2002)。

ところで，タルヴィングの主張するとおり，長期記憶のシステムが実際にエピソード記憶と意味記憶とに分かれているのか，それとも，2つの記憶は，その対象(出来事か一般的な事実か)は異なっているものの，共通の基盤を持つ同一のシステムによるのかということについては，議論がある。エピソード記憶／意味記憶という区分をあえて設ける必要はないという立場を支持する根拠の一つは，脳損傷による記憶障害の患者において，ほとんどの場合，エピソード記憶と意味記憶の両方において障害が見られるということで

ある。もし，2つの記憶がそれぞれ異なった生物学的な基盤によっているのであれば，一方の記憶は正常に働くが，他方の記憶には障害が見られるという乖離を示す症例が存在しなければならない。

このような乖離あるいはそれに近い状態を示す症例は，少数ではあるが存在する。彼らに特徴的であったのは，エピソード記憶の障害がきわめて重度であるにもかかわらず，意味記憶はほぼ正常であるか，あるいは障害が相対的に軽いということである。例えば，脳損傷後に起きた個人的な出来事についてはほとんど何も覚えていないにもかかわらず，プログラム言語を新たに学習してコンピュータの簡単な操作ができる(Glisky et al., 1986)，損傷後に有名になった最近の著名人や，最近の社会的な出来事，新しくできた概念を表す用語などについての知識を示すことができる(Kitchener et al., 1998)といった症例が報告されている。また，幼少期に負った脳損傷のため，日常生活にも支障を来すほど重度の記憶障害を示す一方で，一般的知識の獲得についてはきわめて良好な子どもたちの例が報告されている。彼らは，言語を獲得する以前に記憶障害になったにもかかわらず，読み書きを含む言語能力には問題がなく，普通の学校に通い，検査時にも，言葉の意味や諺の意味，国の首都など一般的な知識を問うような質問にも正確に答えることができた。つまり，エピソード記憶の獲得はきわめて困難であるにもかかわらず，意味記憶の獲得は可能であった(Vargha-Khadem et al., 1997)。

こうした症例は，エピソード記憶の成立には意味記憶を必要とするが，意味記憶の成立には必ずしもエピソード記憶を必要としないと仮定するSPIモデルによって十分に説明できる。このモデルからは，意味記憶の障害は必然的にエピソード記憶の獲得の障害をもたらすため，エピソード記憶にのみ障害が見られるという症例はあるが，エピソード記憶の獲得には問題がなく意味記憶の獲得にのみ障害があるという症例はない，という一方向の乖離が予測される。実際，現時点で報告されている症例はいずれもこの予測に合致している。

(2) 手続的記憶と宣言的記憶の区分

上で述べたエピソード記憶と意味記憶は，いずれも言葉で表現することが

7-2 長期記憶の区分

可能であり，また，言葉で表現するのが適切であるような記憶である。しかし，私たちが獲得し長期に保持しうる記憶には，言葉に依存した記憶とはまた異なる種類の記憶もある。

例えば，投げられたボールをうまく受け取るためには，過去の経験の積み重ねによって得られた記憶に基づいて自分の身体を動かすことが必要である。ボールの速度，高さ，現在の自分の位置や手足の構えなどを総合的に判断して身体の動きを決める。その際に参照される記憶を言葉で表現するのはほとんど不可能に近いが，実際に飛んでくるボールを受け取ることは難なくできる。自転車の乗り方，泳ぎ方，編み物のしかた，箸の使い方などについても同様で，それらを円滑に行うために私たちは記憶を用いるが，それを言葉によって想起したり表現したりすることは困難である。このように，言葉に依存しない記憶や身体を動かして実際にやってみることによって容易に想起できる記憶は，手続的記憶とよばれる。

既述したように記憶研究では記憶障害の症状から多くの知見を得ているが，手続的記憶もまた，脳損傷によって記憶障害を負った人々についての研究を通して広く認識されるようになった。彼らは，新しいことを覚えるのが困難な前向健忘を有しており，重篤な場合には少し前に起こった出来事さえ記銘できないが，さまざまな知覚的技能や運動的技能，認知的技能を新たに身につけることは可能であった。例えば，鏡に映した文字を読むこと，鏡に映った図形を辿ること（鏡像描写），ハノイの塔とよばれるパズルを解くことなどにおいて，彼らは健常な人々と同程度にまで上達することができた。人によっては，上達のスピードも健常者に劣らない。しかし，それにもかかわらず，過去にその技能を練習したことは覚えていない。つまり，技能を新しく習得するという経験をしているにもかかわらず，その経験をエピソード記憶として保持することができないのである。

こうした知見からコーエンとスクワイア(Cohen & Squire, 1980)は，記憶障害者にも獲得可能であったknowing how(やりかたを知っている)の記憶を手続的(procedural)とよび，それ以外のknowing that(それについて知っている)の記憶，つまりエピソード記憶や意味記憶などの言葉で表現できる記憶を宣言的(declarative, 陳述的と訳されることもある)とよんで，両者を

```
                  ┌ 宣言的記憶 ┬ エピソード記憶
        長期記憶 ─┤           └ 意味記憶
                  └ 手続的記憶
```

図 7-2　長期記憶の区分

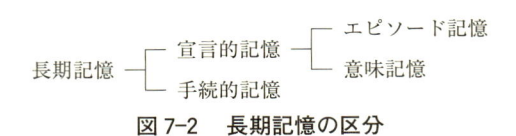

区別した。

　なお，スクワイア(Squire, 1987)は，技能の記憶の他に，古典的条件づけ，プライミング効果なども手続的記憶に含めている。

　記憶の区分についてこれまで述べたことを整理すると，図 7-2 のようになる。こうした区分に加えて，記憶を顕在記憶と潜在記憶に区分する考え方もある。

（3）潜在記憶と顕在記憶の区分

　潜在記憶と顕在記憶とは，あることを想起している人が，想起しているということを意識しているか否かに基づいて区分される。

　そもそも長期記憶の大部分は，通常は意識されていない。何かを思い出したという認識は，記憶系に貯蔵されている情報の一部が，あたかもスポットライトで照らされたかのように意識にのぼった状態にあることを示している。しかし，私たちが記憶内から情報を検索するときには必ず「思い出している」という意識を伴っているわけではない。あることを想起しているということが行動面に明らかに現れているにもかかわらず，そうした意識を伴わない場合が少なからずある。このように，想起しようという意図に基づいて想起されるのではなく，想起しているという意識も伴わないような記憶を潜在記憶とよび，想起しているという明らかな意識を伴った記憶を顕在記憶とよんで両者を区別する。

　実験室内で測定される記憶について，顕在／潜在の区分を行うならば，次のようになる。一般に，記憶検査の際には，実験参加者は単語のリストなどを提示され，後で検査を受ける。通常の記憶検査では，どのような単語がリスト内にあったかを答えたり（再生），続いて示される単語がリスト内にあったかどうか答えたり（再認），また，何らかの手がかりが与えられた上で再生したり（手がかり再生）するよう求められる。これらの記憶検査では，実験参

加者はリストで学習した単語を意図的に想起しようとし，また，自分が想起した内容も明確に意識している。このような検査によって測定された記憶は顕在記憶である。

　これに対し，潜在記憶は次のような手続きによって測定される。例えば，単語リストを実験参加者に提示した後で単語の再生や再認を求めるのではなく，提示された単語リストとは無関係な課題であると思われるような指示を与える。例えば，単に「次の単語を完成してください」と教示し，「さ○○が○」のような一部を抜いた単語や，「さか○○○」のように最初の数文字を提示して，答えを求める。すると，先に提示された単語リスト内に「さかあがり」という単語が含まれていた場合は，含まれていない場合と比べて，単語を完成できる可能性が高くなる。実験参加者は，単語完成の際に，リスト内の単語を想起するように求められてはいないので，特定の単語を想起しようと努めているわけではなく，また，先のリストに「さかあがり」という単語が含まれていたことさえ意識していないかもしれない。それにもかかわらず単語を完成できる可能性が高くなるということは，先のリストで「さかあがり」という単語に接したという経験が，単語完成の課題の遂行に影響することを示している。このように，想起の意識を伴ってはいないが，後の行動に影響を与えるような記憶が潜在記憶である。

　こうした課題で測定された潜在記憶には，いくつかの特徴がある。顕在記憶課題では，前向健忘の症状を呈する記憶障害者の成績は健常者の成績に劣り，高齢者の成績は若年者に劣るが，潜在記憶課題では，記憶障害者と健常者の間にも，高齢者と若年者の間にも差はほとんど生じない。また課題の性質にも依存するが，一般に，潜在記憶課題の成績は，顕在記憶と比較すると，長い時間を経過しても低下しにくいといわれている (Tulving, 1990)。

7-3　記憶の構成的性質

　私たちは日頃，過去の記憶に頼って行動したり判断したりしている。たいていの場合，私たちは自分自身の記憶にある程度の確信を持っている。しかしながら実際には，私たちの記憶システムでは，コンピュータとは異なり，

入力された情報がそのままの形で長期的に貯蔵されているわけではなく，必要な時にそっくり同じ形で出力されるわけでもない。例えば，人が何かを記銘する際には，起こった事実についての情報のみならず，それが記憶に組み込まれる際に自動的に，あるいは意図的に行われた精緻化によって付加された情報がともに符号化されると考えられている。また想起の際には，それらの情報のうち検索可能であった情報の断片と既有の知識が相互に作用して記憶が再構成されると考えられている。この意味で，想起の過程は，いわば推測の過程であるともいえる。

こうした再構成の過程を経て想起された記憶は，当然のことながら，事実の完全な複製ではない。事実とは細部が異なっている場合，さらには実際には起こらなかったことが誤って記憶されている場合があることなどが，多くの研究によって明らかになっている。

(1) スキーマの影響

記憶に影響を及ぼすものとして，まず，スキーマが挙げられる。私たちは，経験したことを理解し記憶する際に，これまでに積み重ねてきた経験に基づいて獲得された知識を用いると考えられている。既有の知識を枠組のように用い，それを参照してものごとを理解したり記憶したりするのである。この既有知識の枠組みのことをスキーマとよんでいる。

スキーマを用いることによって，私たちは円滑に日常生活を送ることができる。例えば，大学の入学式に出席したことがこれまで一度もなかったとしても，過去に数回の入学式の経験を積み重ねてきた人は，入学式についてのスキーマを有しているため，大学の入学式についても，だいたいどのようなことが行われるのか，どのような服装をし，持ち物はどうすればよいのかなどについておおよその見当がつき，問題なく出席することができる。

他方，スキーマは，私たちの記憶に影響を与える。例えば，ある実験において，実験参加者たちは大学院生の研究室であると言われた部屋で35秒間過ごした後，別室に案内され，研究室にあった物品を思い出すように求められた。その結果，机や椅子や棚のような，通常，研究室にある可能性の高い物品は，ワインのボトルやフリスビーのような，研究室では比較的珍しい物

7-3 記憶の構成的性質

品よりもよく想起された。また，この実験では，例えば本のように，通常は研究室にあることが期待される物品のいくつかが敢えて取り除かれていたが，そのようなものを誤って再生したり再認したりする率が高かった(Brewer & Treyens, 1981)。

この実験では，自分が有するスキーマに適合する情報は記憶されやすく，スキーマから外れた情報は記憶されにくいということ，また，スキーマによく適合する情報が，実際には存在しなかったにもかかわらず誤って付け加えられることもあることが示された。

(2) 事後情報効果

ある出来事に関する記憶が，その出来事の後で与えられた情報により変化してしまう可能性も繰り返し指摘されている。ロフタスとパーマー(Loftus & Palmer, 1974)の有名な実験では，実験参加者は，交通事故の場面を示すスライドを見た後，事故が起こったときの自動車の速度を見積もるように求められた。実験参加者が推定した速度は，「当たったとき，車はどのくらいのスピードで走っていましたか」と尋ねた条件よりも「激突したとき，車はどのくらいのスピードで走っていましたか」と尋ねた条件の方が，速かった。この結果は，次のように解釈された。車の速度について尋ねられた時に，実験参加者は，単にスライドについての記憶をそのまま取り出したのではなく，質問文中の言葉を手がかりに，貯蔵されていた情報をつなぎ合わせて記憶を再構成したのである。つまり，想起とは再構成の過程であり，このために，質問中の用語によって速度の見積もりが異なる結果になったのだと考えられた。

(3) 記 憶 錯 誤

実際には存在しなかったにもかかわらず，存在したという記憶が実験によって作り出されることもある。

例えば，単語のリストを学習し，後に記憶検査を行うという実験では，「りんご，野菜，梨，ジュース，さくらんぼ，サラダ，…」というような単語のリストが提示され，後で再認検査を受けた実験参加者が，例えば実際に

は提示されていなかった「果物」という単語を誤って再認する率が高いという結果が得られた(Roediger & McDermott, 1995)。この現象は，7－2（1）cで述べた，ノードとリンクからなる意味記憶のネットワーク構造によって次のように説明できる。リストで提示された「りんご」「野菜」「ジュース」…，などの概念にあたるノードはすべて，意味ネットワークにおいて「果物」のノードと近接している。単語が提示されたことによって「りんご」「野菜」「ジュース」…，のノードが活性化し，それぞれのノードから「果物」のノードへと活性化が拡散したために，提示されなかった「果物」のノードも活性化した。このことによって，後の再認時に「果物」の誤再認が生じたのである。

　ロフタスらもまた，別の方法によって，実際には経験していないことについて記憶を作り出すことが可能であることを示した。彼らは，実験参加者に，家族から聞いた話として，実際には起こらなかった，子どもの頃にショッピングセンターで迷子になったという偽りのエピソードを聞かせた。その結果，実験参加者の約4分の1が，その出来事を自分が記憶していたと信じ，その出来事の細部について語るようになったという(Loftus, 1997)。

　このように，私たちの記憶は，さまざまな要因によって影響を受けるダイナミックな過程であるといえる。

8章　イメージ

　一般に,「イメージ」という言葉はどのように使われているだろうか。A「一般の人がプロゴルファーの石川遼に対して持つイメージ」,B「農村におけるのどかな田園風景をイメージする」,C「スキャナでイメージを取り込む」といった例の場合,Aは概念・印象・(評価),Bは頭に思い浮かべた映像,Cは画像そのものを意味している。心理学で扱われる心的イメージ(mental imagery)の一般的な定義とは,「直接の知覚入力なく生じる類知覚的体験」といったものが多く,例えば,実際は見ていないのにその映像が思い浮かぶといった現象はまさにこれに当たる。すなわち,先の例文の中ではBが心理学において主に扱われるイメージと言える。これに加えて,視覚以外(聴覚・味覚・嗅覚・触覚)の類知覚的体験も心理学的なイメージ研究の対象となる。本章では,数多くのイメージ研究の中からイメージの性質,そしてその活用方法に関わる知見をいくつかピックアップして紹介していく。

8-1　イメージの性質

　先に,イメージの定義を「直接の知覚入力なく生じる類知覚的体験」と紹介したが,これはすなわち,イメージとは知覚に類似していながらも,知覚とは異なる現象であると換言できる。そうであるとすると,イメージの性質の輪郭をあぶり出していくために,知覚を比較対象に据えてイメージと知覚の類似点や相違点を探り出していこうと考えるのは,イメージを研究する者にとってごく自然なことと言えよう。実際,現在までに行われてきたイメージ研究の多くで,直接的もしくは間接的に,こうした研究アプローチが取られている。

　本節では,イメージの性質を探る研究について,主観的な言語報告を用いた研究,行動指標を用いた研究,脳活動の指標を用いた研究と,研究手法別

に紹介していく。これらの研究には、知覚を比較の物差しに据えるような研究アプローチが潜在的に含まれているので、そういったところにも注意を向けながら読み進めていってほしい。

(1) 言語報告に基づくイメージの主観的体験

あなたが心的イメージの性質を研究したいと思った場合、どのような方法をとるだろうか。例えば、人にイメージを喚起してもらい、そのイメージの様子を口頭で説明してもらい、そこから得られたイメージに関する言語報告を記録・分析してイメージの性質について探っていくという方法は、心理学をまだ深く学んでいない方でも思いつくであろう。このように被験者にイメージを生じさせ、自己観察に基づいて報告してもらう方法を主観的評定とよぶ。こうした主観的評定法の代表的なものとして質問紙法がある。質問紙法では、イメージさせる情景や質問項目をあらかじめ定めておくことで、複数の被験者から得られる回答を同一の枠組みで比較するため、そこから共通性や相違点を見つけやすい。その回答法としては、自由に記述させる方法や予め設けておく項目から選択させる方法がある。

イメージに関する主観的な評定法を初めて用いたのはゴールトン(Galton, 1883)である。彼は「朝の食卓質問紙」を作成して調査を行った。この質問紙は今朝の食卓の状況を思い浮かべてもらい、その特徴(明るさ、明瞭さ、色、現実との比較など)に関する14個の質問項目に答えてもらうというものである。彼はこの質問紙を用いた調査によって、目の前にあるものと同じくらい鮮明にイメージを喚起させられる人から、ほとんどイメージを思い浮かべることができない人まで、個々人のイメージ能力に多様性があることを発見した。その後、現在に至るまでに「朝の食卓質問紙」から派生したさまざまな種類のイメージに関わる質問紙が開発されてきている。例えばベッツ(Betts, 1909)は視覚、聴覚、皮膚感覚、運動感覚、味覚、嗅覚、器官感覚[注1]に対応する7つのカテゴリーで計150項目からなる包括的なイメージ

注1) 器官感覚(organic sense)とは、特定の末端器官に依拠しない感覚として、他の感覚と区別することができる。例えば、疲労感、空腹感、満腹感、眠気などが器官感覚に含まれる。

の質問紙である QMI (Questionnaire upon Mental Imagery) を作成した。その後，実施に時間がかかりすぎるという理由から，シーアン (Sheehan, 1967) が QMI の短縮版を作成した。視覚的なイメージに焦点を当てた質問紙としてはマークス (Marks, 1973) が作成した VVIQ (Vividness of Visual Imagery Questionnaire) が広く知られている。この質問紙は，知人の様子，自然の風景，よく行くお店の様子など4つのカテゴリーで計16の質問項目についてイメージを思い浮かべ，そのイメージの鮮明性を5段階評定で回答するものである。QMI や VVIQ をはじめとするイメージ関連の質問紙を用いた調査によって，「朝の食卓質問紙」でも見られたように，イメージ能力は個人間で非常に多様性があることが明らかとなっている。また，こうした質問紙で測定されるイメージ能力と他の認知課題の成績(例えば，記憶課題など)や生理指標の間には関係性が見られることもある(例えば，Marks, 1973； Swan & Miller, 1982； Hishitani & Murakami, 1992)。

(2) 行動データから示唆されるイメージの性質

前述した質問紙等は，直接的な言語報告もしくは回答の選択といった方法によって，個人の主観的体験を引き出す方法である。質問紙における問題点の一つに，主観的な体験に対する評定の基準が個人間で異なることが挙げられる。例えば，質問紙で特定のイメージ体験の鮮明性について尋ねられて，Aさんと B さんが「非常に鮮明」という同じ選択肢を選んだ場合，二人のイメージの鮮明性が同レベルであると保証するのは難しい。もしも A さんは自分のイメージ体験に対して甘めに鮮明と評価する傾向があり，B さんは厳しめに評価する傾向があるとしたら，二人が同じ評定をした場合には B さんのイメージの方が鮮明である可能性が高い。すなわち，主観的な評定は個人の評価基準による影響を受けやすいと言える。

そこで，主観的体験の評価に頼ることをできるだけ避けて，イメージの性質を心理学実験によって探る方法が考えられる。例えば，イメージを喚起しなければ遂行できないような認知課題を実験参加者に課して，その課題における出力パターン(正答率，反応時間，その他)の情報を測定する。そして，そうした出力パターンから，イメージという認知活動を支えるメカニズムが

どのようなものであるのかを推定するのである。また，こうしたイメージ課題を用いて得られた出力パターンと知覚を用いて行われる認知課題における出力パターンを比較することで，イメージと知覚を生み出すメカニズムの共通点や相違点を明らかにしていくことができるだろう。以下では，こうした手法を用いて知覚とイメージの類似性・相違点を示した研究をいくつか紹介する。

私たちはさまざまな課題を行う際に，意識的に，もしくは無意識的に心的イメージを用いているが，イメージによって物体を操作する方法は，実世界において物体を操作するような方法と類似しているのだろうか。また，心的イメージにおける対象間の空間的な位置関係は，現実世界における位置関係と類似したものなのであろうか。こうした問題設定は心的イメージを知覚と比較するための一つの切り口であり，こうした方向からシェパード (Shepard, R. N.) やコスリン (Kosslyn, S. M.) は興味深い認知心理学的な実験を行っている。

a. シェパードの心的回転の実験 シェパードとメッツラー (Shepard & Metzler, 1971) は3次元的な立体の対を刺激として用いる実験を行った（図8-1）。その対とは，同じ立体を2次元的もしくは3次元的に回転したもの，もしくは，鏡像の関係になっている対の立体であった。被験者の課題はその対が同じ立体なのか，それとも鏡像なのかを判断するものであった。この実験における仮説とは，人は立体の3次元的な心的イメージを生成し，そのイメージを回転させてもう一方と比較することによって，同じ立体か否か判断しているというものである。こうした実験の結果，回転角度と比例して反応時間が増加するという傾向が認められ，これは先の仮説を支持するものであった。

しかしながら，この実験における回転角度と反応時間の比例関係という結果については，別の説明も可能であるという提案がなされている。例えば，ジャストとカーペンター (Just & Carpenter, 1976) は，課題時の眼球運動を測定した実験結果に基づいて，反応時間の増加は立体のイメージを思い浮かべて，それを心的回転しているからおこるのではなく，2つの立体の各部を比較するのに必要とされる眼球運動の量によって説明が可能であると主張し

8-1 イメージの性質

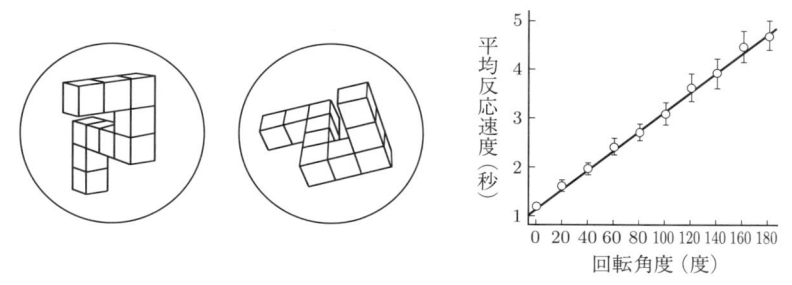

図 8-1 心的回転の実験における 3 次元刺激の例と平均反応時間
(Shepard & Metzler, 1971)
課題は 2 つが同じ立体かどうかを判断するもので，上の対は同じ立体を80度回転させたものである。

た。すなわち，2 つの物体の角度の差異が大きいと各部を見比べる際の眼球運動がその分多くなり，そのために反応時間が増加するという考え方である。ただし，クーパーとシェパードの研究では（Cooper & Shepard, 1973），立体刺激の対を用いない心的回転課題が行われている。この課題は，アルファベットの正像もしくは鏡像がさまざまな角度で提示され，参加者は提示されたアルファベットが正像と鏡像かを判断するものである（図 8-2）。ここでの仮説は，参加者は提示された刺激をイメージの中で回転させ，記憶表象内のアルファベット（正像）と比較して判断を行うというものであり，この実験においても回転角度と比例して反応時間が増加するという，シェパードと

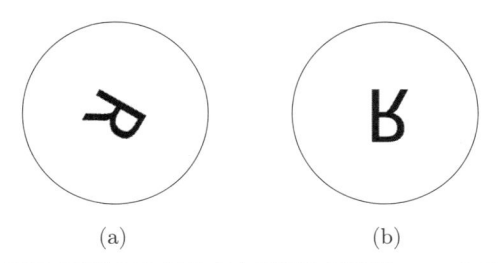

図 8-2 心的回転の実験における 2 次元刺激の例（Cooper & Shepard, 1973）
課題は提示されたアルファベットが正像か，鏡像かを答えるもので，(a)は正像を時計回りに120度回転させたもの，(b)は鏡像を180度回転させたものである。

メッツラーの実験と類似したパターンが得られた。この実験においては，提示刺激と比較される対象がシェパードとメッツラーの実験のような実際の刺激ではなく，記憶表象内のアルファベットであると考えられるため，上述のジャストとカーペンターの眼球運動の量による説明は難しい。

b. 心的走査の実験　　頭の中で日本の地図をイメージしてほしい。その地図上で，東京を始点として仙台に移動する場合と東京を始点として札幌に移動する場合では，始点から目的地に着くまでどちらが多く時間がかかるだろうか。こうした心的作業を行った時の結果のパターンにも，イメージと知覚の類似性を探るカギが含まれている。コスリンら（Kosslyn et al., 1978）は，イメージ上の地図が実際の地図と同じような空間的な性質を持つことを心的走査として知られる実験によって示した。この実験では，図8-3のような地図が提示され，被験者はオブジェクト間の位置関係を何度も描いて一定以上の正確さになるまで訓練して覚えた。その上で，まず，地図上のオブジェクトの名前を聞き，その5秒後に提示される別のオブジェクトにあたるものが地図上にあるかないかを，2つのボタンのどちらかを押すことで反応した。その際，ボタンを押すまでの反応時間が計測された。この課題遂行中，被験者の心的作業は，最初に提示されるオブジェクトを地図上にイメージした上で，次に提示されるオブジェクトまで心的に最短距離で移動し，2番目のオブジェクトが心的地図上に存在するかを判断することであると仮定された。実験の結果，地図上の1番目のオブジェクトと2番目のオブジェク

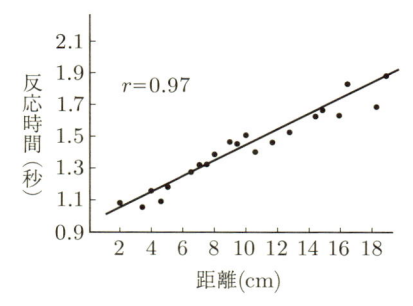

図8-3　心的走査の実験における架空の島の地図と平均反応時間
　　　　（Kosslyn et al., 1978）

8-1 イメージの性質

トの間の距離が増えるにつれて反応時間が増加し，それらの相関は非常に高かった（相関係数は 0.97）。このことから，コスリンらは，この課題で被験者が心的イメージによって作り上げた地図は，本物の地図と同じような空間的特性を有しているとし，つまりは，心的イメージは絵画的で一般的な世界と同じような空間的特性を備えるものであると主張している。

c. 多義図形のイメージ上での再解釈　以上の実験的研究からは，知覚とイメージの間で空間的特性を共有している可能性が高いことが見て取れる。一方で，イメージと知覚が少し異なる特性を持つことを示唆する実験研究も存在する。

まずは，図 8-4 を見ていただきたい。これらは多義図形（ambiguous figure）とよばれるもので，図には 2 つの見方が含まれる。例えば，この図を提示され，それを最初にアヒルと解釈したとしよう。そして，その後，アヒル以外の別の解釈がないかと尋ねられた場合，多くの人はウサギというもう一つの解釈を見いだすことができるであろう。それでは，こうした再解釈をイメージの中で行ってみた場合はどうなるだろうか。チェンバースとライスバーグ（Chambers & Reisberg, 1985）は，アヒル－ウサギ図形を 5 秒間提示し，その後，図を隠した上で先ほどの図をイメージさせた。そして，そのイメージが別のものに見えないか再解釈させた。その結果，イメージ内で再解釈することができた人は全くいなかった。その後，記憶をたよりにアヒル－ウサギ図形をもう一度絵に描かせた上で，その絵を見ながら再解釈を行った場合には，全員が再解釈を行うことができた。

この結果は，イメージには，意味や解釈的な要素がより多く含まれており，一度ある解釈が行われてその意味が固定化されてしまうと，なかなかそ

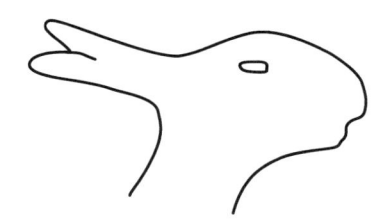

図 8-4　アヒル－ウサギ図形（Chambers & Reisberg, 1985）

の解釈から抜け出せないという特性があることを示唆している。

(3) イメージ遂行中の脳活動

　1980年代～1990年代前半にかけて，PET, fMRIなど新たな非侵襲的な脳の測定機器が開発され(16章参照)，現在に至るまでその性能も段階的に向上してきていることから，こうした機器を用いて，認知的課題を遂行中の脳活動を測定して，人の認知活動と脳活動がどのように関連しているのかを検討していこうとする流れが強まってきている。こうした中，心的イメージ遂行中の脳活動がどの部位で行われ，イメージのメカニズムがどのような脳の処理活動によって支えられているのかに関しても，当然関心が向けられている。

　イメージと脳活動との関係性に関する研究に大きなきっかけを与えた代表的な研究者の一人がコスリンである。彼は，脳関連の研究に先立ち，まず，*Image and Mind* (Kosslyn, 1980)という著書でイメージの処理過程に関わるモデルを提案している。このモデルで特徴的なのは，イメージが表層表象と深層表象という2つの要素から成るということである。表層表象は現実世界に近い空間的配置をもつ画像に近いものと考えられ，視覚バッファ内で処理される。ちなみに，視覚バッファとはコスリンが実際のイメージの座であると仮定している媒体であり，コンピュータにおけるモニターのようなものにたとえられる。一方，深層表象は，長期記憶内に貯蔵されている情報であると考えられている。すなわち，長期記憶内の情報(深層表象)をもとに，視覚バッファで画像に近い表象(表層表象)が形成されることによって，イメージが生じるというモデルである。

　コスリンは次に *Image and Brain* (Kosslyn, 1994)という著書で，上記のようなモデルを出発点として，視知覚に関する膨大な神経学的知見を根拠にイメージの処理とそれを担う脳部位の関係性を示すモデルを提案している。そのモデルは，視知覚を担う脳部位とイメージを担う脳部位がかなりの部分で共有していることを前提にしている。詳細については省略するが，例えば，前述した視覚バッファ(表層表象を処理する)は一次視覚野に対応することが提案されている。一次視覚野は後頭葉にあり，視覚情報の大脳皮質に

8-1 イメージの性質

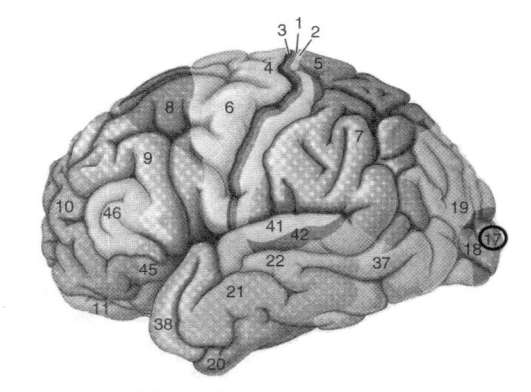

図 8-5 一次視覚野の場所(Bear et al., 2007を一部改変)
ブロードマンが区分した大脳皮質に関する脳地図の17野にある。

おける入口として，主に図形の特徴抽出などの低次処理を担う部位である（図 8-5）。一次視覚野は，レチノトピー（網膜部位における相対的位置関係が正確に再現されている）が存在する部位であり，視覚パターンを見ている時には網膜における活性化パターンが，一次視覚野にも似たような形のパターンとして現れる。

イメージの座がこうした一次視覚野にあるという仮説を証明するため，コスリンらのグループは fMRI などの非侵襲的脳機能計測を用いた研究をいくつか行っている。例えば，クレインら（Klein et al., 2004）は，参加者に蝶ネクタイのような模様が垂直もしくは水平になっている様子をイメージした時の一次視覚野の脳活動を fMRI によって測定した（図 8-6）。さらに，その比較として，垂直もしくは水平の蝶ネクタイ刺激を見ている時の脳活動も記録した。その結果，垂直刺激もしくは水平刺激に対応する一次視覚野の活性パターンは，イメージと視知覚で非常に類似していた。

なお，コスリンらが主張する視覚イメージと一次視覚野の関係性の強さについては，今のところ，上記のような一次視覚野の関与を支持する研究と，逆に，イメージ課題を行わせた時に一次視覚野の目立った活動は見られないといった研究とが混在しており，今後この説がどのように検証されていくのか注意深く見守る必要があろう。

図 8-6　蝶ネクタイに似た刺激(Klein et al., 1985)
知覚条件では刺激が提示され(上図は水平刺激)，イメージ条件では
これが水平または垂直になっている様子をイメージする。

　以上は視覚的イメージを対象とした脳活動に関する知見であるが，イメージは視覚だけに限定されるわけではなく，好きな歌を心の中で奏でてみるといった聴覚イメージ，自分が体を動かす様子をイメージするような運動イメージなど，視覚以外の感覚様相に依拠したイメージもある。こうした類のイメージを扱った研究として，例えば，聴覚イメージを行った時に聴知覚に関わる部位が活動したり(例えば Yoo et al., 2001)，運動イメージ時には，実際の運動に関わる部位が活動したりすることが示されている(例えば Solodkin et al., 2004)。以上のように，人がイメージを行っている時には，それと同じ感覚様相(視覚，聴覚，他)の知覚と，部分的に共通した脳領域を使用している可能性が高い。
　ところで，感覚器官の障害により特定の知覚がうまく行えない人たちは，どのようにイメージを生起させ，またその際に，どのような脳活動が行われるのであろうか。例えば，出生から幼少期の間に視力を失ったことで視覚的経験の記憶が乏しい視覚障害者は，晴眼者(視覚に障害のない人)と同じような視覚イメージを喚起することはできないが(詳細さ，色彩など)，日常の中での移動や触による物体知覚の経験などを通して，独自の空間イメージや形態イメージを利用できるようになることが知られている。そして，そうしたイメージを喚起している際には晴眼者と似た脳活動のパターンが見られるという。一例を挙げると，よく知っている物の音によって，その物の形をイメージする課題を実施すると，早期失明者と晴眼者で脳の活動領域はあまり変わらないと報告されている(De Volder et al., 2001)。

（4）イメージと知覚

　本節（8-1）の冒頭において，多くのイメージ研究には，イメージと知覚を比較するような研究的アプローチが潜在的に含まれていることを述べた。そこで，ここまでに紹介してきたイメージの性質に関わる知見を踏まえ，イメージと知覚の類似点と相違点について総括しておきたい。

　まず，イメージと知覚の類似点について整理しておく。シェパードらの心的回転の実験やコスリンらの心的操作の実験から，イメージと現実世界で，物体を操作する方法や対象間の空間的位置関係は類似していることが示唆される。加えて，脳活動の指標を用いた研究からは，人がイメージを喚起している時には，同じ感覚様相（視覚，聴覚，他）の知覚と，部分的に共通した脳領域が使用されることも示唆されている。

　次に，イメージと知覚の相違点についてまとめておく。チェンバースとライスバーグの多義図形を用いたイメージによる再解釈の研究では，イメージには意味や解釈的な要素がより多く含まれており，一度ある解釈が行われてその意味が固定化されてしまうと，なかなかそこから抜け出せないという性質が示唆された。そして，イメージの主観的言語報告を質問紙によって抽出した研究からは，イメージに関する能力の個人差は大きいことが見て取れた。もし，テーブルに赤いリンゴが置かれており，それを百人が観察していたならば，観察者の視覚機能に特に問題がない限りは，おそらく全員がその物体を「赤いリンゴ」であると正しく知覚できるであろう。一方，百人が赤いリンゴをイメージしようとしている状況では，その中には非常に鮮明に「赤いリンゴ」をイメージできる人もいるだろうが，一方でイメージをほとんど思い浮かべられない人もいるはずである。

　このように，人がイメージを思い浮かべる時，そのイメージは知覚と類似した特性を持ち，また，知覚と部分的に共通したシステムを利用している可能性が高い。しかし一方で，イメージは知覚の単なるコピーではなく，異なる情報源や処理過程を含む独自の認知的な生成物であることを踏まえておく必要があろう。

8-2 イメージの活用

前節では，イメージの性質に関して，主にイメージと知覚の比較という切り口から説明してきた。本節では次に，こうしたイメージを私たちの生活の営みにどのように活かすことができるのかといったことについて紹介していきたい。

ジョン・レノンの代表曲である「Imagine」の歌詞には，戦争のきっかけとなるような，宗教，国，飢えなどがない世界で人々が平和に生きていることを想像することから，平和に向けた世界を構築する一歩を踏み出してみようというメッセージ性が込められている。人は，現在まで得てきた知識や経験をつなぎ合わせて，時間，場所，さまざまな対象などを自由に設定した上で，時には現実世界にないような類知覚的な世界をイメージによって作り上げることができる。例えば，物語や小説，そして絵画などの芸術作品の多くは，こうした類知覚的な世界を記録したものと言ってよいかもしれない。古代から現在に至るまで，人々はこうしたイメージの特性を把握し，さまざまな場面に利用してきた。こうしたイメージの具体的な利用方法について，以下で紹介する。

(1) イメージを用いた記憶術

2千年以上前のギリシア・ローマ時代には，雄弁(弁論)が非常に高い価値を占めていた。こうした中，長時間にわたって原稿を見ずに話をすることは重要であり，その際，話す内容を覚えておくための必要性からさまざまな記憶術が生まれたといわれている。そして，その中のイメージを活用した記憶術の中には現代に至るまで利用され続けているものもある。

a. 場所法 この方法は日常よく通る道，自分が住んでいる家の様子を思い浮かべ，イメージ上で，道ばたや家の中の馴染みのある場所に覚えたい物を配置していく方法である(例えば，玄関，廊下，台所，リビングのドアの前など)。思い出す時には，その道または家の中の様子をイメージしながら，そこに配置しておいた対象を見つけていけばよい。

この場所法の起源は遠く紀元前5世紀頃のギリシア時代にさかのぼると言

8-2 イメージの活用

われる。詩人シモニデスはある時，貴族の館に夕食に招かれ，そこで抒情詩を歌った。しかし，人によばれて少し館の外に出たまさにその時，その館の屋根が崩れてしまい，館に残っていたほとんどの人たちは亡くなってしまった。シモニデスは館の場所の配置を手がかりにしてそこに座っていた人たちの様子を思い出し，損傷が激しく識別できなくなっていた遺体が誰のものなのかを推定することができた。おかげで亡骸は適切に埋葬することができたと言う。シモニデスはこの時に，場所の正確な配置は記憶の手助けとなることを発見し，これが場所法という記憶術につながったと言われる。ギリシア時代から17世紀中頃にペグワード法が開発されるまでの2千年以上の間，まさに場所法は記憶術の王様であった。

b. ペグワード法（鉤語法） ペグワード法（鉤語法）もしくは one-bun 法とよばれるこの方法は，one と bun, two と shoe, three と tree のように，まずは各数字と韻が同じ単語の組み合わせを作り，次に bun や shoe と覚えたい単語をイメージ上で対にして組み合わせて覚える方法である。これらは英語の場合であるが，日本語の場合は，例えば，1とイチゴ，2とニワトリ，3とみかん，4と酔っぱらい，5とゴリラ，6とロック歌手，7と七味唐辛子，8とハチ（蜂），9ときゅうり，10と銃といった組み合わせを決めておく（これらの数字と単語の組み合わせは筆者が考えたものであるが，読者の方々は自分がイメージしやすいものや馴染みのあるものに基づいて，数字と単語の使いやすい組み合わせを作ればよい）。そして，牛乳，豚肉，豆腐，サランラップ，消しゴムの5項目を覚えておきたい場合には，例えば，① イチゴに牛乳をかけてイチゴミルクにした映像，② ニワトリと豚が喧嘩している映像，③ みかんの上に豆腐を乗せてみた映像，④ 酔っぱらったおじさんが顔にサランラップを巻いて喜んでいる映像，⑤ ゴリラが消しゴムを物珍しそうに触っている映像をイメージする。そして，5つの物品を思い出したい時には，まず，①〜⑤の数字に対応するイチゴ，にわとり，みかん，酔っぱらい，ゴリラを順番にイメージしてみて，それらと組み合わされたものを検索していけばよい。先の例では1〜10の数字に対応する10個のペグワードを用意して用いたが，例えば，「あ，い，う，え，お，・・・，ら，り，る，れ，ろ」といった平仮名に対応する「あいす」「いか」「うき

わ」「えいりあん」といったペグワードを決めてそれを使いこなせるように訓練しておけば，40項目以上の単語をそれらのペグに結びつけて記憶することが可能であろう。記憶術の熟練者は，ペグワード法，場所法，またそれ以外のイメージ方略を自分なりにアレンジして利用し，例えば，記憶力世界選手権大会では，15分間で200個を超える単語を暗記する者もいる。

　場所法，ペグワード法をはじめとして，記憶する際にイメージを用いることによる効果を実験によって検討した研究は数多く存在するが，ほぼ一貫して成績の向上が示されている。ただし，イメージを浮かべやすい単語（高イメージ語）を覚える際にはイメージを用いた記憶術は有効であるものの，イメージしにくい単語（低イメージ語）についてはイメージによる記憶術の効果がほとんど見られないといった知見も存在する(Richardson, 1980)。

(2) イメージと創造性

　アインシュタイン(Einstein, A.)は自分自身が光速のビームとともに旅していることを想定した上で，そこで起こりうるであろうさまざまな現象をイメージで視覚化して，それをもとに相対性理論を作り上げていったという。また，ワトソン(Watson, J. D.)は遺伝情報を担う DNA を X 線で撮影し，その2次元的画像を見て3次元的な二重らせん構造を思い浮かべることができた。さらに，ケクレ(Kekulé, F. A.)はすでに C_6H_6 という組成であることが知られていたベンゼンという化合物の構造がどのようなものか思い悩んでいたところ，ある日，蛇が自分のしっぽをくわえてリング状になっている夢を見て，それをヒントに6個の炭素原子が六角形状につながっている構造に思い至ったという。このように，偉大な科学的な発見の背景に心的イメージによる媒介があったという逸話は多い。

　創造がそれまでになかったものを作り上げることであるならば，それは広い意味で，物体や現象間の新たな組み合わせの発見という要素を含んでいるだろう。もしそうであるとすれば，仮想の世界で対象と対象を結合させたり，加工したりして，さまざまなシミュレーションを行うのに適した心的イメージは，創造に役立つであろうことが容易に推測できる。例えば，シェパード(Shepard, 1978)はイメージが創造性に役立つ理由として，①既に確立

されたアイデアや伝統の伝達手段である言語に比べて，空間的視覚化は最新のアイデアに到達しやすいこと，② 具体的な視覚イメージは外界の物体や出来事の関係を再現しており，その詳細や関係性に気づきやすくなること，③ 進化的にもまた各個体においてもイメージは言語より先に生じるため直観性に優れていること，④ 鮮明なイメージは心的な代替物となりうるためそれに対して感情や動機を向けやすく，取り組むテーマと格闘し続けるための強い内的動機を持てるかもしれないことを挙げている。

　創造性とイメージの関係性を扱った研究では，各研究者が工夫をこらして作成した創造性を測るテストとイメージ能力を測る質問紙(VVIQ や QMI 等)との相関関係を測定する手法を用いることが多い。こうした研究の中には両者間の強い関係性を示唆するものと(例えば Schmeidler, 1965)，あまり強い関係性が見られないものが混在している(例えば Forisha, 1981)。こうしたばらつきの背景として，創造性という概念が非常に広く，そこにはさまざまな要素が含まれているため，研究者によって創造性の測定法に多様性が見られることも挙げられよう。

(3) スポーツにおけるイメージトレーニング

　イメージの活用場面として，その効果が世間で認知されてきたものとして，スポーツ選手のイメージトレーニングがある。高度な技術を身につけ，大舞台で最高の力を発揮できるようにする上でイメージは重要なツールとなりうる。

　実際，一流の選手は専門とする競技について非常に鮮明なイメージを有し，それを有効に活用していることが多い(高畑, 1999)。例えば，イメージトレーニングの訓練を積んだあるオリンピック代表の水泳選手が，レースの状況をシミュレーションする時には，まず，試合会場をイメージし，そして，スタート台からコースを見た主観的なイメージを喚起する。そして，コーチの笛を合図に，イメージの中で泳いでみる。調子の良い時には，ストローク数やイメージの中で泳ぎ終えるまでの時間が，実際のレースのものとほぼ同じになると言う。また，日本を代表するバスケット選手(ポジションはポイントガード)の場合では，コートを真上から見るイメージで選手を動か

してフォーメーションを考え，また，その際に，他の選手の練習時における状態や試合中の心理状態をそこに入力した上でさまざまなシミュレーションを行ってみると言う。

　徳永・橋本(1984)は，スポーツ選手を対象としたイメージ能力とイメージ利用度に関する調査および予備的実験を実施したところ，得意としているスポーツ種目に関するイメージの鮮明度は高く，また，イメージを鮮明に描く能力と運動経験には関係があることを見いだした。こうした知見から考えると，先に述べた一流選手達のイメージは，長年の経験と訓練によって築きあげてきた競技に臨むための大きな武器と言えるだろう。スポーツにおけるイメージトレーニングの効用については，例えば，江川(1989)がうまく整理しており，競技スポーツに限定した場合，① 新しい技術や動作パターンの修得，② フォームの矯正，③ 遂行に先立つリハーサル，④ 心理面の対策，などに有効であると主張している。

　イメージトレーニングの技法については，現在までに国内外でいくつも提案・実践されている。中込(1996)によると，こうした技法を概観してみた場合，① イメージ想起に先立つリラックス状態を作り上げること，② イメージする競技動作や場面を単なる静止画像として視覚的にとらえるのではなく，一連の動きを想起しながら，その中での筋運動感覚や感情をも体験すること，③ イメージ場面を反復して想起することにより，イメージの鮮明度を高めて現実に近いイメージ体験に近づけ，イメージを自分の思い通りにコントロールしていくこと，などが共通に見いだされるトレーニングの重要な課題になると言う。

9章　言　語

　人間は，言語を用いて集団を形成・維持し他集団と物品の交換・交易を行い，あるいは一人であれこれ考えながら日々生活を営んでいる。こうした活動は古来行われてきたであろう。現代においては言語を用いて本や新聞記事を読んだり，考えを人前やテレビカメラの前で長々としゃべったり，文章として表現するなどの活動も行われる。今ここに挙げたような言語を用いて行うコミュニケーションや思考などの精神活動が言語心理学の対象であると思われるかもしれないが，それらの精神活動は，それぞれ，12章「思考」，15章「社会行動」で取り上げられることになるであろう。本章では，人間が言語を用いて行う活動ではなく，どのような精神活動が言語の使用を支えているのかについて学ぶ。

9-1　言語心理学の課題

　言語の使用は，どのような心／脳のしくみに支えられているのであろうか。本章では以下のような全体像を想定する(図9-1)。まず，言語を扱う能力は，視覚や聴覚などの機能と並んで，心／脳の機能のなかで一つの部分を成す(Pinker, 1995；Premack & Premack, 2005など)。この部分のことを「言語モジュール」とよぶ。言語モジュールには，さらなる部分として，辞書に相当する知識の獲得や利用に関わる下位モジュールや，文法書に相当する知識の獲得や利用に関わる下位モジュールがあると考えられる。外部モジュールとの関係を考えてみると，言語モジュールは，音声言語の場合は聴覚モジュールと共同で音声言語理解システムを構成し，発声器官を動かす運動モジュールと共同で音声言語産出システムを構成すると考えられる。手話言語の場合は視覚モジュールと共同で手話言語理解システムを構成し，腕，手指，顔面などを動かす運動モジュールと共同で手話言語産出システムを構

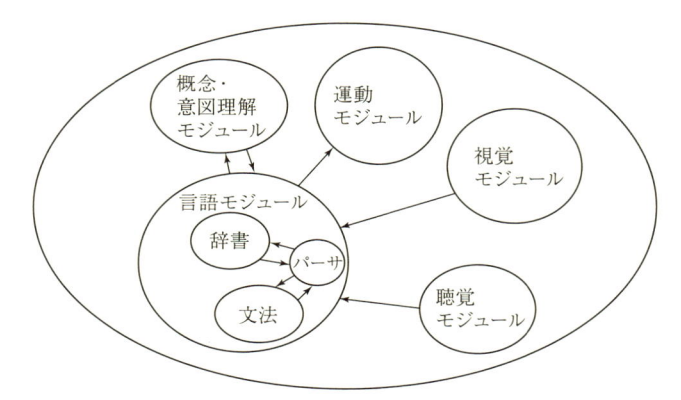

図 9-1　言語システムの全体像

成すると考えられる。こういったシステムやモジュールの内部構造やモジュール間の情報のやり取りは実際にはどうなっているのであろうか。

ところで，従来からの表現で言語心理学のもっとも基本的な課題をまとめると次のようになる（Chomsky, 1986）。

① 言語知識の性質の解明
② 言語知識の獲得過程の解明
③ 言語知識の使用過程の解明

「言語知識」には，音声，単語，句，文などといった単位ごとの規則性に関する知識が含まれる。これらの知識の各々について，性質，獲得，使用を，モジュールの内部構造やモジュール間の情報のやり取りという視点から解明することが言語心理学の課題と言える。

9-2　言語知識の獲得

(1) はじめに

子どもは，たいてい，親が話す言語を話すようになる。しかし，育てられる環境によっては，親とは異なる養育者の言語を話すようになる。このことは，親の言語に関わらず赤ちゃんがどの言語でも話すことができるようになる潜在的な能力をもつことを意味する。

さらに，特殊な状況ではあるが，養育者たちが同じ言語を話さず，コミュニケーションのために流動的でとらえどころのない簡略化されたピジン (pidgin)とよばれる言語[注1]を話す環境で育てられるならば，子どもはクレオール(creole)とよばれる全く新しいが完全な機能を備えた言語[注1]を話すようになる(Bickerton, 1983)。また，耳の聞こえない赤ちゃんの場合には，養育者が話している音声言語ではなく自ら創り出した手話言語を使うようになる(Goldin-Meadow & Mylander, 1998 ; Guasti, 2002)。これはクレオールの場合と同じく，周りの言語を模倣しているわけではない場合に相当する。日常生活を営むのに必要な知能さえまだ発達していない赤ちゃんに，言語の創造とでもよべることがどうして可能であるのか。

　しかも，赤ちゃんの耳に到達する音は，言語音声のみならず，風の音や動物の鳴き声など自然界からの音や人工物の発する音などから成る。赤ちゃんは，これらのさまざまな音の中から，どのようにして言語音声だけを取り出し注意を払うことができるのであろうか。また，言語音声だけを取り出して注意を払うことができたとしても，多言語状況において複数の言語の特徴を混ぜ合わせた言語を話し出すわけではなく，それぞれの言語を区別して話し出す(Mehler et al., 1996)。このように言語に限ってみても赤ちゃんには不思議な潜在的な能力が備わっている。

(2) 音声の知覚と産出

　音声言語は，与える聴覚印象が異なる場合がある。その違いはリズムを刻む単位の違いにあるのではと考えられ，リズムを刻む単位が，何らかの点で際立った部分に相当する強勢(stress-timed)であるのか，「子音＋母音」のよ

注1)　Bickerton(1983)によれば，養育者たちが同じ言語を話さない状況は，過去に移民としてさまざまな言語の話し手が集まったハワイのプランテーションにおける労働環境であったり，不幸にして奴隷として集められた労働者がさまざまな言語の話し手であった場合に生じたとされる。そのような状況でコミュニケーションのために用いられた言語は，簡略化された言語であるにもかかわらず，文法が定まらない流動的でとらえどころのない言語であることが知られている。ところが，そのような養育者のピジン言語に曝されて育った子どもは，そのほかの自然言語と変わらないという意味において完全な言語を，教わったわけでもないのに話し始めることが知られている。この言語がクレオールとよばれる。

うなまとまりに相当する音節(syllable-timed)であるのか，日本語の仮名文字1字に相当するモーラ(mora-timed)であるのかによって，世界の音声言語は次のような3つの類型に分けることができる(Mehler et al., 1996；Guasti, 2002)[注2]。

① 強勢拍リズムの言語：オランダ語，英語，ロシア語，スウェーデン語など
② 等間隔音節の言語：イタリア語，フランス語，ギリシア語，スペイン語など
③ モーラ言語：日本語，タミル語など

赤ちゃんは，生後数日から2か月まで，母音に基づいてこのリズムの記憶表象を作り，リズムの類型の異なりを区別することができる。しかし，同じリズム類型内の言語を区別することはまだできない。同じリズム類型内の言語を区別し始めるのは生後5か月たってからである(Guasti, 2002)。一方，生後2か月以後は，それ以前にできたリズム類型の異なりの区別ができなくなり，自分の母語とそれ以外の言語との区別ができるようになることから，生後2か月までに母語についてリズムの類型を越えた表象ができつつあると考えられている(Mehler et al., 1996)。

世界の音声言語は，リズムの類型が異なるばかりでなく，母音や子音の音素目録もまた異なる。赤ちゃんは，どの音素でも区別して聞き分ける能力をもって生まれてきて，生後6～8か月までは非母語の音でも識別できるが，生後8～10か月あたりから周囲の言語で使われていない音の区別は次第にできなくなり始め，生後1年でほぼできなくなることが知られている(Guasti, 2002)。このように，赤ちゃんは母語となる言語に関係のある音の区別にだけ注意を払うことができるようになり，音声の探索空間が狭まることによって母語の習得が促進されるように生得的にプログラムされていると考えられる(Guasti, 2002)。

注2) ただし，Gervain & Mehler (2010)によれば，三種類のリズム類型は，より根源的には，その言語の文内に現われる母音と子音の比率という連続的な値に還元される。ここで言う母音と子音の比率とは，個々の母音と子音を長さ1と数え，例えば二重子音は長さ2，三重母音は長さ3と数えることにすると，横軸に1文内の音素数に占める母音数の割合を取り，縦軸に1文内の子音数の標準偏差を取った平面上における点のことである。

一方，産出については，生後6〜8か月頃になると喃語(babbling)が始まる。これは「ババババ」などの意味をもたない音節の繰り返しを発することをいう。音声喃語(vocal babbling)の開始には発声器官の成熟が前提となる。しかし，耳の聞こえない子どもでも周りで手話が使われている場合，身振りとは異なる手話による喃語(manual babbling)を同時期に開始することが知られている(Petitto & Marentette, 1991)。このことから，喃語の開始には発声器官の成熟には依存しないしくみが関与していると考えられる(Petitto & Marentette, 1991；Guasti, 2002)。そして，喃語がまだ続いている生後10〜12か月頃になると最初の単語を発し始める(Guasti, 2002)。

(3) 語 の 獲 得

言語音声は時間軸上で連続的である。その連続的な音声の流れの中から赤ちゃんはどのようにして単語などの要素を「切り出し」てくるのであろうか(Guasti, 2002)。しかも赤ちゃんはその言語の要素についての知識(心内辞書)をまだもっていないのである。それでは語はどのように獲得されるのであろうか。このような初期の語彙獲得に関しては以下のような問題がある。

a. 指示の問題　指示とは語が事物を指し示すことをいう。しかし指示といっても，例えば小林(1993)によると，母親がオレンジジュースの入ったコップを指して「コップよ，コップ」と言った時，「コップ」という音声を初めて聞いた赤ちゃんにとって「コップ」は，全体，一部分，数，形，材質，色，中の液体，上位概念(＝飲み物を入れる容器)，置かれている状態などのどれを指すのであろうか。このように語と事物との間には無数に指示の関係があり得る。このことから「語の指示対象をどうやって見つけ出すのか？」ということが問題となる(Wittgenstein, 1953)。これが指示の問題である。

b. 語彙量と獲得の速さの問題　大人の推定語彙量は日本語でも英語でも約5万語という見積もりがある(阿部他, 1994)。ただし，実際には，推定語彙量には研究者によって15,000語から25万語まで幅がある(阿部他, 1994)。

一方，一日当たりに換算した獲得の速さについては見解がほぼ一致してい

る。阿部他(1994)は，小学1年から高校卒業までの間に約8語／日という数字を挙げている。ケアリー(Carey, 1988)は，1歳半から6歳までの間に8～10語／日という数字を挙げる。ミラーとギルディア(Miller & Gildea, 1987)は，生まれてから高校卒業までに約13語／日という数字を挙げる。「このような急速な語彙獲得はどのようにして可能か？」という問題が獲得の速さの問題である。

　　c. 制約理論　　指示の問題と獲得の速さの問題を合わせて「初期語彙獲得問題」とよぶ(小林, 1993)。では，この「初期語彙獲得問題」はどのようにして解決することができるのか。その解決のための提案が「制約理論」である。次のような制約がある(波多野，1988；Markman, 1990；小林，1993；Guasti, 2002など)。

　　　制約①　事物全体仮定：「語は，(無数にある部分とか材質その他の属性ではなく)事物の全体に関するラベルである。」
　　　制約②　事物分類仮定：「語は，(今，目の前で指された特定の一個のものではなく)事物の分類カテゴリーのラベルである。」
　　　制約③　相互排他性仮定：「一つの事物は一つのラベルしかもたない。」

　制約③は「一事物一名称」の原理ともよばれる。もし，未知のラベルを耳にして，目の前にまだ名称を知らない事物があれば，制約①～③により，そのラベルをその事物の名称として学ぶ。また制約③は，制約①の下で一旦名称を学んだ後，部分や材質やその他の属性の名称を学ぶために制約①を乗り越えることも可能にする。しかし，制約③は，例えば「犬」に対して「動物」のような上位の抽象的な概念を学ぶ際には，さらに乗り越えられなければならない制約である。制約理論の要点は，これらの制約が，仮説探索の幅を狭めて，語の獲得を助けるということにある。

(4) 文法の獲得

　　a. 文法獲得問題　　文法獲得問題は，「刺激の貧困」を踏まえた「プラトンの問題」として定式化される(Chomsky, 1986；大津，1989；White, 1992など)。まず，刺激の貧困とは，「入力(＝赤ちゃんの周りで話されている言葉)の中には，言語知識を決定できるだけの情報が含まれていない」という

状況のことである．例えば，言語表現がどういう場合に OK で，どういう場合にダメ(非文法文)であるのかを例文から帰納することが，大人でも非常に困難であるような文法現象が存在する(ゆえに言語学者の仕事がなくなることがない！)．また，入力は，非文法的・断片的な形式すなわち言い間違い，言いよどみ，途中での言い換えを含む．さらには，子どもの文法的形式についての間違いは，普通，訂正されることがないし，訂正されたとしても子どもは注意を払わないことから，大人からの否定が利用されているとは言えない．面白いことに，そもそも論理上あってもよさそうな間違いを，子どもはおかさないことが知られている．具体例を c「文法獲得現象の例」で見る．

「刺激の貧困という状況にもかかわらず文法獲得が可能なのはなぜか」という問題が「プラトンの問題」とよばれる．文法獲得問題とはこのプラトンの問題のことである．

b. 生成文法理論　では，「文法獲得問題」解決のためにどのような説明理論が考えられるのであろうか．その一つの提案が生成文法理論である(中井・上田，2004など)．文法獲得問題に対する解答としての生成文法理論とは，一言で言えば，次のような文法獲得関数で表わされる(大津，1989)．

$$（大人の）文法 = f(\text{UG}, \text{E})$$

ここで，f = 文法獲得関数，UG = 普遍文法，E = 経験すなわち外界から与えられる情報である．普遍文法(Universal Grammar)とは，赤ちゃんが持って生まれてくる言語についての青写真のことであり，無意識的知識である．しかし文法獲得には経験も関与する．外界からの入力は普遍文法のパラメータ(= 変異の可能性を示す選択肢[注3])の値を決定し，個別言語の文法の核ができ上がると考えられている(Chomsky, 1981；大津，1989)．

c. 文法獲得現象の例　下の例文(1a)と(1b)の対比から，英語の疑問文形成規則として，「主語名詞句の後ろの is を文頭に移動させる」構造依存操作と，(2a)→(2b)のように「左端の is を文頭に移動させる」構造独立操

注3)　どのようなパラメータがあるのかという問題については，Baker(2001)，また，そもそもなぜ人間の言語には多様性が存在するのであろうかという問題については，Baker(2003)を参照してほしい．

作の二種類を考えることができる(Chomsky, 1971)。

  The dog in the corner is hungry.（平叙文） 例文（1 a）
  Is the dog in the corner hungry?（疑問文） 例文（1 b）
  The dog that is in the corner is hungry. 例文（2 a）
  ＊Is the dog that –in the corner is hungry? 例文（2 b）

（例文の文頭の＊印は，その文がその言語の文法から見て非文法文であることを表わす。）
　チョムスキー(1971)は，子どもが構造独立操作を用いず，主語などの概念に言及しなければ定式化することができない構造依存操作を用いると主張するが，実際にはどうなのか。この疑問の解明に取り組んだ実験がクレインとナカヤマ(Crain & Nakayama, 1987)である。
　まず，平叙文と疑問文の対比から次のような疑問文形成規則を考えることができる。
　　規則① 　平叙文の二番目の単語を文頭に移動させる。
　　規則② 　平叙文の最初の助動詞的要素を文頭に移動させる。
　　規則③ 　平叙文の主語の後ろの最初の助動詞的要素を文頭に移動させる。
　どの規則を子どもが用いるであろうか。ここで，主語関係節を含む例文（3）に規則①〜③の規則を適用すると（4）から（6）までの疑問文が形成される。

  The boy who is watching Mickey Mouse is happy. 例文（3）
  Boy the who is watching Mickey Mouse is happy?（規則①の適用）
                 例文（4）
  Is the boy who watching Mickey Mouse is happy?（規則②の適用）
                 例文（5）
  Is the boy who is watching Mickey Mouse happy?（規則③の適用）
                 例文（6）

そこで，子どもがどの疑問文を発するか調べればどの規則を用いているのかがわかるはずである。しかし，小さな子どもに「疑問文を作りなさい」と教示しても意味がないからどうすればよいのか。クレインとナカヤマ(1987)は，3歳から5歳までの子どもに「Jabbaは地球に来てまだ間もないから地球のことをあまりよく知らないので，ミッキー・マウスを見ている男の子がハッピーかどうかJabbaに尋ねてみて」という教示を与えて，遊びの中で自然と疑問文を発するように導くという工夫をしたのである。

その結果，子どもが発したのは例文(6)の文であった。したがって，子どもは規則③を用いたことになる。このことは，子どもがあれこれの規則を試して帰納的に大人の文法規則を推論しているわけではなく，文法規則が構造依存でなければならないことを生得的知識としてもっていることを意味する。

9-3 言語知識の運用

(1) 統語解析

統語解析(parsingまたはsyntactic analysis)とは，元々は，自然言語であれプログラミング言語であれ，文の構造を見つけ出す過程のことをいう。心理学の観点からいえば，文を構成する単位の群化の過程のことである(阿部他，1994)。統語解析を担当するモジュールは統語解析器(parser，パーサ)とよばれる。

統語解析を行うには，辞書と統語規則が必要である。辞書は文を構成する単位の目録である。辞書は，表9-1のように，各単位について名詞や動詞などの品詞の情報を含む。統語規則は，表9-1の「→」で示されているように，名詞句は名詞と助詞から成るとか，文は名詞句と動詞句から成るという情報であり，構成素の種類，個数，順序に関する情報のことである。

統語解析の作業は，基本的には，ボトムアップ(bottom-up)とよばれる過程とトップダウン(top-down)とよばれる過程の2つからなる。

ボトムアップ過程は，図9-2の一番下の単語から始まる過程である。まず初めに，聴覚情報処理または視覚情報処理の結果により文を構成する単位が

表 9-1　辞書と統語規則

太郎：N(名詞)，リンゴ：N(名詞)
が：P(助詞)，を：P(助詞)
食べる：V(動詞)

S(文)→NP(名詞句)　VP(動詞句)
NP→N P
VP→NP VP または VP→V

```
            S
          /   \
        NP     VP
       /  \   /  \
      N   P  NP   VP
      |   |  / \  |
      |   | N  P V
      |   | |  | |
     太郎 が リンゴ を 食べる
```

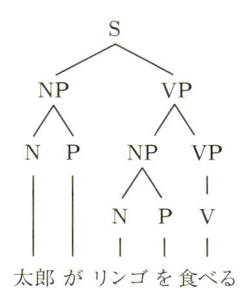

図 9-2　「太郎がリンゴを食べる」の統語構造

与えられたら，辞書を検索してその単位の品詞を調べる．その次の単位にも同じ作業を行う．続いて，複数個の品詞が得られたら，その品詞の並びに対して当てはまる統語規則があるのか否か，あるならばどの統語規則が当てはまるのかを調べて，群化を行う．さらに，群化の結果得られた抽象的な単位に名詞句などのラベルを貼っていく．このようにして，最終的に「文」という単位に達するまで，この群化の作業を繰り返す過程である．トップダウン過程とは，これとは逆で図9-2の一番上の記号Sから始まる過程である．入力が「文」であるという仮説から出発して，「文」は名詞句と動詞句から成り，名詞句は名詞と助詞から成るから，・・・，というふうに仮説を展開していく．そして最終的に，与えられた単位が名詞か否かというように品詞を判定する．こういう作業を繰り返す過程である．

　ところで，自然言語には多義性(ambiguity)が存在する．例えば，次の例文(7)は，なぐられた対象が二郎と三郎の二人であるのか，なぐられた対象は三郎の一人でありなぐった主体が太郎と二郎の二人であるのか，2つの意味をもち得る．

9-3 言語知識の運用

　　　太郎が二郎と三郎をなぐった。　　　　　　　　　　　　例文(7)

　こういう一文全体の多義性もあるが，統語解析過程においては，文を構成する部分の多義性がたくさん存在する。上述のトップダウン過程においては，文を構成する最初の語句が名詞句であるとは限らず，「ところで」のような接続詞かもしれないし，「驚いたことに」のような副詞句かもしれない。ボトムアップ過程においても，例えば「驚いた」は動詞句であるがその直後に「こと」がきて「驚いたこと」となれば名詞句になり，さらに「に」がきて「驚いたことに」となれば副詞句となる。このように文を構成する語句はいろいろな役割をもつことができるので，最終的にどのような句として文を構成するのかは予測がつかない。コンピュータによる自然言語処理においては，これは問題空間を大きくし処理量を増やす原因であるが，人間は多義性にさほど苦労しているように見えないので，人間の対処法を知りたい。このような問題意識からも，統語解析は心理学の研究課題となっている。

(2) 文 理 解

　文理解の最も基本的な部分は，文が描写する行為または出来事の内容と，参加者または関与物がどのような身分で参加しているのかを理解することにある(阿部，1995)。本節では，この文理解の中身に相当する出来事の内容と参加者をとらえる概念的な道具立てを見ておくことにしたい(Norman et al., 1975；戸田他，1986)。

　まず，出来事への参加者または関与物とは，例文(8)に見られるような「太郎」とか「リンゴ」などのことである。

　　　太郎がリンゴを食べる　　　　　　　　　　　　　　　　例文(8)
　　　動作主　対象

　次に，人や物がどのような身分で出来事に参加しているのかということは，例文(8)の下線の下に示されている。これらの身分を「関係」とよぶこ

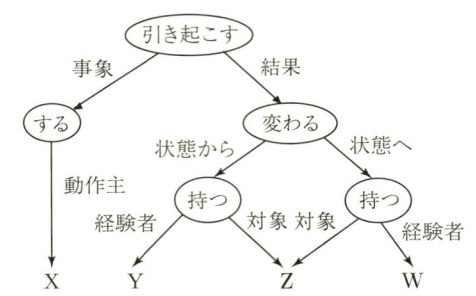

図9-3 ノーマンら(1975)の考え方に基づく意味ネットワークの例
ここで，X＝Yならば「あげる」行為または出来事を表わす。
X＝Wならば「もらう」行為または出来事を表わす。

とにすると，主な「関係」の種類には，動作主，対象，受容者，経験者，源泉，目標，道具，時間，場所がある。その他，「事象」「結果」「状態から」「状態へ」など(図9-3の矢印上のラベル)も「関係」である。

次に，行為や出来事の意味内容を考えてみよう。

太郎が花子に本をあげる。　　　　　　　　　　　　　　　　例文(9)
花子が太郎から本をもらう。　　　　　　　　　　　　　　　例文(10)

例文(9)と(10)を比べると，太郎から花子へ本が移動する([太郎─本→花子])という出来事の共通の構造を私たちは認識することができる。しかし「あげる」「もらう」の字面には共通性は何もない。では，意味の共通性をとらえるにはどうしたらよいのであろうか。一つの方法は，意味分解とよばれる考え方である。意味分解とは，行為や出来事の意味を原子的な要素(基本的な意味成分)に分解することをいう(図9-3の楕円)。基本的な意味成分には，「引き起こす」「する」「変わる」「持つ」「場所」「条件」「義務」「可能」「真」「偽」「かつ」といったものがある。基本的意味成分の組合せへの分解によって，例文(9)の「あげる」も例文(10)の「もらう」も，太郎が本を「持つ」「状態から」，花子が本を「持つ」「状態へ」「変わる」という「結果」を「引き起こす」出来事である点が共通であるということがわかる。

実際に，このような意味分解を支持する心理実験(Gentner, 1975)がある。行為や出来事の意味の類似性は，共有意味成分の個数によって計ることができ，手がかり再生実験における混同の比率に反映される。このようなことから，文の理解内容は，動詞によって表わされる行為や出来事の意味内容を基本的意味成分に分解した意味ネットワークの形（図9-3）を取っていると考えられる。

9-4　残された課題

この章で取り上げることのできなかった重要な課題の一つに言語産出過程の解明があるが，その紹介は，言い誤りをデータとして紹介しながら楽しく読める良書(寺尾, 2002)があるのでそちらに譲る。この節では，言語理解に関わる課題に言及して本章を終えることにする。

(1) 空範疇

9-3(2)「文理解」では，行為や出来事への参加者が明示されている表現について説明した。では，次のような場合はどうであろうか(Sakamoto, 1996)。

　　　太郎が花子に［東京へ行く］ことを約束した。　　　　例文(11)
　　　太郎が花子に［東京へ行く］ことを勧めた。　　　　　例文(12)

「東京へ行く」の動作主は，例文(11)では「太郎」，例文(12)では「花子」と解釈される。この明示されていない参加者は，「東京へ行く」という補文の主語であるので，「空主語」とよばれる。一般にはこのような明示されていない参加者は「空範疇」とよばれる(Chomsky, 1981)。文理解の過程において，この空範疇は文中のどこに置かれ，その指示対象はどのように解釈されるのであろうか。

坂本(1996)の研究対象は，コントロール動詞とよばれる一群の動詞であった。空主語の例としては，ほかに次のようなものもある(阿部他，1994)。

ドナは，万引きを認めたので，アリスを罰した。　　　　例文(13)
　　　ドナは，お金を必要としたので，アリスに電話した。　　例文(14)

理由を表わす従属節の主語は，例文(13)では「アリス」と解釈されるのに対して例文(14)では「ドナ」と解釈される。
　空主語の解釈はまた連続二文の理解過程においても問題となる(阿部他，1994)。

　　　あげはちょうが，みかんの木に飛んできました。ときどきおなかの先を
　　　まげて，葉に，なにかつけています。　　　　　　　　　　例文(15)

　例文(15)の二文目の主語は「あげはちょう」と解釈される。
　例文(11)(12)，例文(13)(14)，例文(15)は，問題となっている参加者が空範疇であるという点は同じである。しかし坂本(1996)やグアスティ(2002)を参照すると，空範疇は以下のように種類が異なり，指示対象を決定するために用いられる情報も異なると考えられる[注4]。
　　空範疇①　PRO(ビッグ・プロ)＝例文(11)(12)の補文の空主語
　　空範疇②　pro(スモール・プロ)＝例文(13)(14)の従属節の空主語
　　空範疇③　Op(談話束縛演算子)＝例文(15)の二文目の空主語
　ところで，代名詞主語の現われは世界の言語においてどうなっているのであろうか。まず初めに，大津(1989)によれば空主語現象は次の2つのタイプに分けられる。
　　空主語現象①　空主語言語：イタリア語など
　　空主語現象②　非空主語言語：英語など
　①は代名詞主語を省略できる言語であり，②は省略できない言語であ

注4)　例文(13)，(14)の従属節の空主語も，例文(15)の二文目の空主語と同様，Opであるとして，pro は，後述の代名詞主語省略言語に現われる空主語に限定する分類も可能かもしれない。空範疇の確定は困難な課題であるが，ここでは，指示対象を決定するために用いられる情報や処理過程が異なる可能性があるため，また，空範疇は言語表現の中に頻出するため，この課題に取り組む必要があるということを押さえておきたい。

9-4 残された課題

る。前者はさらに2つのタイプに分けられる(Guasti, 2002)。

 空主語言語① 代名詞主語省略言語：カタルーニャ語，イタリア語，
       スペイン語など
 空主語言語② 主題省略言語：中国語，日本語，韓国語・朝鮮語など

 ①は主語の人称と数が動詞の一致(agreement)要素に表現される言語である。②はそのような一致要素がない言語であり，また，主語だけでなく目的語も省略できる言語である。

（2）文理解の出力

 本章で文理解を扱った際には，命題的な意味内容のみを扱った。しかし，文の担う情報にはもう一つ，様相的な意味内容もある(阿部，1995)。例えば，次の例文(16)では，下線部 a で示された「太郎がリンゴを食べる」が命題的な意味内容に相当し，下線部 b で示された「かもしれない」が様相的な意味内容に相当する。

 <u>太郎がリンゴを食べる</u> <u>かもしれない</u>。   例文(16)
    a   b

 様相的な意味内容に含まれるものには「命題内容に対する話者(その文の発話者)の判断や態度や視点など」があり，「文に描写されている出来事の完了や進行などの相(aspect)，話者の聴者への態度，等々も含まれる」(阿部，1995)。

 本節では，様相的な意味内容を含めた文の意味構造をとらえる包括的な枠組みとして，中右(1994)の「階層意味論モデル」を挙げておきたい。階層意味論モデルによれば，文の普遍的な意味構造は図9-4のように表現できる。

 図9-4は階層上，同じ高さに位置する左側の要素(演算子)と右側の要素(作用域)とから一つ上の要素(中核命題から発話意味まで)が構成されることを意味する。そして，中核命題から発話意味まで六種類の階層が区別されるのは，各階層のどれもがさまざまな言語現象で一つの単位として現われ得るからである。

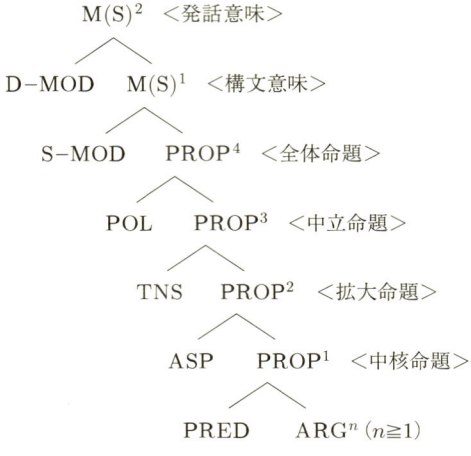

```
                M(S)²  ＜発話意味＞
               ╱    ╲
          D-MOD     M(S)¹  ＜構文意味＞
                   ╱    ╲
               S-MOD    PROP⁴  ＜全体命題＞
                       ╱    ╲
                     POL    PROP³  ＜中立命題＞
                           ╱    ╲
                         TNS    PROP²  ＜拡大命題＞
                               ╱    ╲
                             ASP    PROP¹  ＜中核命題＞
                                   ╱    ╲
                                PRED    ARGⁿ (n≧1)
```

図9-4　階層意味論モデル

記号の意味は，M(S)＝文の意味，D-MOD＝談話モダリティ，S-MOD＝文内モダリティ，PROP＝命題，POL＝極性，TNS＝時制，ASP＝相，PRED＝述語，ARG＝項である。

　この階層意味論モデルでは，様相的意味内容は，D-MOD＝談話モダリティ，S-MOD＝文内モダリティが担う。9-3（2）「文理解」で扱ったのは，PROP¹＝中核命題の意味構造である。そして PRED＝述語の意味分解を考えたわけである。それでは，ASP＝相から D-MOD＝談話モダリティまでの演算子が担う情報の処理過程はどうなっているのであろうか。

　これらは今後の課題といえる。

10章　音楽認知

　アラビア語を全く知らない人が，アラビア語のスピーチを聞いても理解できない。その一方で，アラブの伝統音楽を聴くと，そこにある美しさ，力強さ，悲しさというものを何となく感じることができる。そのため，「音楽には国境がない」といわれるように，世間一般には，音楽は言語に比べて知識への依存性の低い認知活動と思われている。しかし，本当にそうなのであろうか。例えば，現代日本に生まれ育った私たちが，アラブの伝統音楽に対して，その地の人々と同じようにうまく手拍子を打つことは困難であろう。また，私たちは日本の伝統音楽（例えば，君が代）を聞き終えた後に終止感（終わった感じ）を感じるが，アラブ人がそのような感じを受けるとも考えられない。このようなことからすると，音楽の理解も，言語の理解と同様，受け手の経験に大きく依存した高次の認知機能ととらえるべきであろう。本章では，聞き手が，単なる音の並びをどのように処理し，それを"音楽（メロディ）"として認識するかについて考えていくことにしよう。

10-1　楽音の知覚

　音楽の認識には，当然のことながら，音の高さ，音の大きさなどの基本的な要素の知覚も伴う。ここでは，特に，音楽で一般的に使われる音（楽音）の高さの知覚について説明しておきたい。
　楽音の高さは，聴覚神経系によって2種類の心理属性情報に変換されて知覚される。その1つの属性はピッチの感覚であり，もう1つが音調性の感覚である。ピッチの感覚とは音の高低を感知する心理属性で，振動数が増加するにつれて高い音を感じる。一方，音調性の感覚とは，オクターブ（振動数比2：1）や完全5度（振動数比3：2）の類似性（協和性）を感知する属性であり，音楽の世界でオクターブごとに同じ音名（C，D，E，…）が付けられ

ているのはこの感覚に由来する。ピッチの感覚とともに，音調性の感覚も，生得的に定められた聴覚神経系の処理に基づくと考えられている。より具体的にいうと，ピッチの感覚は場所的符号化（音波により伝えられた振動パターンが最大となる基底膜上の場所情報），音調性の感覚は時間的符号化（聴神経の出すインパルスの時間情報）に基づいていると数多くの研究者によって指摘されている（例えば，Moore, 2003）。

10-2　音楽認知とは

　図10-1に示す4つの音列を見てほしい[注1]。そして，ピアノでもギターでもよいので，可能ならばこの4つの音列を実際に鳴らして，それぞれからどのような印象を受けるか，確認してほしい。そうすると，おそらく多くの人にとって，音列1は聞きやすく，メロディとして全体がまとまっている感じを受けるであろう。だが，残り3種の音列に対しては，そのような印象を受けにくいであろう。音列2は，ぎこちなさがあり，リズムが取りにくい印象

図10-1　拍節的体制化と調性的体制化の異なる4種の音列の例（阿部, 2008）

注1）　図10-1に関する解説は，阿部（2008）をもとにしている。

をもつはずである(手拍子を打とうとしても,スムーズに行えないはずである)。音列3は,手拍子を合わせることはできるが,音の高さの面では調子外れで自然な流れにはないという印象をもつであろう。そして,音列4にいたっては,手拍子も合わせにくいし,音の高さの流れも自然ではなく,単なる音の羅列でしかないという印象を受けるはずである。

　では,この4種の音列の間の印象の違いは,何によってもたらされるのであろうか。結論からいうと,この違いは,2種類の知覚的体制化(perceptual organization)の処理それぞれが心内でうまくなされたかどうかによる(阿部,1987, 2008)。その2種類の処理とは「拍節的体制化(metrical organization)」と「調性的体制化(tonal organization)」であり,実は4種の音列の印象の違いは拍節的体制化と調性的体制化の結果の違いを反映している。音列1は拍節的体制化も調性的体制化もうまくできる音列,音列2は拍節的体制化がうまくできない音列,音列3は調性的体制化がうまくできない音列,音列4は両者の体制化がともにうまくできない音列である。

　私たちは,拍節的体制化と調性的体制化のそれぞれの処理の結果がスムーズに得られる音の並びならば,"音楽"として認識するが,そうでない音の並びならば単なる音の羅列としてしか認識しない。つまり,単なる音の並びがどのようにして"音楽"として認知されるかという疑問の解明は,拍節的体制化と調性的体制化それぞれの処理メカニズム,そして,両体制化の関係を明らかにしていくことにある。各体制化の処理メカニズムの解明は音楽心理学者にとって重要な研究目標の1つとなっており,現在までに多くの知見が報告されてきている(より専門的な解説としては,Longuet-Higgins, 1987；岡田・阿部,1998；吉野・阿部,1998)。以下では,それらの知見に基づいて,拍節的体制化,および,調性的体制化の処理の基本的な性質について説明してみよう。

10-3　拍節的体制化

(1) 拍節の知覚

　図10-2に記されている,音価(音の時間的長さ)の異なる系列(a)と(b)そ

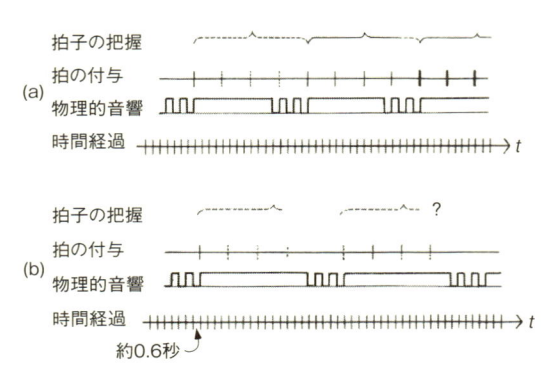

```
         拍子の把握   -------⌢------⌢------⌢--
     (a) 拍の付与     ｜｜｜｜ ｜｜｜｜ ｜｜｜｜ ｜｜｜｜
         物理的音響   ⊓⊓ ⊓ ⊓⊓ ⊓⊓ ⊓ ⊓⊓
         時間経過    ＋＋＋＋＋＋＋＋＋＋＋＋＋＋＋＋＋＋＋＋＋→t


         拍子の把握   -------⌢-----  -----⌢-- ?
     (b) 拍の付与     ｜｜｜  ｜｜｜｜  ｜｜｜｜
         物理的音響   ⊓⊓ ⊓    ⊓⊓ ⊓     ⊓⊓
         時間経過    ＋＋＋＋＋＋＋＋＋＋＋＋＋＋＋＋＋＋＋＋＋→t
                   約0.6秒
```

図10-2　拍節構造を知覚しやすい音列としにくい音列(阿部, 1987を一部改変)

れぞれを聞きながら，手拍子または足踏みを打ってほしい．多くの人は，聞き始めてからしばらくすると，音列(a)に合わせて，スムーズな手拍子や足踏みを打てるようになるであろう．実は，その時，無意識的にではあったとしても，私たちは長音の背後に3つの拍(Beat, Pulse または Clock)を付与し，かつ，4つの拍を1つのかたまり(拍子, meter)として群化(grouping)する処理を心内(脳内)で行っている．一方，音列(b)は物理的には音列(a)とほとんど同じ特徴を持っており，異なるのは長音の長さが短音2音の4倍となっている点だけである．それにもかかわらず，(b)に合わせて手拍子や足踏みは打ちにくい．これは，私たちが(b)に対して安定した形で拍を付与したり，拍子を知覚したりすることが難しいためである．この体験からわかるように，拍節的体制化(より広くいえばリズム的体制化)とは，入力された音列に心理的な時間間隔の単位である拍を付与し，拍を群化して，より大きなまとまりである拍子を知覚する処理といえる(阿部，1987；後藤，2000)．

　音価系列の拍節構造をどのように解釈するかは，聞き手次第である．例えば，図10-3の音価系列(a)について考えてみよう．この音価系列に対する解釈は無数にあり，例えば(b)や(c)などのように解釈しても構わない．しかしながら，現代日本で育った聞き手の多くは，(c)の解釈よりも(b)の解釈の方がより妥当であると感じるであろう．これは，拍節的体制化の処理が，「拍節スキーマ(metrical schema)」に基づいてなされるためである(阿

10-3 拍節的体制化

図10-3　心理的に存在する時間単位(Longuet-Higgins, 1987)

部, 1987, 2008；後藤, 2000)。拍節スキーマとは育つ文化の音楽を聞くことで習得された拍節構造に関する経験的な知識であり, 同じ文化の聞き手は基本的に同じ性質の拍節スキーマを有している。図10-3の音価系列(a)に対して(c)よりも(b)という解釈を好む結果からすると, 西洋音楽に慣れ親しんでいる私たち日本人の拍節スキーマには, その系列を3／4拍子よりも, 2／4拍子でとらえる方を好む性質があるということであろう。

(2) 拍節スキーマの習得に関わる経験的要因

さて, 西洋音楽で育った聞き手が2／4拍子や4／4拍子といった2倍型の拍節構造の解釈を選好することは数多くの実験から報告されている(例えば, 後藤・阿部, 1996；Povel & Essens, 1985)。では, この選好性はいずれの文化の聞き手にも見られる普遍的な選好バイアスなのであろうか。それとも, 西洋音楽の聞き手に特有のバイアスなのであろうか。この疑問を検討するために, トレハブ(Trehub, S. E.)らは, 2倍型の拍子の音楽と2拍と3拍とをさまざまに組み合わせた混合拍子(例えば, 5拍子, 7拍子など)の音楽との両方に慣れ親しんでいるブルガリア人の参加者と, 2倍型の拍子が主流の西洋音楽に慣れ親しんでいるアメリカ人の参加者を用いた実験を行った(Hannon & Trehub, 2005)。彼女らは, 参加者に, 2倍型の拍子の音価系列(2倍型拍子条件)と混合拍子の音価系列(混合拍子条件)のどちらかを2分間聞かせた。その後, 2倍型拍子の新奇な音価系列と混合拍子の新奇な音価系列を呈示し, それが先ほど聴いた音価系列のリズムに適合する程度を評定するよう求めた。ブルガリア人の結果では, どちらの条件においても, 2分間

聞いていた系列の拍子と同じ拍子の系列に対する評定値は異なる拍子のそれよりも高かったが，アメリカ人の結果は2倍型拍子条件の時のみその傾向が見られた。さらに，トレハブらは同じ刺激を用いて選好注視法により6か月の乳児の拍節知覚を調べたところ，乳児はどちらの条件においても，（2分間聞いていた系列の拍子と）同じ拍子系列と異なる拍子系列の間で反応は異なることを示した。この結果は，音楽にほとんど触れていない発達段階では，特定の拍節的解釈への選好バイアスがないことを示唆する。以上のトレハブらの実験結果からすると，2倍型の拍節構造への解釈の好みは西洋音楽を聞くことで習得されたもの，すなわち育つ文化の音楽を聴くことによって形成された拍節スキーマの選好バイアスであると考えられる。

（3）拍節スキーマの習得に関わる生得的要因

　以上のようにみてくると，拍節知覚の能力は，聞き手の経験や学習にのみ影響を受けているように思えるかもしれない。しかし，他の認知活動（例えば，言語理解や表情認知）と同じように，一概にそうとはいえない可能性がある。現在までに蓄積されてきた数多くの知見をみると，例えば，新生児でも等時間間隔で生じる音の時間的なズレを知覚できること(Winkler et al., 2009)，2か月の乳児でも [600 – 100 – 300msec] と [100 – 600 – 300msec] といった音価系列の違いを区別できること(Demany, McKenzie, & Vurpillot, 1977)が報告されている。音楽のリズム知覚は，心拍や呼吸，歩行などといった「リズム」を伴う人間としての基本的な運動と密接に関連している（例えば，Philips-Silver & Trainor, 2005）。また，他者とリズムを合わせてこそ社会生活ができるのであり，特に乳児は養育者の行為のリズムに合わせていかなければ授乳も，抱き上げもうまくいかないことになる(梅本, 1999)。これらのような行動は人間が生存するために必要不可欠なものであり，それらは音楽のリズム知覚と関連していると推測される。そのため，リズム知覚の少なくとも基礎的な部分が生得的に備わっていたとしても不思議ではないであろう。

10-4 調性的体制化

(1) 調性の知覚

図10-4の音高系列2種(a)と(b)を聞き比べてみよう。おそらく，多くの人が音列(a)に対しては"メロディらしさ"や"まとまっている"という印象を受けるが，音列(b)に対してはそのような印象を受けないであろう。音の長さの系列は2つの音列の間で同じである。そのため，この違いを決めているのは音の高さの系列ということになる。このような印象の違いは音列の各音の高さの側面にまとまりを与える調性的体制化(tonal organization)の処理がうまく実行されるかどうかによるものであり，この処理が心内でうまくなされれば，私たちは音列に対して調性(tonality)を感じることができる。すなわち，(a)は調性を知覚しやすい音列，(b)は調性を知覚しにくい音列の例といえる。

では，調性を知覚するとは，具体的にどういうことであろうか。このことを理解するために，次の課題を行ってほしい。その課題とは，図10-4の音列(a)と音列(b)をそれぞれ聞いた後に，ピアノのキーボードを弾いて確かめながら，1オクターブ内12音(C, C#, D, D#, E, F, F#, G, G#, A, A#, B)の中から「まとまりよく終わらせるような音(終止音)」を1つ選ぶというものである。課題を行うと，音列(a)では終止音を選びやすいが，音列(b)では選びにくいと感じるであろう。このような課題は終止音導出法とよばれ，選ばれた終止音は単なるメロディの終わりの音として適しているばかりか，音列全体に統一的なまとまりをもたらす中心的な役割を担っている音(tonal center, 調性的中心音)と想定できることが実験的に確認されてい

図10-4 調性の知覚しやすい音列としにくい音列
(a)は(Matsunaga & Abe, 2005)より，(b)は(星野・阿部, 1981)より

る(Abe & Hoshino, 1990；星野・阿部, 1984)。調性を知覚しやすい音列(a)では終止音が選びやすく，調性しにくい音列(b)では終止音が選びにくい。つまり，調性を知覚しやすいとは調性的中心音を定めやすいということである。

　さらに，音列(a)に対して，どの音を終止音として選んだのか見てみよう。多少のばらつきはあるかもしれないが，おそらく多くの人は音高Cを選んだと思われる。12音という多くの選択肢があるにもかかわらず，なぜ多くの人の選択は音高Cで一致するのであろうか。これは，聞き手には「調性スキーマ(tonal schema；ここでいう調性スキーマとは，わかりやすい言葉でいえば，音階(scale)ということになる)」に基づいて中心音を決める知覚原理があるためである。すなわち，聞き手には，音列の構成音高すべてを調性スキーマに同化(assimilate)できる調の主音(tonic, keynote)を調性的中心音としてとらえる傾向があるためである(例えば，Abe & Hoshino, 1990；Krumhansl, 1990)。音高Cは，音列(a)の構成音高6種(C, D, E, G, A, B)すべてを音階音としてもつ西洋音楽の調・C major(C majorの音階音はC–D–E–F–G–A–B)の主音にあたり，中心音となることで音列(a)の構成音高すべてを体制化し得る。逆に言えば，多くの人が音高C以外の音高を終止音としてあまり選ばなかったのは，C以外の音(例えば，音高C#や音高D)を中心音とすると，音列(a)の構成音高すべてを体制化しにくいためである。このような課題から，現代の一般的な日本人は西洋音楽の調性スキーマを基盤として調性の知覚を行っているということがわかる。

　まとめると，調性的体制化とは，調性スキーマに基づいて中心音を定め，入力音列の構成音高を有機的に体制化する処理といえる。聞き手は調性的体制化の処理が成功した時，たとえ無意識的にではあったとしても，調性を知覚する。このような調性的体制化の基本的性質は，特別な音楽訓練の経験をもつ音楽熟達者でも，そのような経験をもたない非熟達者でも，基本的に同じであることが実験的に確認されている(例えば，Matsunaga & Abe, 2005)。

(2) 調性スキーマの習得に関わる経験的要因

　拍節スキーマと同様，人間は生まれながらにして特定の調性スキーマを身

10-4 調性的体制化

につけているわけではない。トレハブとトレイナー(例えば，Trainor & Trehub, 1992)は，このことを実験的に確かめている。彼女たちは，西洋音楽の音階に基づく音列(標準音列，図10-5(a))の中の1音高の変化に気づくかどうかを8か月の乳児と大人で比較する実験を行った。その音高の変化には2種類あり，1つが標準音列の1音高を1半音動かし非音階音へと変化させる条件(非音階音条件，図10-5(b))，もう1つは標準音列の1音高を4半音動かして別の音階音へと変化させる条件(音階音条件，図10-5(c))であった。この実験の結果，大人の変化音への気づきは音階音条件よりも非音階音条件の方が良かったが，乳児の気づきは両条件の間で同程度に良いことが示された。この結果を調性スキーマの観点から解釈すると，大人は調性スキーマを習得しているため調性的に逸脱した音高の変化は気づくが，8か月の乳児はまだ調性スキーマを習得していないために変化音の調性的な意味には無関係に音の逸脱に気づく，ということを示唆するものといえる。また，トレハブらと類似した結果が，リンチらの研究からも報告されている(例えば，Lynch, Eilers, Oller, & Urbano, 1991)。彼らは，インドネシアの音階に基づくメロディと西洋の音階に基づくメロディを用い，そこに出現する音階音の逸脱に対して，西洋音楽文化圏で育つ乳児，児童，大人がどの程度気づくかを調べたところ，乳児はどちらの文化の音楽でも同程度に逸脱に気づくが，年齢が増すにつれて，西洋音楽上の逸脱にしか気づかなくなるという結果を提出し

図10-5　標準音列と1音高が変化した2種類の比較音列
(Trainor & Trehub, 1992)

標準音列の6番目の音高Gが，別の音階音への変化条件では音高Bに，非音階音への変化条件では音高A♭に変化している。

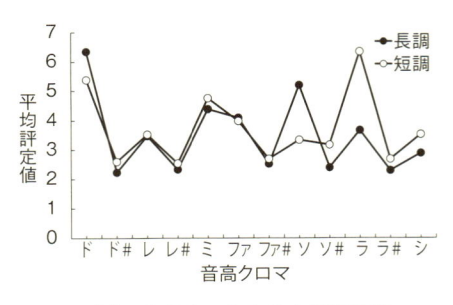

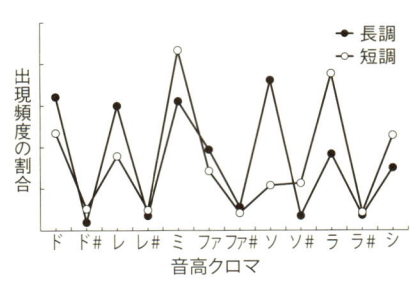

(a) クラムハンセルの実験結果　(b) 西洋音楽における音高クロマの出現頻度

図10-6 クラムハンセルの実験結果(a)と西洋音楽における音高クロマの出現頻度(b)

(b)は(Youngblood, 1958)と(Knopoff & Hutchinson, 1983)のデータをもとに，クラムハンセルが算出したものである(Krumhansl, 1990)

ている．要するに，乳児はいずれの音楽文化にも適用できる方略で音高系列を処理しているが，育つ文化の音楽にさらされていくことによって，その文化に特有の調性スキーマを習得し，その調性スキーマに基づいた処理をするようになるということである．

では，聞き手は音楽のどのような特徴を手がかりとして，調性スキーマを習得していくのであろうか．この問いに対する研究者の共通認識は「育つ文化の音楽の音高クロマ（1オクターブ内12種の音カテゴリ．C3，C4，C5いずれもCというカテゴリの音ととらえる）の経験頻度に大きく規定される」という考えにある．例えば，クラムハンセルは，このことを確認できるデータを提出している(Krumhansl, 1990)．彼女は，西洋音楽に慣れ親しんだ聞き手に，西洋音階に基づく音列を聞かせた後，オクターブ内の12音高それぞれを呈示し，その音高が音列にどの程度"適合(fit)"しているのかを7段階で評定させる実験を行った．その実験の結果は，西洋音階の音階音（階名でいうと，ド，レ，ミ，ファ，ソ，ラ，シ）に一致する音高クロマへの評定値は非音階音（階名でいうと，ド#，レ#，ファ#，ソ#，ラ#）に一致するそれらよりも高いことを示した．図10-6に見られるように，聞き手から得た適合の評定値の分布と，数多くの西洋音楽から算出された音高クロマの出現頻度の分布は非常に似ている．この類似性から示唆されることは，聞

き手が調性スキーマを習得するとは出現頻度の多い音高クロマを音階音としてとらえる，ということである。音高クロマの出現頻度の分布は，音楽文化の間で異なっている。そのため，それらを受け取る聞き手の調性スキーマにも文化差が生じるということであろう。

(3) 調性スキーマの習得に関わる生得的要因

さて，音楽を経験する前，つまり，生まれた時，聞き手の調性スキーマに関する能力は"白紙（タブラ・ラサ）"なのであろうか。世界を見渡すと，諸文化の音階はさまざまに異なる。それにもかかわらず，それらの音階の間には共通する特徴を見いだすことができ，そのような共通する特徴は人間という種がもつ生得的な制約を十分に充たしている可能性が高い。現在のところ，諸文化の音階に共通する特徴としては，次の(a)から(d)の特徴が指摘されている（例えば，Dowling & Harwood, 1986；小泉, 1958）。(a)音階は1オクターブで表現される，(b) 1オクターブには5～7個の音階音が存在する，(c)隣接する音階音の最小の幅はいわゆる"半音"程度である，(d)主音（D majorでいうところの音高D）と，主音から完全5度上の音（7半音上の音。D majorでいうところのDに対する音高A），および／または，完全4度上の音（5半音上の音。D majorでいうところのDに対する音高G）が重要な音となる。もしこれらの共通の特徴が生得的な制約を充たしているのならば，(a)～(d)の特徴を充たす音階の調性スキーマは，充たさない音階のそれよりも，習得しやすいことになる。どのような生得的な制約を受けて調性スキーマが習得されるのか，この疑問を探究しようとする研究は現在発展しつつある（McDermott & Hauser, 2005を参考）。

10-5　拍節的体制化と調性的体制化の関係

これまで述べてきたように，私たちの音楽認知の背後には，拍節的体制化の処理と調性的体制化の処理が行われている。では，この両者の処理の関係はどのようなものなのであろうか。この問題に取り組んだ研究としては，例えば，阿部ら（Abe & Okada, 2004）の研究がある。彼らは，メロディ知覚の

過程では拍節的体制化の結果を利用して調性的体制化の処理が行われるが，その逆はないことを示す結果を報告しており，また，その実験結果から，両者の処理の統合過程モデルを提案している（わかりやすい説明としては，阿部，2008）。

10-6 おわりに

　人間が単なる音の流れを"音楽"として認識する場合，その心内において，拍節スキーマに基づいた拍節的体制化と調性スキーマに基づいた調性的体制化が必ずなされている。この2種類の体制化は，どのような時代のどのような地域の人間集団にもみられる現象である（阿部，2008）。そして，育つ音楽文化の違いから，各体制化の基盤となる拍節スキーマや調性スキーマの性質は文化間で異なっている。その結果，ある音の並びを，ある音楽文化の成員は音楽として受け入れやすいが，別の音楽文化の成員は音楽として受け入れにくいという現象が生じる。このことから，冒頭部で述べた「音楽には国境がない」という世間に行き渡っている"常識"に対して，慎重にならなければならないということに気づかされるであろう。しかし，ひょっとしたら，初めて聞く異文化の音楽でもそこから何らかの感情が喚起されるため，やはり「音楽には国境がない」という考えに疑念はないと思う人はいるかもしれない。そのような人は，長調の曲は「楽しい」，短調の曲は「悲しい」ということについて考えてみてほしい。長調の曲，短調の曲と単純に言ったが，長調や短調というのは，その曲がもっている物理的な特徴ではなく，あくまでもその曲を聴いた聞き手の心理的な解釈の結果である（例えば，図10-4の音列(a)の終止音として A major や E major の主音に相当する音高Aや音高Eを選ぶと，C major の主音に相当する音高Cを選んだ時とは全体的に異なる印象になる。この印象の違いは，音列(a)を短調として解釈するか，長調として解釈するかの違いである）。そして，その心理的な解釈は，すでに述べてきたように，聞き手の心内に存在する調性スキーマから導かれたものと考えられる。このように考えると，初めて聴いた異文化の音楽に対して自分が感じている感情と，その音楽文化に育ち，その文化に固有の調性

10-6 おわりに

スキーマを習得している聞き手が感じている感情とが，はたして本当に同じかどうかについては疑ってみる価値はあろう。確かに，音楽は感情を喚起するが，その喚起された感情の少なくとも一部は，拍節スキーマと調性スキーマを基盤とした認知的な処理に基づいている可能性が高いと思われる。

音楽認知の研究は，視知覚，記憶，言語の研究に比べて，歴史が浅いため，その重要性はそれほど認識されていない。しかしながら，古今東西，どのような時代のどのような地域であっても，人間集団が存在する限り，言語と同じく，そこには音楽が存在する。その意味で，音楽認知は人間に普遍的な機能であり，人間の認知機能を理解する上で必要な研究分野の一つといえる。

11章　学習と動機づけ

　心理学では古くから，行動の本質を解き明かすための研究が盛んになされてきた。人間の行動がどのような原理で獲得されるのかという学習の原理や，そもそも人間がなぜ行動しようとするのかという動機づけの原理の解明は，人間の本質に関わる重要な問題である。心理学において学習は，「生得的な行動と成熟の他，疲労や動機づけなどにより一時的に現れる行動変容を除いた行動の変化」と定義される。この定義によれば，私たちの日常行動のほとんどは学習によって獲得されたものである。心理学には，それら多様な行動すべての習得メカニズムの説明，またその習得を経て実際に多様な行動を生み出すメカニズムの解明が求められる。行動を引き起こす原因は，動機づけの問題として古くから研究されている。これは意欲や欲求が生起する原理やそれを高める方法を解明するための研究である。本章では，学習と動機づけの原理を中心に心理学の知見を整理し，さらに新たな知見や視点を加え，人間の行動のより深い理解を促す。

11-1　学習理論の変遷

　一般に，心理学の教科書で取り上げられる学習理論は，古典的条件づけから始まり，20世紀後半に情報処理論の視点が入る以前の，比較的古い時代の理論が紹介されることが多い。20世紀後半の認知心理学の隆盛にもかかわらず，比較的新しい学習のとらえ方はあまり紹介されておらず，学習理論の進展が見えにくくなっているといえる。それは，学習研究の進展がなかったというよりも，認知モデルへ研究者の関心が移行したこと，および心理学の研究領域自体の細分化が原因となっている。

　初期の学習理論は，刺激と反応の対応関係の記述を主要な目的とした，いわゆる S-R 理論（刺激－反応理論）の枠組みで学習をとらえる立場（古典的条

件づけ，道具的条件づけ等)が主流であった。行動主義心理学でも有名なワトソン(Watson, J. B.)の，人間の行動の多くは環境が形作るという立場はその一例といえる。それに対して，刺激と反応の間にある，主体の認知の変容として学習をとらえる認知論(洞察学習，ピアジェの同化と調節の概念)や社会的学習理論といわれる，刺激とは関係のない主体の変化を重視する立場が示されるに至った。これらは条件づけとは異なる学習の形態を示すといえるが，S-R理論から認知論に至る学習理論は，いずれも人間の多様な行動の変容を大局的に，汎用的に説明することに主眼を置いた学習理論といえる。

　それに対して，20世紀後半，情報処理理論の枠組みが心理学の認知研究へ導入され，人間の認知を，より詳細にモデルとして理論化し，検討する流れが強まり，それに対応するように，大局的な学習理論は影を潜めるようになった。すなわち，人間の行動を，知覚，記憶，思考，さらには動機づけ，社会的認知，認知発達などの下位プロセスの総体としてとらえ，分野ごとに，行動の生起メカニズムの解明が進む傾向が強まったといえる。以下では，大局的な学習理論をまず紹介し，その後，細分化された複数の領域から浮かび上がってきた新たな基盤の芽をいくつか紹介し，続いて新しいタイプの学習研究を紹介する。

11-2　大局的学習理論

(1) 連合説：古典的条件づけと道具的条件づけ

　空腹のイヌが肉片を口にするとイヌの口中に唾液が分泌されることは容易に想像できるが，ブザーやメトロノームの音が流れるだけで，唾液を分泌するようなイヌはいない。ごく普通のイヌに，そのような行動を引き起こすための原理を明らかにしたのが，パブロフ(Pavlov, I. P.)である。彼は，ブザーを聞かせた直後に肉片を与える操作を繰り返すと，肉片がなくてもブザーを聞くだけで唾液を分泌するようになることを明らかにした。本来唾液の分泌を引き起こさない中性刺激(ブザー)と肉片に対する無条件反射(唾液の分泌)を繰り返し対提示する操作を強化(reinforcement)とよび，中性刺激と無条件反射が連合され，条件反射(ブザーに対して唾液が分泌される)が成立す

る。このような学習はレスポンデント条件づけまたは古典的条件づけとよばれる。

　この学習原理の活用は，一般社会でも見受けられる。例えば，競馬のCMに女性に人気のある男性タレントが起用されたことがある。それまで競馬場に魅力を感じる女性はあまりいなかったが，このCMの影響で競馬場に女性客が増えたといわれる。ここで，男性タレントをパブロフの実験の肉片に，競馬場をブザーに対応づけて考えてみてほしい。男性タレントを見ると，女性は「いいな」と魅力を感じる。その場に，競馬場が対提示されると，当初関心のなかった競馬場に対して「いいな」という感覚が生まれるようになるわけである。私たちは，案外知らないうちに，古典的条件づけを受けている。

　パブロフのイヌと同様，自然界には，自分からレバーを押すようなネズミや，プールの上につるされた丸い輪をくぐるようなイルカはいない。動物にそのような行動を学習させる原理が，スキナー(Skinner, B. F.)が提案した道具的条件づけ(オペラント条件づけ)の原理である。わかりやすくいえば動物を調教する方法になる。その原理は，古典的条件づけと同様，刺激と反応を対提示する強化の手続きである。すなわち，図11-1のように，レバーを押すと下に餌がでるようなしくみをもった装置(スキナーボックスとよばれる)に，空腹のネズミを入れておくと，ネズミは右往左往するうちに偶然レバーを押すことがあり，それにより餌を獲得する。この経験(学習)を何度かする

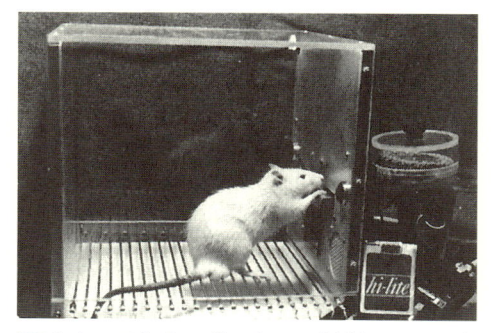

図11-1　スキナーボックスの例(今田，2003)

とネズミは自分からレバーを押す行動を獲得することになる。イルカも，プールの中に丸い輪を入れておくと，たまたまその輪をくぐることがある。それを逃さず，餌を与える操作を繰り返せば，自分から輪をくぐるようになる。あとは，輪を徐々に上にあげていくだけである。このように，報酬(刺激)とレバー押し(反応)が連合し，その反応を(道具的に)使って報酬を得るようになる行動変容が道具的条件づけとよばれる。

　古典的条件づけと道具的条件づけは確かに異なる学習の様式といえるが，原理的な部分は，短い時間の間で刺激と反応を対提示する操作を繰り返すことにより，新しい刺激と反応の組み合わせが作り出される点で共通している。新たな行動の成立には刺激と反応が提示される時間間隔が重要な意味を持っているといえる。

　また，一度獲得された連合も，刺激と反応の対提示がなくなると，消失してしまう。これは消去(extinction)とよばれるが，消去されやすさは強化のタイミング(強化スケジュール)によって変わってくる。例えば，オペラント条件づけでは，学習の時点で，反応が生起するたびに報酬を与えた場合(連続強化)よりも，時々与えていた方(部分強化)が消去されにくいことが知られている(パチンコなどの賭け事がやめられないのも部分強化の例とされる)。これは獲得された行動の持続に学習のタイミングが重要であることを意味している。

(2) 認知説

　人間や動物の学習には，条件づけの原理では説明のつかない様態がいくつかある。その一つとして，ケーラー(Köhler, W.)が提示した洞察学習があげられる。手の届かないところにバナナがぶら下がっている部屋にいるチンパンジーを観察すると，しばらくして，突然，おもむろに，近くにある箱を寄せてその上に乗り，バナナを取る行動が生じることがある。まさにひらめいたように見えるこの行動は，強化の手続きをとっていないにもかかわらず成立し，以後，類似した状況では同様の行動が生起する。これは主体となる動物や人間の認知構造の変化として学習をとらえることの必要性を如実に示している。同様に，ピアジェ(Piaget, J.)は，人間には，外界の世界の振舞いに

関するとらえ方の枠組みのようなもの(シェマ，スキーマ)があるとし，新規な情報を既存のスキーマに組み入れる同化と，スキーマ自体に変化を加えて情報を受け入れる調節の2つの機能により認識の様式が変化していくとしている。

(3) 社会的学習理論

　もう一つ重要な学習のとらえ方に，観察学習(モデリング)によって学習が成立することを示す，社会的学習理論がある。バンデューラら(Bandura, Ross, & Ross, 1963)は，暴力行動をとる大人の様子を観察した子どもが，その行動とまさに同じような行動をとるようになることを示す実験を行っている。これは，人間が強化によらず，観察のみで同様の行動を獲得することを如実に示している。

　ここで，「観察のみで行動が獲得できる」という説明には注意が必要である。この事実は，深く考えてみると，実に興味深く，学習の本質的な特徴を表している可能性がある。例えば，幼児は，まわりの会話に接しているだけで言葉を獲得することができる。当然のように考えられがちであるが，これほど不思議なことはない。なぜなら，「パパ」という言葉は，短い時間間隔の中で，肺から息を出す筋肉の収縮と弛緩のタイミングと，声帯を振るわせる筋肉の伸縮のタイミングを制御する，インパルスのまとまった流れが作り出されて，初めて発声できるものである。そして，そのインパルスの流れによって作り出される音声が，過去にその子の耳から入った音声のパターンと似ているのである。つまり過去に入力した刺激パターンと類似したパターンを自覚できないレベルで子どもが作り出しているわけである。これは，カメレオンが外界の色や形と同様の模様を体表に作り出す事実と非常に類似した事実であり，そのしくみはいまだ謎である。

11-3　学習と記憶表象

　20世紀後半以降，認知モデルを提案し実験で検証する研究のスタイルが定着することになった。それに伴い，「一時的に現れる行動変容を除いた行

動の変化」と定義される学習による行動の変化は，種々の認知モデルの中では，記憶表象(長期記憶，単に記憶や知識とよばれることもある)の変容としてとらえられるようになった。一時的でない行動変容である学習を，長期的に維持される記憶表象の変容ととらえることで，各種の認知モデルは学習モデルを包含してきたといえる。ここでは，記憶表象に関する3つの流れを紹介する。

(1) 長期記憶の理論

　長期記憶の記憶表象を明確に定義している記憶モデルは非常に少なく，ACT理論，SAM, Minerva 2, TODAM, CHARM, MATRIX などがあるが(寺澤，2002参照)，それらを含め記憶表象自体の形成プロセスが明示されている理論は皆無といえる。また，それぞれのモデルで解決の難しい問題が指摘されている(寺澤，2005)。例えば，心理学のモデルで頻繁に引用される意味ネットワーク理論は，アリストテレスにまでさかのぼる連合主義的な考え方に一部その起源が認められる理論であり(Anderson, 1984)，その基盤は，古くからの人工知能研究の知識のとらえ方と軌を一にしている(Quillian, 1968)。この種の理論は，後づけ的に，記憶表象にノードを追加していくことでほとんどの心理現象を説明できる，反駁することが難しい理論である。しかし，説明力の高さは理論の正しさを保証するものではなく"原理的に解決できない"問題も指摘されている(Hintzman & Block, 1971；寺澤，1997a；Terasawa, 2005)。また，知識表象に同様の仮定をおいている自然言語処理研究でも，その限界は以前から指摘されている(辻井・安西，1988)。特に意味ネットワーク理論の問題は，現在の人工知能研究の限界にも対応しており，それはいまだ現実の世界で鉄腕アトムのような高次の人工知能が生まれてこない理由に通じる問題でもある。

(2) ニューロンレベルの記憶理論

　上記の長期記憶に関する理論のほとんどは，言葉のようなシンボルを記憶表象内に想定し，人間の認知処理を説明することを意図した理論であり，それを直接動物に適用することはできない。しかし，人も動物も膨大なニュー

ロンの集合体である脳によって情報を蓄え，処理を行っている。ニューロンレベルで学習をとらえることは，心理学に限らず，脳科学，神経科学，情報科学など，科学全体の大きな目的である。

　脳における情報表現の理論は，現在大きく分けて2つある。一つひとつのニューロンが外界の対象をそれぞれ代表しているという理論とニューロンの組み合わせがそれらを代表するという理論である。前者は，おばあちゃん細胞仮説(単一ニューロン仮説)とよばれ，わかりやすい理論ゆえに，援用されることが多い。後者は，ヘッブ(Hebb, D. O.)によって提唱されたセル・アッセンブリ(細胞集成体)の考え方である。櫻井(2008)も指摘しているが，人間が非常に多様な外界の情報に対して弁別的に行動できる事実を説明する上で，単一ニューロン仮説は問題が多い。さらに次項で紹介する，人間が注意を向けただけの感覚情報を少なくとも数週間単位で保持する潜在記憶の新事実に基づけば，セル・アッセンブリの考え方をもってもその事実は説明が難しくなる。結局のところ，有限のニューロンで膨大で多様な情報を蓄え(スパース・コーディングとよばれる)，利用できるしくみが脳には備わっているはずであり，その解明は，学問分野を越えて解明が待たれている本質的な問題である(新しい研究の流れについては，櫻井(2008)，寺澤(1999)参照)。

(3) 浮かびつつある新しい流れ

　最後に，感覚知覚と記憶の研究領域で，共通する重要な知見が得られ始めている。すなわち，私たちが何気なく見たり聴いたりする景色や音などは，注意をそらしたらすぐに消えてなくなると考えられているが，それが想像以上に長く保持されているという事実である。

　感覚知覚の領域では，変化の見落とし(change blindness)といわれる現象に関する研究などで(4-3(2)，5-1(1)参照)，注意を向けただけの視覚情報が，短期記憶もしくは長期記憶レベルで保持される事実が注目されている(例えば，Hollingworth & Henderson, 2002；中島・横澤，2010；横澤・大谷，2003参照)。潜在記憶研究で明らかになってきた事実はさらに顕著である(7-2(3)参照)。例えば上田・寺澤(2008, 2010)の実験では，第1

セッションで実験参加者にランダムな4秒程度の音列を提示し好意度評定を求める(聞き流す程度の偶発学習)。それから数週間〜数か月のインターバル後に第2セッションを行う。第2セッションは典型的な再認記憶実験で，第1セッションと同様に，まずランダムな音列についての好意度評定が求められ，その直後に，直前に提示された音列についての再認テストが求められる。再認テストで提示される音列のうち，半数は第1セッションで提示された音列で，半数は初めて聴く音列であり，その両者について第2セッションの再認テストの成績を比較すると，驚くほど大きな差が検出される(上田・寺澤，2008，2010)。用いられている音列は，覚えようと思っても覚えられないような刺激であり，注意を向けるのみで，その感覚情報が脳内に瞬間的に固定されると考えざるを得ない事実である。同様の現象は，視覚刺激や言語刺激を用いた実験でも検出されている(寺澤，1997a，2001参照)。

　これらの事実は，感覚知覚研究と記憶研究が同一の記憶表象に依存していることを示唆するものであり，脳が膨大な情報を表現し，その影響を長期に蓄え，瞬間的に個々の情報を再構成していることを示している。近い将来，有限のニューロンでそれを実現するメカニズムに関する議論が必要になってこよう。

11-4　実践的な新しいタイプの学習研究

　一般に学習といえば，学校などでの勉強をさすことが多いが，学習指導書などで，学習心理学の知見が紹介されることはあまりない。その理由は，従来の学習研究が，学習効果を厳密に測定するため，学習内容や学習条件を限定する方法を採ってきたことにある。そのような実験室的研究は，人間の認知機構を解明するために必要不可欠な手がかりも提供するが，教育現場で役立つ知見を十分提供できていないという事実は否めない。

　寺澤・吉田・太田(2007)はこの状況を変えるため，新たなスケジューリング原理と技術を導入し，実験法を一般の学習場面にまで拡張する研究法を確立した。すなわち，一般の教育場面で用いられている膨大な学習内容を網羅的に扱い，その一つひとつについて何度もなされる学習やテストといった，

何十万というイベントの生起スケジュールを年単位で制御し，学習効果を連続的に可視化する方法（マイクロステップ計測法）を確立した。それにより，学習のタイミングや，テストまでのインターバルなどを個々の学習内容ごとに統制し，さらに連続測定される個人の成績の変化を，個別にフィードバックすることが可能になった。以下ではそこで得られ始めている成果を紹介する。

(1) 描き出される実力の変化

　学習を継続すればできるようになることは十分わかっていても，成果が実感できなければ，学習を継続することは難しい。例えば，英単語の学習はその代表例である。しかし，（不思議なことに）学習の継続により語彙力等の成績が上がっていくことを示す客観的事実はこれまで報告されていない。語彙習得に関する研究は多いが，そのほとんどが，学習から比較的短時間後に行われる，単発的なテストによって成績を測定する手続きがとられている。教育において重要となるのは，学習から長い期間をあけてもなお残る実力レベルの学力である。例えば，大学入試センター試験や実力テストなどで出題されるテスト項目は，通常，いつ学習したのかわからないものである。そのテストの成績に与える日々の学習の効果を議論するのであれば，それは記憶区分で言うところの，潜在記憶をベースにした実力レベルの学習効果を対象にしなければならない（寺澤，1997b）。従来の語彙研究のほとんどは，一夜漬けの学習効果ともいえる，顕在記憶の影響が色濃く含まれた成績に基づいて議論がなされている。

　そもそも，実力レベルの語彙力の測定には原理的に難しい問題があった（寺澤・吉田・太田，2008）。例えば，学習量に対して実力レベルの語彙力の変化を描き出すためには，学習から長いインターバルを経てテストがなされる必要があり，かつそれらは単語ごとに設定される必要がある。さらに語彙が十分に習得されるためには，何回となく学習が必要となる。教育評価の研究領域では，連続してテストを実施し，それを指導に活かしていくことは，動的テスト法（dynamic testing）といわれ，その確立が究極の目的とされているが（池田，2000），そもそも長い期間の中で連続してテストを実施する方法

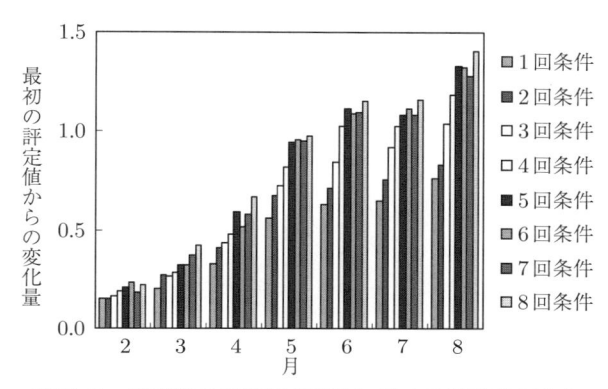

11-4 実践的な新しいタイプの学習研究

図11-2 英単語の学習量（期間）に対する到達度の変化

論もこれまで一切なかった。

　それに対して，寺澤・吉田・太田(2007，2008)は，例えば，数百語もの英単語の一つひとつを，1か月の学習回数が1回〜8回になる8条件のいずれかに割り当て，さらにどの英単語も学習から1か月のインターバルを経てテストがなされるようスケジューリングし，高校生を対象に半年以上にわたり自宅で英単語学習を継続する長期学習実験を実施した。学習は単語カード的な学習で，コンピュータに表示される英単語と日本語訳を見て，その英単語の意味を自分がどの程度マスターしているのか(すなわち到達度)を，「全くだめ」「だめ」「もう少し」「よい」の4段階で自己評定する形式であった。この自己評定はそれぞれ0〜3点に変換されテスト成績としても利用された。学習サイクル(月)と学習回数条件に対する成績の変化を図11-2に示す。図11-2は，1か月目の最初の自己評定をベースラインとしてその変化量を縦軸にとったもので，実質的な学習効果を表している。各サイクルに8本の棒グラフがあるが，左から1回〜8回条件に対応する。図を見てわかるように，実力レベルの語彙力は，学習量に対応して着実に上昇していくが，半年間でどうにか1点上昇する。つまり「全くだめ(0)」という判断が半年間でようやく「だめ(1)」になるということである。想像以上に実力レベルでの語彙の習得には時間がかかることがわかる。さらに，図11-2の8サイクル目のグラフを見ると，学習回数の効果は，英単語学習の場合，1日に5

回以上行ってもさほど効果を持たない可能性が示唆される。

　また，英単語が表示されて自己評定がなされるまでの時間が秒単位で測定され，1回の学習に当初は平均5秒程度をかけている学習が，半年後には，2秒程度に短くなることも明らかになっている(寺澤・吉田・太田，2007)。一方，図11-2からわかるように，到達度の伸びはさほど低下していない。これは，学習が効率的になっていくことを示唆している。一方，日々の学習で，平均学習時間の4倍近くの時間をかけて学習をしている生徒も1割ほど存在する。しかし，学習時間を極端に長くしてもよい成績が得られるとはいえないこと，およびそのような生徒は学習の継続が困難になりがちであることが明らかになっている。

(2) 可視化される個人の実力の時系列変化

　マイクロステップ計測法は，一人ひとりの個人の反応を，長期にわたり縦断的に測定することを可能にしている。寺澤(2010)は，その技術を携帯ゲーム端末用英単語学習ソフト(寺澤・太田，2007)に実装し，高校生を対象に検証実験を実施している。図11-3に，その中の2名の高校生の自己評定値の変化データを示した。このソフトでは，学習とテストのインターバルが10日間となっており，学習から10日経っても残っている学習効果の積み重ねが描き出されている。実験の結果，上昇率は生徒ごとに異なるが，成績はどの生徒もかなり直線的に上昇することが明らかになっている。

　さらに，その成績の上昇率が，英単語の難易度に関係なくほぼ一定の割合

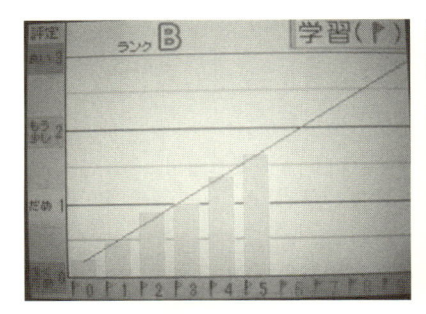

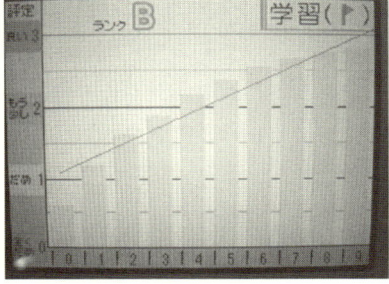

図11-3　2名の高校生の英単語の到達度の変化データ

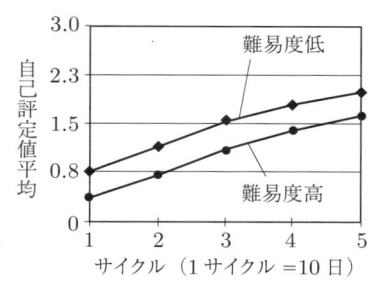

11-4 実践的な新しいタイプの学習研究

図11-4 異なる難易度の英単語学習における学習量に対する到達度の変化

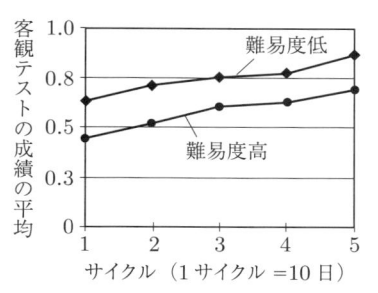

図11-5 異なる難易度の英単語学習における学習量に対する客観テストの成績の変化

で上がっていくという興味深い事実も明らかになっている。国立大学の1，2年生を対象にした大規模な調査データに基づきその難易度のランキングが作成されている英単語の中から，2つの難易度ランクを選び，高校生に両者を毎日同じペースで学習を継続してもらった。その成績の変化を，自己評定の成績と客観テストの指標で，2つのランクに対してプロットしたものがそれぞれ図11-4，図11-5 である。一般に難しいと感じる単語ほど習得がゆっくり進むと考えられがちであるが，実際は，成績の上昇率は難易度に関係なく一定であり，成績は単純に学習回数の関数であることが示唆される。この事実からすると，すべての難易度ランクの英単語を習得するのに必要となる時間も，一つの難易度の学習データと各難易度の第1サイクルの成績さえ特定されれば，かなり正確に個別に推定できるといえる。

（3）縦断的で大規模な学習研究の出現

寺澤（2007）は，スケジューリングを施したコンテンツを用い，WEB や携帯電話を用いた e-learning システムもしくはオーダーメイド印刷したドリル帳を用いたドリル学習を，多数の小中学生に提供する大規模な個別学習支援を開始している。それにより，日常的になされるドリル学習や自宅学習の効果を，頻繁に，個別にフィードバックすることが可能になっている。それは言い換えれば，学習の過程を一定期間ごとに測定した縦断的研究データを大規模に収集，解析できるようになったことを意味する。

ただし，縦断的研究法を日々の学習状況に適用する場合には，これまで指摘されてこなかった，かなり本質的な問題の解決が必要であった。その一つは，縦断的にデータを収集していく場合，テストや学習のタイミング自体が，誤差を生み出す大きな要因となるという問題である。例えば，1か月間に10回の学習をするといっても，そのタイミングは無数想定でき，なおかつそのタイミングの違いが学習成績に影響を与える。このように，測定対象とするイベントの生起タイミングが制御できない状況でデータを多数収集しても，イベントの効果がタイミングの効果に埋没してしまうため，精度の高いデータを得ることは難しい。また，タイミングの条件は無数想定され，特定のタイミング条件で得られた知見を異なるタイミング条件で得られる反応の予測に用いても高い予測力は期待できない。上記のマイクロステップ計測法は，これまで実験法が考慮してこなかった，タイミングやインターバルといった時間次元の要因を，スケジューリングという概念を導入することで制御する方法を提供している（寺澤，2006；寺澤・吉田・太田，2007）。

11-5　動機づけの原理

人間の欲求にはさまざまなものがあり，それを源泉として社会の営みは作り出される。心理学では，当初，動物の行動観察からその原理の解明が試みられた。動物は，お腹がすくと餌を探し，また排泄などの行動をとる。それらの行動が生起する原理としてハル（Hull, C. L.）が提唱したのが動因低減説である。生理的欲求や苦痛な外的刺激（電気ショック）などにより，不快な心的緊張状態が生じると，それを低減させる方向で行動は生起するというとらえ方である。確かに，ネズミのような動物の行動はこの考え方で理解できるが，人間の行動は簡単には説明できない。マズロー（Maslow, A. H.）は，欲求には階層があり，生理的欲求のような下位の欲求が満たされるとより高位の欲求が生まれてくるという欲求の階層説を提唱しているが，その中の，他者からの評価の欲求や自己実現の欲求など，より高次な欲求に基づく人間の行動は動因低減説では説明が難しい。人間の高次な欲求には，例えば，何かを成し遂げたいという達成動機，仲間と楽しくやっていきたいという親和動

機，向上心，知的好奇心などさまざまなものがある。人間の高次な欲求はどのように統合的に説明できるだろうか。

(1) 外的報酬による内発的動機づけの低下

一般に意欲を上げたいといわれるが，意欲を上げること自体は容易なことである。例えば，1冊の英単語本をすべて覚えたら1億円をあげるといわれれば否応なく意欲は上がり，成果に対応させて給料を上げるという契約を結べば，相応の成果は期待できる。このような報酬を目的として生じる動機づけは外発的動機づけとよばれる。

これに対して，知的好奇心や向上心，達成動機など，報酬を目的とせず生起するものは内発的動機づけとよばれ，教育や社会において大切と考えられている。ここで，意欲は報酬により上げられるが，報酬を与えることが，逆に内発的動機づけを低下させてしまうというショッキングな事実が心理学で以前から明らかにされている。一般に，「今度の試験でよい点をとったらご褒美にディズニーランドへ連れて行ってあげるから，しっかり勉強しなさい」というように，報酬により学習意欲を高めようとする保護者はよく見られる。それを聞いて子どもが勉強すれば，成績を上げることはできるかもしれない。しかし，それをしてしまうと，その後子どもは以前より自分から勉強しなくなってしまうわけである。例えば，デシ(Deci, 1971)は，大学生に面白いパズルを解いてもらう状況を作り，その上で，パズルを解くほど報酬としてお金がもらえる実験群と，もらえない統制群を設定し同様にパズルを解いてもらった。その後，両群とも報酬は与えられない状況で，自由な時間に自分からパズルを解く時間を測定し，比較すると，実験群は統制群に比べ，自分からパズルをする時間が短くなった。つまり，外的に与えられる報酬により内発的動機づけが低下してしまうことが示された。この現象は，アンダーマイニング効果とよばれることもある。

この事実からすれば，人が主体的に行動することを期待するのであれば，報酬は与えない方がよいということになりそうであるが，事はそう単純ではない。報酬を与えるか与えないかが重要なポイントでないことがレッパーら(Lepper, Greene, & Nisbett, 1973)の研究で示されている。その実験では，

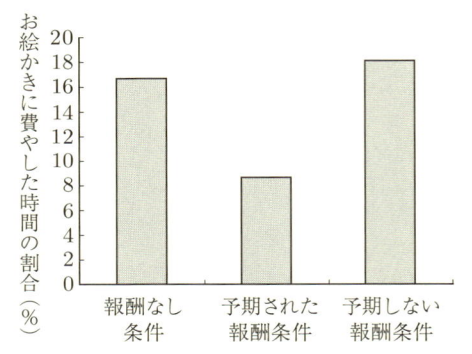

図11-6　報酬条件に対する内発的動機づけの違い
(Lepper, Greene, & Nisbett, 1973より作成)

お絵描きが好きな保育園児を対象として3つの条件が設けられ，自由時間に自分から絵を描いていた時間を指標に，条件の違いが比較された。1つの条件群の子どもには，上手に絵を描いたらご褒美をあげることを約束して絵を描いてもらい，実際に報酬を与えた（予期された報酬条件）。もう1つの条件群には，あらかじめご褒美を与える約束はしないが，最後に同様の報酬が与えられた（予期しない報酬条件）。この2群と報酬を与えなかった統制群（報酬なし条件）を設け，この実験操作の影響が，実験操作後しばらくして，報酬が伴わない状況で自分から絵を描いた時間で比較された。その実験の結果を図11-6に示した。図のように，報酬を与えなかった統制群に対して，予期された報酬条件の子どもは，自分から絵を描くことが明らかに少なくなっている。これは外的な報酬を与えることが子どもの内発的動機づけを低下させてしまうことを示している。ところが，同じ報酬を与えたにもかかわらず，予期しない報酬条件の子どもは，自発的に絵を描く時間は減らず，逆に平均値の上では増加している。つまり，内発的動機づけの低下は，報酬の有無だけでは説明できないわけである。この事実はどのように説明できるだろうか。

(2) 学習性無力感

　もう一つ，人間の内発的動機づけの原理を考える上の手がかりとして，セ

リグマンら(Seligman, Maier, & Geer, 1968)がイヌを対象に行った実験がある。その実験では，まずイヌをハンモックにいれ，逃げられないようにした上で電撃を加える経験をさせる。逃げたくても，どうにもならないことをそこで学習したイヌは，その後，電撃から逃げられる状況になっても，自分から逃げようとしなくなることが明らかにされている。自分は無力であることを学習したとみることができることから学習性無力感(learned helplessness)とよばれており，類似した現象は，子どもを対象にした実験でも観察されている(Dweck & Reppucci, 1973)。イヌの実験状況は極端ではあるが，その状況には，行動が生起するために不可欠な要素が含まれているといえよう。

(3) 統制の所在

これまで紹介してきた事実を整合的に説明できる概念として，ロッター(Rotter, J. B.)の統制の所在(locus of control)という考え方がある。統制の所在は，自分の行動の結果を，自分の力で制御できていると感じやすいか，外から制御されていると感じやすいかが，人によって安定的に異なることから名づけられた人格特性である(中島・繁枡・箱田，2005)。内発的動機づけには，「自分が，結果をコントロールできる存在であると感じられること」が重要であると考えると，これまでの事実はうまく説明できる。セリグマンの実験では，自分が結果を全くコントロールできないとイヌが認知したと考えれば，逃げるという行動が生まれてこないと理解できる。また，レッパーらの実験の「予期された報酬」条件の場合，お絵描きの前に，実験者が「絵を描いたらご褒美をあげる」とあらかじめ約束した時点で，コントロールの所在が子どもから実験者に移ってしまうため，それ以後，主体的に絵を描くという行動が生まれにくくなる。しかし，事前に約束なく，事後的に報酬を受け取った「予期しない報酬」条件の子どもは，統制の所在は実験操作の前後で変わらないため，自分からすすんで絵を描く行動には影響がでないと理解できる。つまり，報酬を与えること自体は，内発的動機づけを維持する上で悪いことではなく，"事前に制御を加えること"が問題といえる。

そうはいっても，教育は，指導を加えて子どもに変化を引き起こすことで

あるという考え方も根強い。やる気のない子どもには，ついつい「勉強しなさい」という言葉がでてしまったり，報酬をちらつかせて勉強をさせようとしてしまう。統制の所在の考え方によれば，そうしてしまうと，子どもは自分から勉強をしなくなってしまう可能性があるわけである。もしそうだとすれば，親や教師は，指導など何もできなくなってしまう。子どもを制御することなく，また内発的動機づけを低下させず，子どもに勉強を促すにはどうすればよいだろうか。言い換えれば，人の自発的な行動を引き起こすためのポイントは何になるだろう。

11-6　内発的動機づけを向上させる原理

　心理学の動機づけの理論には，これまで紹介した考え方以外にも，認知的評価理論（Deci, E. L.），自己効力理論（Bandura, A.）などさまざまなものがあるが，実質的に子どものやる気を上げられる具体的な方法を報告した研究は，残念ながら非常に少ない。ここでは，動機づけを高める原理と具体的な方法を，教育の場を例にとって吟味してみる。

（1）子どもの変化に気づくことの重要性

　子どもに指導を加え，子どもに変化を引き起こすことが親や教師の役割であるという考え方が，子どもの内発的動機づけを低下させる可能性があるとすれば，どうすればよいだろうか。

　ここで，前述したレッパーらの実験の「予期された報酬条件」と「予期しない報酬条件」を，指導のタイミングという観点で，もう一度見直してみる。すなわち，報酬を与える実験操作を，絵を描くことを励ます指導とみなせば，指導を加えるタイミングが重要であることが示唆される。つまり，絵を描くことで報酬がもらえることを，あらかじめ約束した「予期された報酬条件」は，絵を描くという行動が起きる前に指導が加えられているのに対して，「予期しない報酬条件」は，絵を描いた結果を受けて指導が加えられている点で違いがあるといえる。子どもの行動の結果が出たタイミングで報酬を与えれば，内発的動機づけを低下させない可能性が指摘できる。

11-6 内発的動機づけを向上させる原理　　　　　　　　　　　　179

　これは，学習意欲が低い子どもの内発的動機づけを，実質的に改善したドウェック(Dweck, 1975)の実験結果からもうかがえる。彼女は無気力になっている子どもを2群に分け，長い期間にわたる問題解決の訓練に参加させた。一つの条件は自信をつけさせるよう簡単な問題だけを提示し成功を経験させる成功経験群，もう一方は，難しい問題も提示し，間違えた時に，その原因を努力不足に帰属させるよう教示を行った努力奨励群である。訓練の結果として，成功経験群の子どもは，再度失敗すると意欲が低下してしまうが，努力奨励群の子どもは，意欲が向上もしくは維持されることが明らかになった。子どもがテストなどで失敗した時，その原因を"努力"の不足に帰属するよう指導することが有効であることに加え，子どもが失敗した"タイミング"で指導を入れることが有効であることが示唆される。

　言い換えれば，指導者にとっては，子どもの変化に気づけるか否かが重要であり，子どもが自らの行動の成果(失敗，成功)を手にしたタイミングを逃さず，指導を加えられるか否かが何より大切であると考えられる。

(2) 自覚できない学習成果のフィードバックの効果

　日々，子どもを観察しているだけでは，学習による子どもの変化に気づくことは難しい。そもそも日々の学習によって自分の中で変化が生じていることは，学習者自身でも気づくことはできない。そこで，寺澤(2007)は，前節で紹介したマイクロステップ計測法により描き出される，自覚できない学習効果の積み重ねを個別にフィードバックすることが，子どもの学習意欲に変化を引き起こすか否かを検討した。その結果，フィードバックの前後で，特

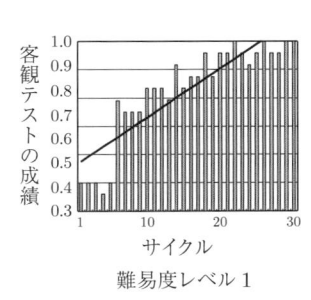

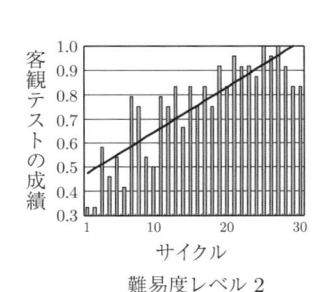

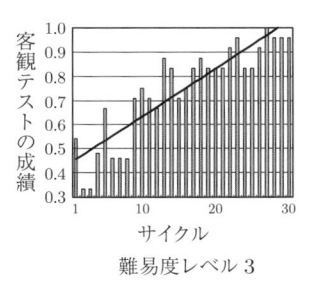

図11-7　3つの難易度の漢字の読みドリルにおける客観テストの成績変化

に物事を継続しようという意識が上昇することが明らかにされた(寺澤，2007)。また，寺澤・岩本(2008)は，学習意欲が低い不登校の子どもに，同様にスケジューリングされた漢字の読みドリルをe-learningとして提供し，その成績の変化を定期的にフィードバックする学習支援を実施した[注1]。その子どもは3つの難易度の漢字ドリルを半年以上継続し，図11-7のように成績を向上させた。学習開始当初は，徐々に学習量が低下していく様子が見られたが，日々の学習に対応して成績が向上していく様子をグラフでフィードバックし始めたとたん，劇的に学習量が増加し，それが半年以上継続した。この支援で提供されたe-learningは，面白みに欠ける機械的ドリル学習であり，子どもに学習を促す教示や指導は，意図的に加えられていない。にもかかわらず，自らの正確な実力と変化情報のみで学習意欲が低かった子どもが，文字通り自分から驚くほどの量の学習を継続した事実は，大きな意味を持とう。

(3) 内発的動機づけを向上させる原理

不登校の子どもが，面白みに欠ける学習を自らすすんで継続した理由は，どのように説明できるだろうか。向上心，達成動機，知的好奇心，評価欲求，統制の所在などさまざまな説明が可能であろうが，ここでは最後に，それらを包括した，よりシンプルな説明として，子どもの学習意欲を実質的に高めることに成功している寺澤(2007)，寺澤・岩本(2008)等の一連の研究の背後にある，動機づけのとらえ方を提案する。

すなわち，人は，次の2種類の情報を手に入れるために行動を起こすと解釈すると，動機づけに基づく人間の高次な行動を理解しやすい。

① **自分の外の世界に関する新しい情報**
② **自分自身に関する新しく正確な情報**

まず，人間の行動を確実に引き起こす操作に限定してその意味を考えてみよう。その一つは，教育の領域でよく引き合いに出される知的好奇心である

注1) この支援では，結果のフィードバックは地元の支援者が子どもの自宅に届ける方法をとった。それにより子どもが支援者を歓迎して自宅に招く状況が生まれた。

（波多野・稲垣，1973）。例えば，11-3（3）で紹介した，記憶がずっと残り続けるという常識からずれた事実を大学生に紹介すれば，それだけで学生の授業に対する意欲は高まる。また，普段使ったことのない携帯情報端末を小学校の学習で利用すれば，子どもの意欲はいやおうなく上がる。知的好奇心は確かに人の行動を引き起こすといえる。このような人間の動機づけは，自分の外の世界に関する新しい情報を求める特性の表れと解釈すると理解が広がる。

　知的好奇心は，その新しい情報を理解し，自分のものにしてしまえば，一気に低下してしまう。コンピュータなど情報技術を活用した教育でも，普段の学習状況と異なる新規な状況下で学習がなされる間は意欲が高まるが，慣れると意欲がすぐに低下してしまうことが問題となっている。これらの事実も，ある行動をすることで，個人にとって新規な情報が手に入るうちはその行動が増加するが，その情報が既知の情報になってしまうと，行動が生起しなくなると解釈できる。また，インターネットで，多くの人が検索サービスを利用するのも，同様に解釈できる。検索サービスを提供するサイトにアクセスする行動は，そのサイトが自分の外の世界の新しい情報を効率的に提供してくれるため，継続して頻繁に利用されると捉えられる。

　もう一つ，人間の行動を確実に引き起こす操作として，報酬の提供がある。報酬により意欲が上がることは当然であるが，ここで問題とするのはその原因となる報酬の機能である。11-2（2）で紹介した，条件づけの手続きで用いられる報酬は，餌など，生理的欲求を満たす機能を持つと解釈できるが，人間の高次の行動を引き起こす報酬は，単純に解釈できない。例えば，子どもが望ましい行動をとった時にシールを与えると，子どもはそれだけで喜び，その行動は増加する（このような操作による行動の改善はトークン・エコノミーとよばれる）。しかし，シール自体には，お腹を満たしたり，恐怖を低減させる機能はない。そういった報酬によりなぜ人の行動が引き起こされるのかについては，実のところ説明は見あたらない。また同様に，賞賛は，時に人の意欲を高める報酬の機能を果たすと言われるが，賞賛自体も，生理的欲求を満たす機能は持たない。なぜ人はほめられる行動をしようとするのであろうか。

ここで，報酬の機能を，個人に関する情報の提供とみなすと多くの現象が説明できるようになる。報酬が与えられないにもかかわらず，常に向上しようとする人間の高次な欲求を表す向上心や，同様に物事を達成しようという達成動機などは，行動して得られる結果自体が，自分自身の能力や可能性を指し示す貴重な情報源になり得る。そういった自分自身に関する情報を手に入れる欲求を本質的に人間が持っていると考えると，向上心や達成動機などで説明される行動は整合的に理解することができる。

　寺澤・岩本(2008)で意欲が低かった不登校の生徒が，面白みに欠けるドリル学習を驚くほど主体的に続けた理由も，学習をするごとに，自分自身に関する正確で(本人にも気づかない)新しい情報が常に手に入るため，学習という行動が継続したと解釈できる。人は，自分自身に関する正確で新しい情報を手にするために行動を起こす。逆に，その情報を提供し続けることができれば，その行動を継続させることができると考えられる。

　このようにさまざまな人間の行動を，人の外の世界に関する情報と自分自身に関する情報の2つの情報を手に入れるための行動であると考えると，これまで見えなかった行動の原理が見えてくる。

12章　思　考

　思考，つまり考えることは，他の動物と比べたとき人間に最も特徴的な精神活動であると，哲学者たちは考えてきた。思考に関する心理学の歴史は，実験科学としての心理学そのものの歴史とほとんど変わらないくらい古い。20世紀初頭のドイツにおけるヴュルツブルク学派から，その後のゲシュタルト学派，さらに20世紀後半の認知心理学へと向かう流れの中で，思考心理学は着実に研究成果を累積してきた。この章では，そのような研究成果の一端を紹介する。思考の心理学には，問題解決，推論，判断・意思決定が含まれる。以下では，これらのテーマについて順に紹介していく。

12-1　問題解決

　何かしたいことがすぐに達成できないとき，私たちはどうやって解決に到達するだろうか。どのように問題に取り組むとうまく解決できるのだろうか。また，容易に解決できる人となかなかうまくいかない人は，何が違うのであろうか。問題解決の研究は，このような疑問に答えようとするものである。

(1) 問題の種類と表象

　ゲシュタルト心理学者ドゥンカー (Duncker, 1945) は，「問題は，ある生物が目標を持っていて，しかも，その目標にどのように到達したらよいかわからないときに発生する」と述べた。このように考えると，私たちの認知活動の大半は，問題解決に関わっているとみなすことができる。なぜなら，人間の認知は目標を持ち，目標の達成と目標への障害の除去を志向すると考えられるからである。しかし，情報処理アプローチによる初期の認知科学は，むしろ研究対象を特定の種類の問題，すなわち，すぐ後で述べる良定義問題と

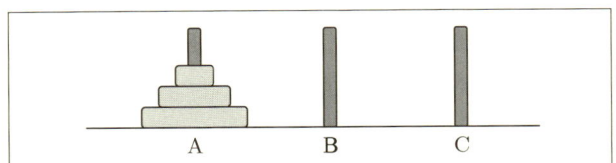

> 問題：すべての円盤を一番右の棒に移動するには，どのように動かしたらよいでしょうか。ただし，円盤は一度に1枚ずつしか動かせません。また，小さな円盤の上に大きな円盤を乗せることはできません。

図12-1　「ハノイの塔」問題

よばれる問題に限定することから出発し，大きな成功を収めた。図12-1は，「ハノイの塔」とよばれる有名な問題である。先を読み進める前に，まずここでこの問題を考えてみてほしい。

　この問題の一つの特徴は，特別な知識やスキルがほとんど必要ないことである。例えば，「飛行機を操縦する」といった問題は，高度な専門的知識が必要となる。そのような問題と比べると違いが明らかであろう。こうした一般的な問題の解決過程を調べることによって，記憶や知識に依存しない問題解決に特徴的な認知機能を調べることができると考えられてきた。

　ハノイの塔問題のもう一つの重要な特徴は，例えば「充実した人生を送る」といった漠然とした問題とは対照的に，問題自体に曖昧性がないことである。この問題では，次の4つの要素が明確に規定されている。

- 初期状態（initial state）
- 目標状態（goal state）
- 中間状態（intermediate state）
- オペレータ（operator）

オペレータとは，問題解決のための要素的操作を指す。例えば「一番小さい円盤を棒Cに動かす」などという行為のことで，問題解決中のある状態（中間状態）から別の状態に移行するための手段となる。この4つの要素すべてが明確に規定された問題を良定義問題（well-defined problem）という。1つでも不明確なものがあれば，不良定義問題（ill-defined problem）とよばれる。

　良定義問題の解決過程は，しばしば状態空間（state space），または問題空間（problem space）とよばれる表現を用いて表される。状態空間とは，図12-

12-1 問題解決

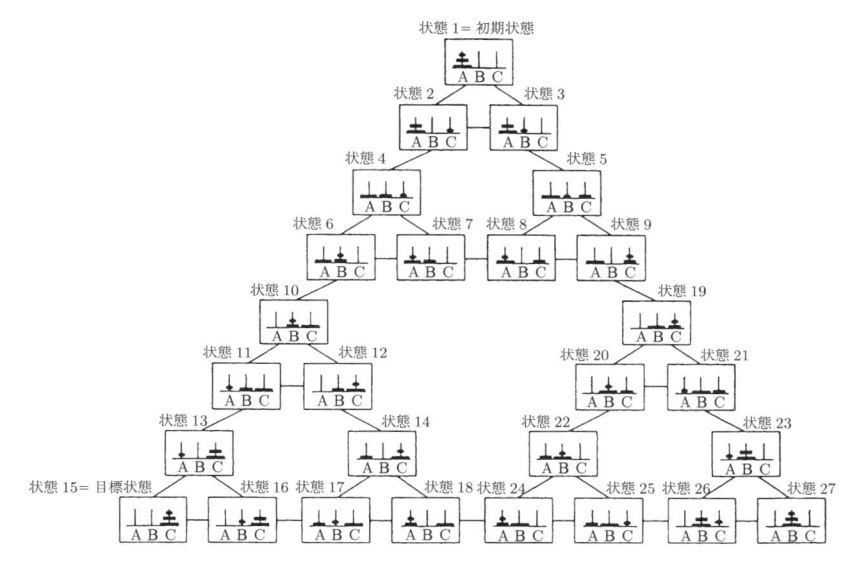

図12-2 「ハノイの塔」問題の状態空間（福田，2010を一部改変）

2に示すように，初期状態から目標状態に至るまでの間に取り得るすべての状態と，状態遷移のためのオペレータを表現したものである．状態空間を使って問題を表現すると，問題解決過程を状態空間の探索とみなすことができる．

人間が状態空間を探索するとき，通常，コンピュータのようなシラミ潰し法ではなく，しばしば「直感」に頼った「手抜き」の方法を用いる．このような方法を，ヒューリスティック（heuristic）による方法という．ヒューリスティックとは，解決は保証されていないが多くの場合にうまくいく方法を指し，解決が保証される一定の手続きを指すアルゴリズム（algorithm）に対比される言葉である．

最も単純なヒューリスティックの例は，山登り法（hill climbing）である．これは，次の一手の中で最もゴールに近づくものを常に選んでいく方法で，最も急な斜面を探して一歩を踏み出すように山を登っていくことに対応する．道筋が単純な場合は近道を取ることが期待できるが，大局的にコースを見ているわけではないので，一度降りてから登らなければならないような場

> ヒマラヤの山奥のある村の庵では，最も上品で洗練された茶会が行われています。この茶会には，主人1人と客2人だけしか出席できません。客が到着して席につくと，主人は3つのふるまいをします。3つのふるまいは，「火をたく」，「茶をつぐ」，「詩を吟ずる」で，この順番にヒマラヤの人々は高貴さを認めています。茶会の間，誰でも別の人に「あなたのされている動作を私が代わりに行ってもよろしいでしょうか」と尋ねることができます。ただし，相手に尋ねることができるのは，相手のしている動作の中で高貴さの最も低い動作についてだけです。しかも，すでに自分が何か動作を行っている場合には，自分が既にしている動作の中で高貴さの最も低い動作より高いものを受け継ぐことはできません。慣例により，茶会が終わるまでに，主人から年長の客に3つすべての動作が移行されなければなりません。どのように達成したらよいでしょうか。

図12-3　茶会問題(Simon & Hayes, 1976より一部修正)

合(回り道をしないと目標に到達できない場合)には，この方法は頓挫してしまう。

　問題解決において，人間が状態空間をどのように探索するのかを調べることは非常に重要であるが，それ以前に，問題の表現方法(表象)が必ずしも一意に定まるわけではないとすれば，それはより本質的な問題を提起する。図12-3に示す茶会問題(Simon & Hayes, 1976)は，論理的にはハノイの塔問題と同じ構造の問題であり，したがって，状態空間も全く同じ形になる。しかし，実際に解いてみるとわかるが，この問題はハノイの塔よりもずっと難しい。ハノイの塔問題と茶会問題のように，論理的に同じ構造を持つ問題を同型問題(isomorphic problem)というが，同型問題の難しさの違いは，状態空間の言葉だけでは説明できない。例えば，ハノイの塔問題では，小さな円盤の上に大きな円盤を乗せられないという制約の理解が，視覚的情報によって自然に助けられるが，茶会問題の場合はそれがない。このように，状態空間の複雑さ以外のさまざまな要因が問題の難しさを大きく左右することを見逃すことはできない。

　図12-4の「切断チェッカー盤問題」(Kaplan & Simon, 1990)は，適切な表象の重要さを端的に示している。先を読み進む前に，少し時間を取ってこの問題を考えてみて欲しい。

　おそらく，誰もが最初はドミノを1つずつ埋めていこうとする。さまざま

12-1 問題解決

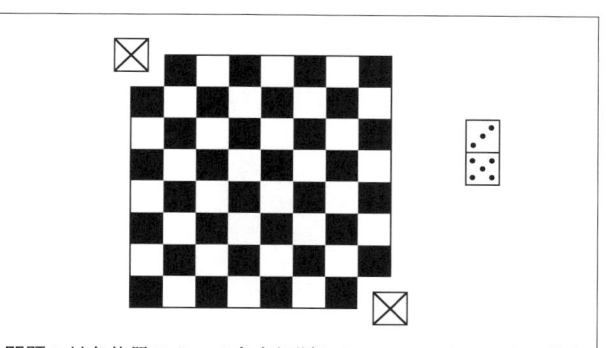

問題：対角位置の2つの角を切断した8×8のチェッカー盤があります。この盤の62個の枡に，31個のドミノを敷き詰めたいのですが，どのように置いたらよいでしょうか。もし，どのようにも置けないならば，そのことを論理的に証明してください。なお，1つのドミノは，盤の2つの枡にちょうど合うものとします。

図12-4　切断チェッカー盤問題(Kaplan & Simon, 1990)

なやり方で試すが，どれもうまくいかず悩むことになる。この問題の場合，問題表象の適切さが解決の容易さを決めるといえる。ドミノを順番に埋めていくという問題表象を採用すると，状態空間は膨大な広さを持つことになり，全空間を調べつくすのは困難を極める。ところが，全く異なる観点から適切な問題表象を構成すると，容易に解決に至ることが可能となる（p.201の「問題の解」参照）。

適切な問題表象を構成するという問題は，特定の状態空間内の探索より1段階上のレベルの探索，つまり，複数の状態空間の中の探索ととらえることも可能であろう。問題解決の成否は，ある場合には，適切なオペレータが適用できるように問題を表象することができるかどうかにかかっているといえる。

（2）洞察と類推

切断チェッカー盤問題のような問題では，問題の重要な側面に気づくことにより一気に解決に至ることがある。このような過程を洞察（insight）とよぶ。図12-5は，洞察問題として有名なドゥンカーのろうそく問題（オリジナ

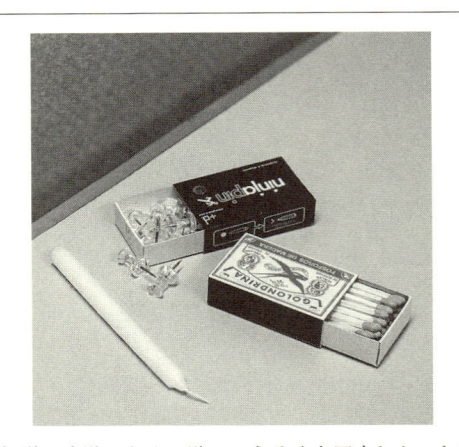

問題：視覚の実験のために壁にろうそくを固定したいと思います。どうしたらよいでしょうか。テーブルの上には，箱に入った画鋲，マッチ，ろうそくがあります。

図12-5　ろうそく問題（Duncker, 1945に基づいて作成）

ル論文では「箱問題」とよばれている）である（Duncker, 1945）。この問題の解も読み進む前に考えてみてほしい。

　洞察を阻害する要因の一つとして機能的固着（functional fixedness）が知られており，ろうそく問題はそのわかりやすいデモになっている（p.201の「問題の解」参照）。洞察の顕著な特徴は，本人にとっては突然やってくるという感覚を伴うことである。メトカーフら（Metcalfe & Wiebe, 1987）は，問題解決中に15秒ごとに，どれくらい正解に近づいていると思うかを7段階で評価させた。その結果，非洞察問題（高校の代数問題）では評価が漸進的に増加するが，洞察問題では，実際の解決の15秒前ですら，ほとんど正解に近づいていると感じていなかったことがわかった。

　洞察はこのような性質を持つため，神秘的で特別な現象と考えられることがある。しかし，本人が自分の認知過程にアクセスできないことと，実際に何も処理が行われていないことは同じではない。私たちは，単に自分が正解にどれくらい近い状態にいるのかを正確に評価できないために，実際に正解に到達したときに驚きを感じるだけなのかもしれない。

　私たちが実際に困難な問題にぶつかったとき，全く新しい解決方法を無か

12-1 問題解決

> あなたは医者で，胃に悪性の腫瘍を持った患者を担当していると考えてください。患者を手術することは不可能ですが，腫瘍を破壊しないと患者は死亡します。腫瘍を破壊するのに，ある種の放射線を使うことができます。もし，この放射線が一度に十分な強度で腫瘍に届けば，腫瘍は破壊されます。残念ながらこの強度では，腫瘍に至るまでに放射線が通る健康な組織までもが破壊されてしまいます。強度が弱いと健康な組織には無害だが腫瘍にも効果がありません。この放射線で腫瘍を破壊し，しかも健康な組織を傷つけないようにするには，どのような手続きが使えるでしょうか。

> ある小国が独裁者の冷酷な支配を受けていました。独裁者は強固な要塞から国を支配していました。独裁者の要塞は国の中央に位置し，まわりを農場や村々に囲まれていました。多くの道路が，車輪のスポークのように，要塞から放射状に伸びていました。1人の偉大な将軍が，要塞を攻め落として国を独裁者から解放するため，辺境の地で兵を挙げました。将軍は，もし彼の軍隊が一度に攻めれば，要塞を攻略することができることを知っていました。彼の軍隊は，要塞へ向かう1本の道の先で待機していました。しかし，スパイが将軍に気がかりな報告をもってきました。冷酷な独裁者は，各道路に地雷を埋めたといいます。独裁者は，自分の軍や労働者が要塞から出入りできるようにする必要があったので，この地雷は少数の人間が通っても爆発しないように設置されていました。しかし，大勢の力がかかると爆発するようになっていました。爆発すれば，道路が吹き飛ばされて通れなくなるだけでなく，独裁者は報復のために多くの村を破壊します。よって，全軍による要塞の直接攻撃は不可能に思われました。
> だが，将軍は屈しませんでした。彼は軍を小隊に分け，各小隊を異なる道の先に配置しました。すべての準備が整ったところで彼は合図を送り，各小隊は別々の道を通って進軍しました。小隊はすべて安全に地雷を通過し，全軍で要塞を攻撃することができました。こうして，将軍は要塞を攻め落とし，独裁者を倒すことができました。

図12-6 ドゥンカーの放射線問題と要塞問題（Gick & Holyoak, 1980より）

ら生みだすのは容易ではない。洞察を得るための1つの有効な手段は，類似した事例からヒントを得ることである。ジックら（Gick & Holyoak, 1980）は，ドゥンカー（Duncker, 1945）の放射線問題（図12-6）を用いて類推の有効性と限界を明らかにした。放射線問題に取り組む前に，そのヒントになるような構造的に類似した要塞問題（図12-6）の物語を読ませた。いきなり放射線問題を解いた統制群の10名は誰も正解できなかった（0／10）が，要塞問題の物語を読んだ実験群（攻撃分散解法条件）では，100％（10／10）が正解することができた（実験1）。この結果は，新しいアイデアを生み出すために，類推（analogy）が非常に有効な手段となることを示している。なお，前に行っ

た同型問題や類似した問題の解決の経験や記憶が，後に行う問題の解決を助ける働きをすることを，（正の）転移(transfer)という。

しかし，類推による転移は，実はそれほど容易なことではない。ジックらの実験1では，前に読んだ物語が問題のヒントになると告げられたが，ヒントになることが明示的に知らされない状況（実験4）では，正解率は20％(3／15)にしか到達せず，類似性に気づいたのはわずか7％(1／15)の参加者だけであった。つまり，類推は洞察を得るための強力な助けになるが，類推のための適切な材料に気づくこと自体が容易ではないということになる。

このように考えると，適切な問題解決や創造的なアイデアの生成に，類推を含む推論の過程が大きくかかわっていることがわかる。推論は，古くから心理学のテーマとして扱われてきた。そこで，次節では推論の研究を紹介する。

12-2 推　論

推論(reasoning)とは，規則や証拠から結論を導く過程である。すでにわかっていることから新しい情報を導き出すことや，示された結論が正しいかどうかを評価することを指す。推論は，演繹推論(deductive reasoning)と帰納推論(inductive reasoning)の2種類に分けられることがある。

演繹とは，論理的に確かな結論を導くことを指し，一般的な言明から個別的な言明を導く形態を取ることが多い。例えば，「人は誰もが死ぬ」から「ソクラテスは死ぬ」という結論を導くような場合である。帰納は，逆に，個別事例から一般的結論を導くことを指す場合が多い。例えば，「ソクラテスは死んだ」や「プラトンは死んだ」などから「人は誰もが死ぬ」を導く場合である。帰納は，演繹と異なり論理的には必ずしも正しくないが，多くの場合に妥当で将来の予測に役立ちそうな結論を導くときによく使われる推論形態である。

(1) 演繹推論

演繹推論とは論理的な推論，すなわち論理学によって定式化される推論を

12-2 推論

指す。演繹推論は，推論研究の中で最も古くからよく研究されてきたが，それは論理学という規範が存在したことが1つの大きな理由である。人間の推論は知識や文脈や感情などに大きく影響を受け，ときには論理性を欠いて誤った結論を導く。このような側面こそが心理学の重要な研究対象であるが，非論理的な推論を同定するためには，何が論理的かを定める論理学のような基準が必要になる。論理学や数学のように，一般性や客観性を備えた妥当性の基準を規範（norm）というが，推論のような抽象的な対象の研究を推進するためには，適切な規範が不可欠である。

これまでの推論研究において，おそらく最もよく使用されてきたのは，図12-7に示す非常にシンプルな課題である。この課題はウェイソン選択課題（Wason, 1966）または4枚カード問題とよばれている。ここで，読み進む前に，自分で解答を考えてみてほしい。

ウェイソン選択課題は，条件文を用いた演繹推論課題である。この課題の中に出てくる「カードの片面が母音ならば，別の面は偶数」という規則は，

机の上に4枚のカードがあります。カードには，一方の面にアルファベット，別の面に数字が書かれています。いま，「もしカードの片面に母音が書かれているならば，別の面には偶数が書かれている」と言う実験者が嘘をついているかどうかを確かめたいのですが，どのカードを裏返す必要があるでしょうか。

A　**K**　**2**　**7**

図12-7　ウェイソン選択課題（Wason, 1966に基づいて作成）

肯定式 (modus ponens)	前件否定 (denial of the antecedent)	後件肯定 (affirmation of the consequent)	否定式 (modus tollens)
もし p ならば q p である ∴ q である	もし p ならば q p でない ∴ q でない	もし p ならば q q である ∴ p である	もし p ならば q q でない ∴ p でない
論理的に正しい	論理的に誤り	論理的に誤り	論理的に正しい

図12-8　条件文の代表的な推論図式

「もし p ならば q である」という形式をしており、一般に条件文（conditional）とよばれる。条件文に関しては、図12-8に示す代表的な4つの推論図式がある。例えば前件否定（denial of the antecedent）は、「もし p ならば q である」という規則（第1前提文）と「p でない」という事実（第2前提文）から、「q でない」という結論を導く形式の推論である。この推論は、論理的には誤りである。なぜなら、「人間ならば哺乳類である」という規則があるとき、ある動物が「人間でない」からといって、「哺乳類でない」とは限らない。イヌのように、人間以外の哺乳類が存在する。図12-8の推論図式のうち、論理的に正しいのは肯定式（modus ponens）と否定式（modus tollens）の2つである。

ウェイソン選択課題に正解する（p.201の「問題の解」参照）のは、論理的思考の訓練を受けているはずの大学生でも1割程度である。人間の推論過程は、論理学のそれとは明らかに異なる。そのことは、この課題の論理構造を同じに保ったまま見かけを変えるだけで、正答率が劇的に上昇することからもわかる（図12-9参照）。グリッグズらの実験（Griggs & Cox, 1982）では、7割以上の実験参加者が正しく「ビール」と「16歳」のカードを選んだ。オリジナル版と飲酒年齢版の違いは、課題材料の主題性である。オリジナル版は抽象的で考えにくいが、飲酒年齢版は意味がわかりやすい。このことから、意味のある材料を使うことで推論しやすくなるという説明に納得してしまうかもしれない。しかし、これはあまり説明になっていない。というのも、

あなたは勤務中の警官であると想像して下さい。あなたの仕事は、人々がある規則を守っているかどうか確かめることです。あなたの前にあるカードは、テーブルについている4人の人々についての情報をあらわしています。カードの片面には人の年齢、もう一方の面にはその人が飲んでいるものが書かれています。規則は次の通りです。「もしある人がビールを飲んでいるならば、その人は20歳以上でなければならない」。人々が規則に違反しているかどうか決めるために、裏返す必要があるのはどのカードでしょうか。

| ビール | コーラ | 16歳 | 22歳 |

図12-9　ウェイソン選択課題の飲酒年齢版（Griggs & Cox, 1982 より一部修正）

「意味」という言葉が正確に心理学的に何を指すのか，あまり明確にされているわけではないからである。

　チェンら(Cheng & Holyoak, 1985)は，実用的推論スキーマ(pragmatic reasoning schema)理論を提案した。オリジナル版と飲酒年齢版の違いは，①課題材料の主題性(具体性)だけではない。飲酒年齢版では，②規則が「～でなければならない」という義務的な形式であり，規則の真偽ではなく規則に違反している人(違反事例)を見つけ出すことが求められていること，③使われている規則や状況が現実世界での私たちの経験に一致すること，④状況に関する詳しいシナリオが提示されている点など，多くの違いが存在する。チェンらは，②のような義務的条件文に関して，行為(ビールを飲む)と前提条件(20歳以上)の関係を理解・推論するための心的枠組み(その1つを彼女らは「許可スキーマ」と名づけた)が活性化すると違反事例の検出が容易になり，論理的推論が促進されると考えた。その際，③や④はスキーマの起動を助ける働きをする。

　ウェイソン選択課題のオリジナル版のような課題において，確かに，私たちはよく間違える。しかし，この事実は，私たちの推論能力に欠陥があることを示しているわけではない。むしろ，このような論理的な課題の解決に必要な認知能力が，現実世界の認知課題において要求されるものと異質であることを示唆していると見ることもできる。実際，演繹推論と同様，あるいは場合によってはそれ以上に重要な推論が，次に紹介する帰納推論である。

(2) 帰納推論

　帰納推論には，類推，仮説形成や仮説検証，因果推論など，演繹推論以外の推論も含まれるが，最も典型的な帰納は個別事例の一般化である。例えば，次の例は，複数の前提から1つの結論を導く帰納である。

$$
\begin{array}{ll}
\text{イタリア人のA氏は陽気だ} & \text{(前提1)} \\
\text{イタリア人のBさんは陽気だ} & \text{(前提2)} \\
\quad \cdots & \\
\hline
\therefore \text{イタリア人はみんな陽気だ} & \text{(結論)}
\end{array}
\quad (1)
$$

この例の場合，前提は一人ひとりの個別のイタリア人の事例であるが，結論はイタリア人全体に一般化されている。この推論は，論理的には正しくない。すべてのイタリア人が陽気かどうかは，すべての人についての情報がない限りわからないからである。しかし，このタイプの推論は日常生活でよく行われており，私たちは，この結論がある程度は正しいと確信することができる。この確信の程度(前提から結論の導きやすさ)を論証(argument)の強さという。

　論証の強さは，さまざまな要因によって影響される。例えば，上の例の場合，さらにCさん，D先生というように事例の数が増えたとすれば，結論の確信がより強くなるだろう。しかし，帰納に影響するのは前提の数だけではない。次の例の場合(ここに出てくる種子骨が何かを知っている必要はない)，前提の数は等しいが，論証の強さは右の方が強いと判断する人が多い。

$$\frac{\text{ニワトリは種子骨を持つ}}{\therefore \text{すべての鳥は種子骨を持つ}} \quad \frac{\text{スズメは種子骨を持つ}}{\therefore \text{すべての鳥は種子骨を持つ}} \quad (2)$$

　オシャーソンら(Osherson, Smith, Wilkie, López, & Shafir, 1990)は，カテゴリー帰納(category-based induction)について最初の包括的な理論を提唱した。カテゴリー帰納とは，前提も結論も「すべてのXはYである」という形式であり，Xがカテゴリー(例えば「ニワトリ」)を表し，すべての前提と結論においてY(例えば「種子骨を持つ」)が固定されているものをいう。彼らが提唱したカテゴリー帰納の計算モデルは，類似性被覆度モデル(similarity-coverage model)とよばれ，論証の強さは前提結論間のカテゴリーの類似度と，前提の被覆度の2つによって決まるとされている。(2)の例では，結論にある鳥との類似性(鳥としての典型性)は，ニワトリよりスズメの方が高いため，スズメの方が帰納的論証の強度が強くなる。同様に，次の例では，やはり右の方が強いと判断される。

12-2 推論

タカは種子骨を持つ	タカは種子骨を持つ
ワシは種子骨を持つ	ニワトリは種子骨を持つ （3）
∴すべての鳥は種子骨を持つ	∴すべての鳥は種子骨を持つ

　これは，タカとワシの組み合わせより，タカとニワトリの組み合わせの方が多様性が大きいことによる。前提の被覆度（網羅範囲）は，事例の多様性や事例の数によって決まり，被覆度が広いほど論証強度が強まるとされる。

　帰納は論理的ではない。この事実は両刃の剣である。すなわち，帰納には飛躍があり，発見的特性や創造性を有する半面，導き出された結論の論理的妥当性が保証されていない。つまり，導出結果は常に仮説である。したがって，帰納が有用性を持つためには，導き出された結論が正しいかどうかを確かめる段階，すなわち，仮説検証が重要な役割を果たすことになる。

　ウェイソン（Wason, 1960）は，仮説検証における人間の認知の偏りについて，巧みな課題を使って明らかにした（図12-10参照）。この偏りは，確証バイアス（confirmation bias）または正事例検証ヒューリスティック（positive test heuristic）とよばれている。私たちは，ある仮説（図12-10の課題の場合，「2ずつ上昇する整数列」とか「上昇する偶数列」など）が正しいと考えると，その仮説に合う証拠を集めようとする（仮説を確証しようとする）強い傾向を持つ。反対に，その仮説に合わない証拠を集めようとする（仮説を反証しようとする）ことはしない。例えば，「上昇する偶数列」という仮説に合う「8－10－12」や「14－16－18」という整数列を提示することはするが，仮説に合わない「1－18－19」というような事例を提示して，それが本当に規則に合わないことを確認しようとはしない。そのため，間違った仮説を正

> いま私の頭の中にある「3つ組整数」に関する規則を当ててください。「2－4－6」という組合せは，その規則に合っています。その規則について直接答えることはできませんが，その代わりに，任意の整数列がその規則に合っているかどうかについてお答えします。自分が作った整数列が規則に合っているかどうか，何度でも問うことができます。その答えを聞いて，考えた規則が正しいと確信を持った時点で規則を報告してください。

図12-10　2－4－6課題（Wason, 1960 に基づいて作成）

しいと思い込んでしまい，この課題の正解，すなわち「上昇する数列」という規則になかなか到達できない。

確証バイアスのような認知傾向は，おそらく，現実世界においては役に立つのであろう。しかし，図12-10のような課題においてはうまく機能しない。この課題では，実際の仮説（上昇する数列）が，おそらく最初に形成される仮説（例えば，上昇する偶数列）よりもずっと一般的に（その仮説に合う事例数が多く）なるように設計されている。このような（特殊な）状況においては，確証バイアスは私たちを誤りに導く。

12-3 判断と意思決定

問題解決や推論と並んで代表的な高次認知過程は，判断と意思決定である。ここでは特に，ものごとが起こるかどうかが確実でない場合に，確からしさがどのように判断されるかということと，そのような状況において決定がどのようになされるかということについて見ていく。

(1) 確率判断

例えば，雨が降る可能性が極めて高いにもかかわらず，雨が降らないことを前提としてある選択を行ったとすれば，その選択は，あまりよい選択ではないかもしれない。つまり，不確実状況下の意思決定においては，不確実性についての「正しい」確率判断が重要となる。生起が確実でない事象が関係

```
(1)  0000000000000011111111111111111111111100000000000…
(2)  0000110000000111000011110000011101010001111111111…
(3)  1011101111110000000011000111111100100000000001110…
(4)  0010111010001100101100001000111101111100011000000111…
(5)  0010111011101001111100011001011000001100100000000101…
(6)  1111110111010001011110101100010101101010010010111010…
(7)  1010011010101010001101010110101011110101100101001101…
(8)  1010101010110111010100110101010100010101101010101010…
(9)  1010101010110100101010101010101010101010100101010101…
```

図12-11 どれが本当のランダム数列か

12-3 判断と意思決定

する意思決定の適切さは，その事象の生起確率についての判断の正確さに依存する。

しかし人間は，最も基本的な確率判断，すなわち，全く規則性のないランダムな事象系列を正しくランダムであるとみなすことすら苦手であることが知られている。図12-11に示した9個の数字列のうち，本当のランダム数列はどれだろうか。本当のランダムとは，コイン（表を1，裏を0とする）を何度も連続して投げたときに作られるような数列という意味である。読み進む前に，ここで自分なりの答えを出してみてほしい。

ランダム性の基準としてはいろいろなものが知られているが，最もわかりやすいのは出現頻度に関する基準である。本当のランダム数列であれば，ある程度の長さの部分を切り出したとき，0と1がほぼ同数であると期待される。また，遷移確率もランダム性の基準の一つである。系列の最初の数字と2番目の数字，2番目と3番目，というように比較していくとき，本当のランダムであれば，同じ数字が続く（0→0／1→1）確率と数字が変わる（0→1／1→0）確率は，どちらも0.5程度になることが期待できる。遷移確率とはこのように数字が変わる確率をいう。

私たちは，本当のランダムより遷移確率がやや高い方が，むしろランダムに近いと思う傾向がある。図12-11の数列は，コンピュータの疑似乱数を使って，遷移確率が0.1, 0.2, ..., 0.9になるように作成したものである。つまり，本当のランダム数列は（5）である。ところが，多くの人は（6），（7），（8）あたりを選んだのではないだろうか。遷移確率が高ければ，数字が入れ替わりやすくなり，同じ数字が連続する列の長さ（ラン）が短くなる。つまり，全体の数列から切り出す数列が短い場合には，ランダム数列でも0が多かったり1が多かったりするが，遷移確率が高ければ短い数列でも0と1が同数になる傾向がある。

私たちは，「ある事象が特定のカテゴリーに属するかどうか」の確率を「その事象がカテゴリーを見かけ上よく代表しているかどうか」に基づいて判断する傾向がある。トバスキーとカーネマン（Tversky & Kahneman, 1974）は，このような直感的方略を，代表性ヒューリスティック（representativeness heuristic）とよんだ。すなわち，ある数列（事象）がランダム性を有している

(ランダムというカテゴリーに属する)かどうかを判断するとき，その数列が0と1を同数だけ含むという特徴を有している(ランダム数列を見かけ上よく代表している)かどうかに基づいて判断する傾向がある。実際には，そのような特徴は小さいサンプル(短い数列)に対しては期待できないが，私たちは，サンプルの大小にかかわらず，同様に代表性を期待してしまう。

この傾向は，ギャンブラーの錯誤(gambler's fallacy)として知られる錯誤とも関係がある。例えば，コインの表裏を予測する場合に，裏が3回続いたら次こそは表が出ると思ってしまうと思いがちである(コインは過去の事象を記憶しているわけではないので，表が出る確率は常に0.5である)。この場合にも，小さなサンプルに対しても，その母集団の特徴(表と裏が同数)が保持されることを過度に期待する傾向が表れている。

(2) 意思決定

百本に1本の割合で千円が当たるくじと，千本に1本の割合で十万円が当たるくじはどちらが得だろうか。期待値を計算すると，前者が1,000円×1／100＝10円，後者が100,000円×1／1000＝100円で，当たる確率は低くても後者の方がずっと得である。このように，不確実な状況下における意思決定は，ものごとが起こる確率と起こったときの効用(金額など)がわかっていれば，両者の積によって期待効用(expected utility)が計算可能で，その大小によって規範的(いわゆる「正しい」)選択を定式化することができる。

しかし，人間の意思決定は，必ずしもこのような規範に従うわけではない。例えば，次のような2つの選択肢があるとき，あなたならどちらを選ぶだろうか。

(a) 80％の確率で4,000円もらえる(20％の確率で何ももらえない)。

(b) 必ず3,000円もらえる。

多くの人は，(b)を選ぶことが知られている。しかし，(a)の期待値は3,200円で(b)の期待値3,000円より大きい。では，次の場合はどうであろうか。

(a') 80％の確率で4,000円とられる(20％の確率で何もとられない)。

(b') 必ず3,000円とられる。

今度は，(a')を選ぶ人が多くなる。利得の場合は，期待効用が小さくても

12-3 判断と意思決定

【問題1】 アジアの奇病が米国で大流行することが予想され，600人の人が死ぬと推定されていると考えてください。この奇病に対する2つの計画が提案されました。両計画の厳密な科学的推定結果は，次のようになりました。
- 計画 A が採用されれば，200人が助かる（72%）
- 計画 B が採用されれば，600人が助かる可能性が1/3，誰も助からない可能性が2/3である（28%）

あなたなら，どちらの計画がよいと思いますか。

【問題2】 （問題文は上記と同じ）
- 計画 C が採用されれば，400人が死ぬ（22%）
- 計画 D が採用されれば，誰も死なない可能性が1/3，600人が死ぬ可能性が2/3である（78%）

あなたなら，どちらの計画がよいと思いますか。

図12-12　アジア病問題（Tversky & Kahneman, 1981 より一部修正）
カッコ内のパーセントは，その選択肢を選んだ人の割合を表す。

確実な利得を求めるが，損失の場合は，確実な損失は受け入れ難く，わずかな可能性に賭けてむしろ損な選択肢を取る。このような傾向は，数学的規範に一致しない人間の意思決定の特徴の一つであり，それぞれ，利得に対するリスク忌避（risk aversion），および損失に対するリスク追求（risk seeking）とよばれている。ここでリスクとは，確率で表すことができる不確実性をいう。

リスク忌避とリスク追求の傾向は，お金の効用が金額と線形関係ではないと仮定することによって説明可能である。一般に，もらえる金額が2倍になっても，そのことに対する嬉しさ（効用）は，2倍にはならないことが知られている。よって，上の場合，4,000円は金額としては3,000円の $4/3 = 1.33$ 倍であるが，4,000円の効用は3,000円の効用の1.33倍には達しないだろうと予想できる。そこで，80%の確率で4000円を獲得する効用が，100%の確率で3000円を獲得する効用と同じになる条件を考えてみる。4,000円の効用を u_1，3,000円の効用を u_2 とすると，$0.8 \times u_1 = u_2$ が成立しなければならないので，$u_1/u_2 = 1/0.8 = 1.25$ となる。したがって，4,000円の効用が3,000円の効用の1.25倍より小さいとして，例えば1.2倍だとすれば，4,000円の効用は $1.2 u_2$ となる。ゆえに，$0.8 \times 1.2 u_2 = 0.96 u_2 < u_2$ となり，3,000円の方を選ぶリスク忌避傾向が説明できる。同様に，リスク追求傾向も整合的に説明される。

しかし，このような効用関数の調整によっては説明できない現象もある。アジア病問題(Tversky & Kahneman, 1981)とよばれる図12-12の課題を見てほしい。問題1では72％が計画Aを選択したが，問題2で計画Cを選択したのは22％にすぎなかった。しかし，問題1の計画Aと問題2の計画Cは実質的に同じ選択肢である（計画BとDも同じである）。このように，数学的には全く同じ構造の問題でも，心理的な構成のしかたの違いによって意思決定結果が異なってくることは，フレーミング効果(framing effect)とよばれており，多くの研究がなされている。

12-4 まとめ

　問題解決，推論，判断・意思決定の心理学的な研究について概説してきた。これらの認知過程は互いに密接に関連しており，実際には区別が困難なことも多い。例えば，朝の空模様を見ながら傘を持っていくかどうか迷っているとき，雨の降る程度を考えているならば，それは「確率判断」であるが，梅雨は雨が降りやすいことや，その時の雲行きなどの手がかりを材料として，確率的「推論」を行っているということもできる。また，雨が降る可能性が高いという判断に基づいて傘を持っていくことに決めたとしたら，それは不確実状況下における「意思決定」である。同時にこの過程は，雨に濡れないで学校へ行くという「問題解決」過程の一部かもしれない。つまり，事態のどの側面に注目するかによって，現象へのアプローチが異なってくることになる。

　ウェイソン選択課題などの人工的な課題における誤りは，私たちが暗黙のうちに活用している認知機能を浮き彫りにする。確証バイアスのような認知の「偏り」は，無数の仮説を考えることが可能な現実世界において，おそらく仮説候補を効率よく絞り込んでいくために極めて有効な方法である。しかし，当然ながら万能の方法はない。代表性に基づく判断は，ランダム性の判断を誤らせ，単なる偶然で生じた数字列の連続に意味を見いだすよう私たちを動機づける。このことは，無意味なおまじないや縁起かつぎ，ジンクスを信じてしまう心につながるかもしれない。私たちの認知は，優秀であるがゆ

12-4 まとめ

えに，必然的に間違える宿命にある。まずは，この点を認識することが重要である。間違いを完全に回避するための秘策はない。しかし，みずからの認知特性を知ることからは，その助けとなるであろう。

［問題の解］

切断チェッカー盤問題（図12-4）　ドミノをどのように置いても，盤を敷き詰めることはできない，が正解である。1枚のドミノが覆い隠すことができるのは，隣り合う2つの枡であり，よって色の相異なる枡である。つまり，31枚のドミノで覆い隠すことができるのは，31個の白と31個の黒の枡であるが，チェッカー盤に残っているのは，30個の白と32個の黒の枡である。

ドミノをどこから置き始めるかという観点から問題表象を作ると，非常に難しい問題であるが，枡の色の「同数性」を調べるという観点から問題を表象すると，解決が著しく容易になる。

ろうそく問題（図12-5）　右の写真のように，画鋲の箱またはマッチ箱を使って，箱をろうそくの台にして画鋲で壁に固定する。実際には，箱をそのような用途に使うことには気づきにくい。ドゥンカーの実験では，箱が空のときは7名全員が正解できたが，箱にものが入っている場合は，7名中3名しか正解しなかった。つまり，箱にものが入っていると，箱を本来の機能（ものを収納すること）にしたがって表象することに固着してしまうこと，すなわち機能的固着（functional fixedness）の傾向が強まることを示している。

ウェイソン選択課題（図12-7）　裏返すべきカードは，「A」と「7」の2枚である。条件文推論の課題としてウェイソン選択課題を考えると，次のようになる。与えられた規則が正しいとき，まず「A」（母音）カードに規則を適用すると，肯定式より，裏は偶数であることが論理的に導かれる。よって，本当にそうなっているかどうかを確かめるために「A」を裏返す必要がある。一方，前件否定と後件肯定は論理的に誤りであるので，論理的に意味のある情報をもたらさない。つまり，非母音（＝子音）「K」と偶数「2」は裏返す必要がない。しかし，否定式は，非偶数（＝奇数）の裏に非母音（＝子音）がくることを導くので，「7」の裏が子音かどうかを確かめる必要がある。以上より，「A」と「7」が裏返すべきカードであり，これ以外のカードは裏返す必要がない。

13章　　　　　　　　　　　　　　　感　　情

　これまで，「感情」は心理学の研究対象として，あまり重要視されてこなかった。しかし，「感情」は人が生きていく上できわめて重要な役割を担っており，現在では，活発に研究が行われている分野である。では，今までどのようなことがわかってきているのだろうか。感情にはどのような種類があるのか，それらはすべての人に共通して体験されるのか，感情とはどのような過程を経て体験されるのか，人が体験している感情を測定するにはどうしたらよいか。これらの疑問を本章では概観する。さらに，感情の適応的な意義を論じた研究についても紹介する。また，感情がこの本で取り上げられている認知機能のさまざまな側面に影響を及ぼすことも知られている。本章ではその中でも，「記憶」に及ぼす影響について触れる。

13-1　感情の定義

　一口に感情といっても，その意味はさまざまである。例えば，喜怒哀楽という語で表されるような，人が日々体験する「喜び」や「怒り」などを指す場合もある。それとは別に，ものの感じ方を指す感性のような意味で用いられる場合もある。例をあげると，「情操教育」とは，感情面を豊かにすることを目的とした教育という意味で用いられるが，このとき教育対象とする感情面は，情緒や感性という語で表されるものであろう。このように，感情とは使用される場面により，複数の意味を持つ語であるといえる。では，研究において，感情はどのように定義されているのだろうか。厳密に言うと，各研究者により感情の定義は異なり，完全に統一的なものは存在しない。また，「感情」という語が多くの意味を持つだけでなく，日本語にも英語にも，人間の感情をあらわす用語は多数存在し，それぞれが若干異なる意味で使用されている。はじめに，心理学の感情研究において，感情がどのように

定義されるかを，使用される用語の違いからみていきたい。

　感情研究において比較的頻繁に用いられる語としては，気分(mood)，感情(affect)，情動(emotion)という3つがある。それぞれの語の意味は，重複する部分もあるが，以下のような違いがある。気分は，数日から数週間持続する弱い感情を指す場合が多い。例えば，「今日は気分がいい」と誰かが言ったとしたら，その人は朝から感情的にポジティブな状態であり，そのポジティブ感情の強さは，非常に強いものではなく，なんとなくうきうきしているといったおだやかなものであると推測される。それに対して，情動は急激に生じて短時間で終わる強い感情であり，心拍が上昇する，汗をかくといった生理反応を伴うようなものと定義される。恐怖により顔が青ざめたり，激しい怒りによって心拍が上昇するという状態はまさに情動体験とよべるものであろう。最後に，感情とは3つの語の中でもっとも広範な意味を持ち，持続時間も短いものから長いものまで，また感情の強さも弱いものから強いものまで含む，いわば，気分から情動までを含む感情的な体験全般を指す語といえる。上記の定義からすると，感情という語を用いれば，すべての感情的な場面に対応できるようにも思えるが，あえて気分や情動という語が用いられる場合がある(例えば，13-6(1)の「気分一致効果」など)。喚起される感情の質によって，用語を使い分けることにより，その状態を適切に説明することができる。

13-2　感情の測定法

　感情とは主観的な体験である。例えば，非常に悲しい出来事があり，本人としては，生活をしていくのが困難と思えるくらい打ちひしがれていたとする。そのとき，その状態を表にださずに通常通りに振舞おうとしている場合には，周囲の人がその人に対して何らかの異変を感じることはあったとしても，現在その人がどのような感情状態であるかを正確に推測することは困難であろう。このように，主観的な体験である感情状態を，外部から客観的に測定し研究の対象とすることは困難なことのように思われる。しかし，以下に示す指標を工夫して用いることによって対応できる場合がある。

(1) 主観的報告

　感情を測定する指標として最も頻繁に用いられるのは，感情体験を言語報告により収集するというものである。これは，本人が感じている感情状態を容易に，かつ直接的に収集することができるという利点がある。しかしながら，意識的であれ，無意識的であれ，虚偽の報告が交じる可能性があること，社会的に望まれる回答をしようという態度が回答に影響をしてしまうこと，さらには，実験参加者の言語能力の影響を多分に受けるため，乳幼児などから十分な報告を収集することが困難であること，といった問題点もある。

(2) 生理反応

　感情が喚起されると，さまざまな生理反応が生じることが知られている。例えば，強い緊張状態におちいると，心拍が上昇し，呼吸が速くなり，汗をかくといった反応が生じることは，多くの人が経験的に理解できることである。このような例からわかるように，人が感情を喚起しているか否かなどを，生理反応の測定によって推測することが可能である。感情研究では，生理反応を測定することにより，実験参加者が感情を喚起しているか否か，あるいは参加者がどのような感情を体験しているかを推定することが頻繁に行われる。生理反応による感情状態の測定には，主観的報告とは異なり，意識的あるいは無意識的な回答のコントロールを受けづらいという利点がある。しかしながら，直前に行った運動など感情以外の影響でも生理反応は変化してしまうため，得られたデータが，感情の影響によるものか否かは，主観的報告と同様に注意しなければならない。また，生理反応を測定するには専門的な知識や装置が必要であり，そのノウハウを学ぶには時間を要する。

(3) 行動指標

　感情を測定する行動指標としては，表情，姿勢，瞬きの回数や時間などさまざまなものがある。その中でも，表情に関しては，エクマン(Ekman, P.)らが表情筋の動きを観測する符号化システム(Facial Action Coding System (FACS), Ekman & Friesen, 1978[注1])を開発するなど，多くの先行研究があ

る。例えば、ポジティブな感情を体験しているときには、大頬骨筋（ダイキョウコツキン）の活動が増すことが知られている。これは、笑うと口角があがるという私たちの経験からも理解できることである。また、ネガティブな感情を体験しているときには、皺眉筋（シュウビキン）の活動が増すことが知られている。これは、私たちが嫌悪の表情を浮かべるときに、眉をひそめるという行動と対応している。このような表情の測定は、乳幼児でも測定することができるという利点があるが、生理反応の測定と同様、専門的知識や装置が必要であるため測定が比較的困難であるという側面もある。

13-3　感情の種類

　私たちが体験する感情には、さまざまな種類がある。では、育った環境が全く異なる文化圏の他者も、私たちが体験する感情と同じ感情を体験するのだろうか。あるいは、ある感情は、別の文化圏の人々には体験されないといったことが生じるのだろうか。もし、すべての文化圏の人に共通して体験される感情が存在すれば、それ（ら）は人が体験する基本的な（あるいは普遍的な）感情といえるかもしれない。どのような感情が基本的な感情であるかについて、いくつかの先行研究がある。例えば、エクマンら（1987）は、さまざまな表情の顔写真（図13-1）を見せて、各表情がどのような感情状態を表しているかを10種類の異なる文化の出身者に答えさせた。それぞれの写真には、成人の男性か女性または子どもの、「悲しみ」「怒り」「驚き」「嫌悪」「恐れ」「幸福」の表情が写されていた。その結果、出身の文化を問わず、実験参加者は表情が表す感情状態をほぼ同じように解釈した。これは、少なくとも上記6つの感情に関する表情は、文化を超えて普遍的に特定の感情状態からもたらされる表情と認知されることを示唆している。この結果から、エクマンらは、上記6つの感情は人間が普遍的にもつ基本的な感情であると考えた。同様のことは別の研究においても示唆されている。例えば、イザード（Izard, 1977）は、「興味・興奮」「喜び」「驚き」「苦悩・不安」「怒り」「嫌

注1）　2002年に修正版のFACSが発表されている。詳しくはhttp://www.paulekman.com/を参照のこと。

図13-1 エクマンらの実験で使用された表情の刺激例(Atkinson et al., 1996；Ekman & Friesen, 1975；Ekman & Friesen, 1984より)
左から，幸福，悲しみ，嫌悪の表情を表している。

悪」「軽蔑」「恐れ」「恥」「罪悪感」の10個を基本的な感情として挙げている。

　上記の研究は，文化圏の違いに関わらず，人は表情から特定の感情を共通に認識できることを示している。しかしながら，近年，文化圏が異なると，認識される感情に違いが生じることを示唆した研究もある。例えば，エルフェンベンとアンバディ(Elfenbein & Ambady, 2002)は，上のエクマンのような実験を行った場合，呈示される顔と感情を同定する人が異なる文化圏に属しているときは，同じ文化圏に属しているときに比べて，表情による感情の同定率が低くなることを指摘している。また，西欧圏と東洋圏では，表情から感情を認知する方略や顔の知覚方法に違いがあることを示唆する研究も報告されている。例えば，マスダら(Masuda et al., 2008)は，複数の人が描かれた絵を見せ，中心に描かれた人物(以下，ターゲット)の感情を表情から推測させる実験を行った。このとき，ターゲットとその周りの人物群の表情が同様のカテゴリーに属する場合(例えば，ターゲットの表情は怒り，周囲も怒りなど)と異なる場合(例えば，ターゲットの表情は幸福，周囲は怒りなど)があった。その結果，アメリカ人の参加者はターゲットの表情のみからその人の感情を判断するが，日本人の参加者は，周囲の人の表情の影響も受けながらターゲットの感情を判断することが示された。さらに，ジャックら(Jack et al., 2009)は，西欧圏の人々に比べて東アジア圏の人々は，恐怖と嫌悪の表情の区別が劣ることを示した。彼らは，これを両文化圏で注目する顔の部位が異なるためと考えた。彼らの実験では，東アジア圏の参加者は人の

表情を観察するとき，目を注視するが，西欧圏の参加者は顔全体を見ていた。恐怖と嫌悪の表情間で物理的に最も差異が生じる顔の部位は口であり，目はあまり変化が見られない。その結果，目のみから判断する東アジア圏の参加者は，嫌悪と恐怖の区別がうまくできない場合があるとジャックらは推測している。これらの実験結果は，表情から認知される感情が文化圏によって異なることを示しているといえよう。

さらに，たとえ文化を超えた普遍的な感情を表す表情があるとしても，そこから人間に普遍的な感情が存在するとは言えないかもしれない。ある感情が喚起されたときには，必ずある特定の表情が形成されるというように，感情と表情との間に一対一の対応があるということについては疑問が残る。また，表情とは感情喚起によって生じるだけでなく，自分自身の感情を他者に伝えるために，意識的に作り上げられたものであることを示唆する研究もある（例えば，Brightman et al., 1977）。つまり，ある表情をすれば，他者はその人が今どのような心的状態であるかを解釈するため，それを伝えるためにある感情状態を表す表情をするだけであり，これは実際にその感情状態を体験していることを意味しているとは限らない。

13-4　感情の生起過程

感情はどのような過程を経て喚起されているのだろうか。さまざまな実験から，いくつかの感情生起過程のモデルが提案されている。以下では，感情の生起過程について言及した研究を概観していく。

(1) ジェームズ・ランゲ説

ジェームズ(James, W.)は「悲しいから泣く」のではなく「泣くから悲しくなる」，あるいは「怒るからなぐる」のではなく「なぐるから怒る」と主張した。このジェームズの考えは，同時期に感情体験における内臓反応の重要性を指摘したランゲ(Lange, C. G.)の説とともに，ジェームズ・ランゲ説とよばれる。この考えは，一見すると，一般的な私たちの認識とは逆のように思える。私たちは，通常，なにか悲惨な出来事があると悲しくなり涙を流

すであろうし，理不尽な出来事があれば怒りがこみ上げ，その結果，顔が紅潮したり，時には誰かを殴ってしまうといった行動をとるように思える。しかし，ジェームズ・ランゲ説では，これとは逆に，なにか出来事があると生理反応や行動反応が生じ，その結果として主観的な感情体験が随伴すると考えている。この考えが妥当であるか否かについては，後述するキャノン(Cannon, W. B.)の批判をはじめ，さまざまな議論がある。ただし，この説の重要なポイントは，生理反応や行動反応が感情体験と密接に関係していることを示したところにあり，これは，現在広く認められていることである。

(2) キャノン・バード説

キャノン(Cannon, W. B.)は，上記のジェームズ・ランゲ説を以下の点から批判した。

　a．生理反応の基となる内臓反応は比較的鈍く，感情体験が生じるスピードから考えると，それを基に感情が生起されているとは考えづらい。
　b．感情体験によって生じる生理反応と運動等の非感情体験によって生

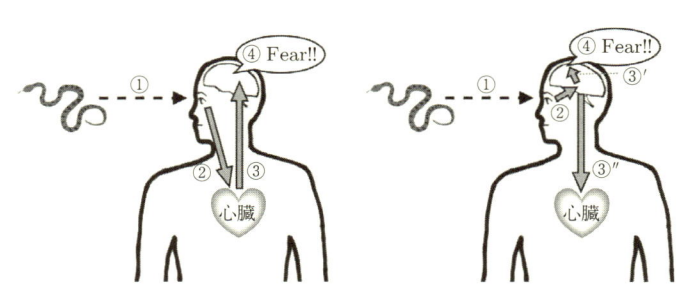

(a)ジェームズ・ランゲ説　　　　(b)キャノン・バード説
図13-2　ジェームズ・ランゲ説とキャノン・バード説の概念図
(a)では，刺激の知覚→内臓(運動)反応の生起→内臓反応の知覚→感情の生起という順で，感情が体験されると考えられる。これは感情の生起過程の概念図であり，外部からの視覚情報が内臓に送られた後に，脳へ送られることを示しているわけではない。
(b)では，刺激の知覚→視床→大脳皮質という情報の流れと，刺激の知覚→視床→内臓反応の生起という情報の流れがあり，最終的には，大脳皮質へ送られた情報をもとに感情が体験されると考えられている。

じる生理反応は類似している。つまり，生理反応から主観的な感情体験が生じるのであれば，運動等によって生じた生理反応によっても感情が体験されるはずであるがそうではない。

c. 体験されている感情の質が異なっても(怒りと恐怖，また非常に強い喜びなど)，生理反応は極めて類似している場合がある。

d. 中枢神経系から内臓を完全に分離しても，感情行動は変化しない。

e. 感情に特有の内臓変化を人為的に誘発しても，そうした感情は生じない。

これらのことから，生理反応や行動反応に付随して，感情が喚起されているとは考えられないとした。キャノンは，入力された感覚刺激が視床を介して大脳皮質に伝えられると同時に筋肉や内臓の変化を生じさせること，その後，大脳皮質から視床に命令が伝達されて感情体験が生じるという考えを示した。つまり，内臓の活動によって感情体験が生じるのではなく，大脳皮質からの命令によって生じると考えた。これは，感情体験が生じる場所を視床下部とするバード(Bard, P.)の説とともに，キャノン・バード説とよばれる。

(3) シャクターの2要因説

シャクター(Schachter, S.)は，感情が2つの要素から成り立っていると考えた。一つは生理的覚醒(physiological arousal)で，これは，内臓あるいはその他の身体反応などである。もう一つは，状況に適合した認知(situationally-appropriate cognition)で，これにより生理的覚醒を特定の感情として経験できると考えた。つまり，シャクターは，ある感情の状態は，生理的覚醒とその覚醒を周囲の状況から認知，解釈することによって生じると考えた。このことを示唆する実験として，ダットンとアーロン(Dutton & Aron, 1974)の行った「吊り橋実験」とよばれるものがある。実験参加者は，深さ137メートルの峡谷に掛かる長さ71メートルの吊り橋を渡りに来た男性であった。参加者は以下の2つのどちらかの条件において，実験者から声をかけられた。1つ目の条件は吊り橋を渡っている最中であり，2つ目は吊り橋を渡ってから10分以上経過した後であった。つまり，前者はまさに恐怖場面を体

験している条件であり、後者は非恐怖の条件といえる。実験者は魅力的な女性であり、実験参加者はその女性から、心理学の調査をしており協力して欲しいと依頼された。参加者が行うことは、2人の人物が描かれた図版を見せられ、その人物たちにまつわる物語を作成することであった。これはTATテスト(thematic apperception test)とよばれるもので、検査をうける人の欲求などを測る心理検査である。調査終了後、女性の実験者から、今は時間がないので詳しい説明をすることができないが、もしこの調査に興味がある場合には実験室に電話をしてくれれば説明をする旨が伝えられ、電話番号と実験者の名前を書いた紙が渡された。実は、この実験の真の目的は、どちらの条件の人がより電話をかけてくるかを調べることであった。その結果、恐怖条件で実験を受けた人の方が電話をかけてくる割合が高かった。ダットンとアーロンは、恐怖条件の実験参加者は、吊り橋を渡っているときに生じた恐怖により喚起された生理反応を、自分が実験者の女性に好意を持ったために生じたと解釈し、後日、電話をかけてくる人が多かったと考えた。恐怖により喚起される生理反応と好意を持つ異性の前で生じる生理反応には類似点があり、上記の実験では、それを本人がどう認知するかによって体験される感情は異なることを示している。このように、喚起された生理反応をどのように認知するかによって体験される感情が異なることは、人為的に生理反応を生じさせる薬物を注射させた場合などでも示されている(Schachter & Singer, 1962)。

(4) 社会的構成主義からの説明

エイヴェリル(Averill, 1999)は「最終的に、"認知"と"感情"は社会的な文脈の中で解釈されるものであり、それは神経学や心理学の説明に依存するものではない」と述べている。つまり、感情体験を前述してきたような生理的喚起やその評価という方向からではなく、各人が育った文化、学習された慣習・規則の影響によって喚起されるものと考えている。例えば、他人が自分を侮辱したとき、西欧的な文化圏では、その人に対して怒りを持つのが適切であり、声を荒げる、場合によってはなぐるといった行動で怒りを表現するだろう。ただし、日本などでは、むしろその状況に当惑し微笑みを浮かべ

てなんとしても他者との衝突を避けようとするかもしれない。これらは、文化や慣習の違いにより、ある状況から喚起される感情体験に違いがあることを示唆する例といえる。この考え方は、感情の生起過程を、生理反応やその評価によって決まると考えるのではなく、生じた状況と各人の属する文化との関係から説明しようとするまた別の方向からのアプローチといえよう。

13-5　適応的な機能としての感情 — アージ理論から

　戸田(1987)は、感情とは人間が生き延びていくために有用なものであったからこそ発達したと述べている。例えば、緊急を要する場面に直面したときに、即座に適切な行動をとることができれば、その生物は生き残る確率が高くなると考えられる。戸田は、人間には、上記のような場面に直面したときに発動するプログラム、すなわち「状況に応じた適切な行動選択のためには何を考えて何をすればいいかの大枠を選択的に決めているプログラム」が備わっており、感情とはそのプログラムの一つであると考えた。彼の考えは「アージ(urge)理論」とよばれる。以下では、感情の適応的な機能をアージ理論から見ていく。

(1) ネガティブ感情の適応機能

　例として、森の中を散策しているときに、突然熊に出遭ってしまった場面を考えてみよう。このとき多くの人は、恐怖を感じるであろうし、それにより著しい生理的な変化が生じるだろう。例えば、心拍、血圧が上昇し、体中に血液が送られる。副腎からはアドレナリンなどのホルモンが分泌される。このような作用は、身体が平常状態から激しい活動に備えた状態に移行するために起きたと考えられる。この働きによって、私たちは直面する場面に対して、自身の持つ最高の身体能力を発揮することが可能となることから、きわめて合理的な反応といえる。さらに、それらの生理的な変化が起こっている間(あるいは後で)、私たちは自身がどのように行動すべきか、具体的には、どのように逃げるべきかを考えるだろう。このとき、自分が最も自信のある方法をとるか、その状況でもっとも効率的な方法を選択すると考えられ

る。例えば，足が速い人なら一目散に熊とは反対の方向に逃げるかもしれないし，登るのに適切な木があれば，それに登るとも考えられる。場合によっては，その場から動けなくなってしまうこともあるかもしれない。実はこれも助かる手段の一つと考えられる。捕食動物は相手が逃げると追いかけるという習性があり，静止している者に対しては関心を示さない場合もある。人間以外のさまざまな動物においても，緊急時に全く動かなくなる「フリージング（freezing）」という行動を示すことが知られている。敵の認知からフリージングに至るまでの，恐怖の感情によって働く一連のプログラムは，考えた末に実行される行動ではなく，状況を鑑みて，自動的に実行される行動群と考えられる。

（2）ポジティブ感情の適応機能

戸田（1987）は，恐怖のようなネガティブな感情だけではなく，ポジティブな感情も適応的なプログラムの一つと述べている。集団によって狩りを行えば，一人では捕獲できなかった獲物を捕らえることができることなどから，人間にとって社会を構築することはきわめて重要なことと考えられる。この集団生活の中で，私たちはときに他者の苦境を見て，何とか助けたいと考え，場合によっては自分自身を危険にさらしてまで援助をすることがある。助けられた側は，助けてくれた人に感謝を感じる。そして，何らかのお返しを送りたいと考える。すぐにそれができない場合には，いつかお返しをしようと考える。このような，困っている他者を助けたいという気持ちと行動，および助けられたことに対する感謝とお返しの気持ちは，プログラムの一つであり，これらの感情によって集団内での援助行動が生じる。

以上のように，戸田によれば，感情は，個人の生存，および社会生活を送る上できわめて重要な機能と捉えることができる。感情のアージ理論は，人間の社会的行動と密接に関連しながら，感情が進化，発達するという興味深い視点を提供している。

13-6　感情が認知へ及ぼす影響

　従来，認知心理学の研究では，感情の働きについてはあまり考慮されてこなかった。しかし，1970年代後半頃から，感情がさまざまな認知機能に影響を及ぼすことを示す知見が蓄積されてきており，認知と感情の関係性に注目した研究が数多く行われてきている。本節では，その代表的な研究である「気分一致効果」と「気分状態依存効果」について概観する。

(1) 気分一致効果

　気分一致効果とは，人が今ある気分と同じ感情(ポジティブ，ネガティブなど)の材料を選択的に符号化あるいは検索する現象をいう。日常生活において，楽しい気分のときには楽しい事柄をよく思い出して，楽しい気分が持続するが，悲しい気分のときには悲しい事柄が次々と想起されて，どんどん落ち込んでしまうといったことを体験する人もいるだろう。代表的な実験方法としては，以下のような手続きが取られる。はじめに，実験参加者は特定の気分に誘導される。誘導の方法としては，催眠，感情的な自伝的出来事を語らせる，音楽を聴かせる，などである。次に，ポジティブまたはネガティブな単語リスト(例えば，「死」や「歓喜」)を覚える，あるいは感情を生起させるような物語を読む。最終段階では，参加者はニュートラルな気分のときに，先ほど覚えた材料をどの程度覚えているかテストされる。その結果，誘導された気分と一致した感情価の材料の方が，一致しないものより記憶成績が良いことが示されている。

(2) 気分状態依存効果

　気分状態依存効果は，特定の気分状態で学習された材料は，その気分状態のときに思い出す確率が高くなるという現象である(7-1(3)を参照)。つまり，悲しいときに聞いた話は，再びその人が悲しい気分になったときに思い出しやすいということを意味する。気分状態依存効果は符号化時と検索時とで同じ気分状態にあることが重要であり，材料とそのときの気分状態の関係が重要である気分一致効果とは異なる。気分状態依存効果は，状態依存効

果の特別なケースと考えることができる。

　代表的な実験方法としては，実験参加者は，2つの単語リストを学習するが，一つは楽しい気分の時に，もう一つは悲しい気分のときに学ぶ。その後，参加者は2つの気分のどちらかの状態の時に，できるだけ多くの単語を再生する。つまり，検索時の気分状態は符号化時の気分状態と同じ場合と異なる場合がある。このような手続きにより，符号化時と検索時の気分状態が一致しているときの方が，不一致の時より良いことが示唆されている。

　ただし，この効果は，薬物などによる状態依存効果と比べて効果が弱いともいわれている。

14章　パーソナリティ

　普段私たちは自分自身や他者の性格について，「○○はやさしい」とか「△△はまじめだ」などと表したり，あるいはもっと漠然と「□□の性格は良い(悪い)」などと言ったりする。これらは私たちが何らかの点において人それぞれに違っていることを私たちは知っており，それらの違いについてさまざまな言葉を用いて表現しているのだといえる。心理学においては，このような人々の違いについて，パーソナリティ(personality)という用語を用いて研究しており，それらを主として扱う分野を総称してパーソナリティ心理学とよんでいる。

14-1　パーソナリティとは何か

　日常において性格という言葉がいろいろな意味や文脈で用いられるのと同様に，パーソナリティという用語も研究目的や内容によってその定義はさまざまある。しかし，一般的な定義としては古くはオールポート(Allport, G. W., 1937)による「個人の特徴的な行動と思考を決定する，ダイナミックな精神的・身体的体制」という定義が代表的であり，さまざまな文献で取り上げられることが多い。また近年の定義としては，例えばファンダー(Funder, 2007)による，「思考や感情，行動における個人の特徴的パターンと，その背後にある心理的メカニズム」などを挙げることができる。また，パーソナリティに関連する用語として，特性(trait)や気質(temperament)，傾性(disposition)や性格(character)などの語句が用いられることもある。これらは厳密にはそれぞれ異なるものを指し，研究者によって使い分けられることもあるが，基本的にはパーソナリティとほぼ同じ意味で用いられることが多い(詳しくは，若林，2009；渡邊，2010などを参照)。

　多くの人が自分自身や他者の性格について強い関心をもっているが，それ

は心理学者も例外ではなく，人々のパーソナリティやそれに関わる諸問題については古くから大きな関心を寄せてきた。その結果，さまざまな理論や研究が生み出され，現在もその数を増やし続けている。したがって，たとえ大まかであったとしても，それらのすべてについて本章の中で扱うことは難しい。そこで，ここではパーソナリティ心理学における代表的な理論や，近年の取り組みなどを中心に，いくつかの研究を紹介していくことにする。

14-2 パーソナリティ心理学の諸理論

(1) 類型論と特性論

　私たちはさまざまな対象をカテゴリーに分類することができ，またそのカテゴリーに基づいてその対象の特徴を記述することができる。例えば，ある中身の見えないペットボトルの飲み物が「お茶」であることがわかれば，実際に飲んでみなくても大体の味や匂いについて想像できる。そしてその飲み物が実は「コーヒー」であると聞かされれば，即座に先ほどとは異なる味や匂いを心に浮かべることができるだろう。これと同じように，人々のパーソナリティをいくつかのタイプに分類し，理解しようとする試みが類型論とよばれるアプローチである。ローマ帝政期の医学者であるガレノス(Galenus, C., 129頃-199頃)は人々の性格を「多血質」「黒胆汁質」「黄胆汁質」「粘液質」の4つに分類したことが知られている。また，近代における最も代表的なものとしては，ドイツの精神医学者のクレッチマー(Kretschmer, E., 1888-1964)による性格分類が挙げられる。クレッチマーは精神病の患者の観察をもとに，体格と性格のタイプとの関連についての理論を提唱した。細長型の体格には分裂気質(例：非社交的で控えめ)，肥満型の体格には循環気質(例：社交的で親しみやすい)，さらにこの2つに加え，後に闘士型(筋骨型)の体格と粘着気質(例：几帳面で丁寧)について述べている。このような類型論的なアプローチは先にも触れたように，私たちの日常におけるさまざまな対象のとらえ方にも即しており，直観的でわかりやすいという利点がある。しかしその一方で，単純に少数の類型に人々を分類してしまうことは，それぞれの個人が持つ細かな特徴の違いを扱えないという問題がある。例えば，

ある人を「文系人間」や「理系人間」に分けることによって，その人についての大まかなイメージを把握することはできるが，同じ文系に分けられた人同士の違いについては明らかでない。

それに対して，特性論的なアプローチでは，ある特性についてそれぞれの個人がその特性をどの程度持っているかに基づいて記述しようと試みる。つまり，文系-理系のいずれかに人々を分類しようとするのではなく，個人が文系的能力や理系的能力をそれぞれどれくらい持っているのかを量的にとらえようとするようなものといえる。このようなアプローチは，後に述べるパーソナリティの測定と密接な関わりを持ち，これまでに数多くのパーソナリティ心理学者がさまざまな特性に関する研究を行ってきた。

(2) 特性論的アプローチ

特性論的な立場に基づく研究者たちは，人の基本的なパーソナリティを記述し理解するにあたって，どのような特性をいくつ用いるのが適切かということに大きな関心を払ってきた。その答えについてはさまざまな意見や主張があり，必ずしも未だ最終的な同意には至っていないが，ここでは2つの代表的な理論について取り上げる。

a. アイゼンクの3次元モデル

アイゼンク(Eysenck, H. J.)は「外向性(Extraversion)」と「神経症傾向(Neuroticism)」という2つの次元と，さらに後に加えた「精神病傾向(Psychoticism)」からなる3次元モデルを提唱し，またそれらを測定する質問紙検査(EPQ)も考案している(Eysenck & Eysenck, 1975)。アイゼンクのモデルではそれぞれの次元に階層構造を想定しており，まず1つの次元(例：外向性)はいくつかの基本特性(例：社交性)から成っている。そしてまたそれらの基本特性はいくつかの習慣的反応(例：人とよく会話する)から成り，さらに習慣的反応は具体的な行動パターンであるいくつかの個別反応(例：友人との長電話)から構成されるとしている。

外向性の次元においては，その得点が高いほど外向的な人，得点が低いほど内向的な人としてとらえられる。外向的な人の特徴としては，社交的で人との付き合いに対して積極的である一方，内向的な人は物静かで受動的，思

慮深いなどの特徴をもつとされている。神経症傾向の次元については，この傾向の高い人は不安が高い，ちょっとしたことですぐに落ち込む，気分の振れ幅が大きいといった特徴をもち，逆にこの傾向の低い人は感情的に安定し，あまり不安などは感じないなどといった特徴をもっている。そして，精神病傾向の次元においては，得点の高い人ほど攻撃的で自己中心的，反社会的である一方，型にはまらない創造的な側面も持つなどの特徴があるとされている。

　アイゼンクの理論の重要な点として，これらの特性次元と生物学的機能との関連についても指摘していることが挙げられる(Eysenck & Eysenck, 1985)。例えば，外向的な人は内向的な人に比べて脳内の生理的な覚醒レベルが低く，それによって刺激に対する反応が弱いとしている。それに対して内向的な人は覚醒レベルが高いため，弱い刺激に対しても過敏に反応しやすいとしている。つまり，外向的な人の特徴である社交性や活動性は，脳が多少の刺激では反応しないためにより強い刺激を求めることからもたらされ，内向的な人の内気さや内省的な特徴は，弱い刺激でも反応してしまうために刺激を避けることからもたらされていると考えることができる。後のセクションで述べるように，今日では人々のパーソナリティと脳機能などの生物学的側面との関連について，さまざまな研究が行われているが，それらはこのアイゼンクの理論やアプローチに影響を受けたものが少なくない。

b. Big Five（5因子モデル）

　冒頭でも述べたように，私たちは自分自身や他者の性格について「やさしい」や「まじめ」などといった表現を用いる。これらは特性語（あるいは性格特性語）とよばれるが，私たちの言語には膨大な数の特性語が存在し，例えば，日本語の辞書（広辞苑第5版）には1万語以上の性格を表現する語句が掲載されている（辻，2001）。私たちのパーソナリティにおける重要な特性は，長い歴史の中で言語化されているはずであるという仮説をもとに，特性語の整理・分類から基本的なパーソナリティ特性を探ろうとする試み（心理辞書的アプローチ）がさまざまな研究者によって行われてきた。

　多くの特性語をいくつかのグループにまとめることができるかに関して，長い間さまざまな議論が行われてきたが，因子分析などの計量的手法などに

表14-1　Big Five の5つの次元とそれらを表す特性語の例
（McCrae & Costa, 1987）

特性次元	特性語の例
1．神経症傾向 （Neuroticism）	落ち着いた－心配な くつろいだ－神経質な リラックスした－緊張した
2．外向性 （Extraversion）	内気な－社交的な 控えめな－陽気な 無口な－話し好きな
3．経験への開放性 （Openness to experience）	平凡な－独創的な 現実的な－創造的な 単純な－複雑な
4．協調性 （Agreeableness）	つめたい－やさしい 執念深い－寛大な 思いやりのない－共感的な
5．誠実性 （Conscientiousness）	不注意な－慎重な 怠惰な－真面目な だらしない－きちんとした

よって，近年では5つの因子にまとめるのが妥当であるとの主張が主流となっている（例えば，McCrae & Costa, 1987；John, 1990）。これがいわゆる「Big Five」とよばれる5因子からなるモデルであり（表14-1），このモデルに基づいた質問紙検査としては NEO-PI-R（Costa & McCrae, 1992）などが代表的である。この5つの因子はさまざまな言語や文化を通して安定してみられることが報告されており（McCrae & Costa, 1997），日本においても同様に確認されている（例えば，和田，1996）。

成人における Big Five 得点の時間的安定性を検討した研究（McCrae & Costa, 1994）において，同じ人を対象として3年～6年の間隔をおいて検査を実施したところ，ほとんど得点の変化がみられなかったことが報告されている。また，職場での適応や対人関係，心臓疾患のかかりやすさなどといった，日常や人生における重要な結果との関連も示されている（例えば，Ozer & Benet-Martinez, 2006）。

(3)「性格」か「状況」か

　ある一人の親切な人について想像してみよう。例えば，その人が恋人にふられた友人と一緒にいるときどのような振舞いをするだろうか。また，同じ人物が道端に落ちていた財布を見かけたときにどんな反応をするだろうか。電車で座っているときに老人が目の前に立っていたらどうするだろうか。多くの人はこの人物がさまざまな状況において，一貫して親切な行動をとることを期待するだろう。

　しかしながら，ミシェル(Mischel, W.)は 1968 年に刊行された著書の中で，人間の行動は状況によって大きく異なること，つまりさまざまな状況を越えた一貫性を示すことはないことを多くのデータの裏付けをもとに主張した(Mischel, 1968)。これは私たちが持っている性格についての信念について疑問を投げかけただけでなく，特性論的な立場に基づくパーソナリティ研究に対する批判でもあった。これをきっかけに，パーソナリティ心理学者の間でいわゆる「人か状況か論争」が巻き起こり，この議論は 1980 年ごろまで続くこととなった(詳しい議論の内容とその後の展開については，若林，2009；渡邊，2010などを参照)。

　ただし，ミシェル自身は必ずしもパーソナリティの存在自体を否定したというわけではなく，同じ状況であれば個人に一貫した行動がみられると述べている(例えば，Shoda, Mishcel, & Wright, 1994)。つまり，状況と行動のパターンからその人のパーソナリティをとらえることができるとしている(参照 Mischel, Shoda, & Ayduk, 2007)。

　このような議論を経て，今ではパーソナリティ研究者の多くが，状況要因の重要性について認識している。しかしながら，そのような認識にも関わらず，特性自体の研究などと比べて，パーソナリティ研究において状況をどのように組み込むべきかについては必ずしも研究が進んでいるとはいえない。その理由としては，日常において個人が置かれている状況は多様であり，しかも状況とはあくまで主観的なものであって，全く同じ物理的環境であったとしても個人によってとらえ方は異なるというように，研究での扱いが簡単ではないことが挙げられる。しかし，最近では状況の分類をパーソナリティ研究の枠組みにおいて行おうとする試みもなされ始めてきており(例えば

Sherman, Nave, & Funder, 2010)，今後の理論や研究手法のさらなる発展が期待される。

14-3　パーソナリティの測定

　先に述べたように，特性論的アプローチでは，ある1つ（もしくは複数）の特性について量的にとらえることによって，個人のパーソナリティを記述・理解することを目的としている。また，それ以外のアプローチにおいても，個人のパーソナリティをどのようにして把握するかがそれぞれの理論や研究と深く結びついている。そういった点においてパーソナリティ測定は，パーソナリティ心理学における重要な位置を占めており，これまでにさまざまな手法や測定ツールが開発され用いられてきた。

　心理学におけるさまざまな構成概念と同様に，パーソナリティを測定するにあたっては，信頼性（その測定がどれだけ安定しているか）や妥当性（測定したいものをきちんと測れているか）などの問題を十分に考慮する必要がある（詳しくは小塩，2010などを参照）。

（1）自己報告法

　与えられた質問に対して，用意された選択肢に応じて回答を求め，その結果を得点化するというもので，質問紙法とよばれることもある（図14-1および図14-2に質問項目の例を挙げる）。ある特性について測定することを目的とした場合，質問紙法は基本的に複数の質問項目から構成されることが多く，そのような一連の項目からなるセットを心理尺度とよぶ。尺度の形式にはさまざまなものがあり，質問項目が文章形式のものもあれば（図14-1），与えられた特性語が自分の性格にあてはまるかを判断させるもの（図14-2）などもある。また回答の際の選択肢も，「はい・いいえ」のような二者択一式もあれば，例に挙げた尺度のような多肢選択式の場合もある。このとき，選択肢の数に応じて「～件法」（例えば「はい・いいえ」であれば2件法）とよばれる。

　自己報告法のメリットとして，第三者には直接観察することが難しい本人

```
●次の特徴について，あなた自身にどの程度あてはまるかお答えください。

 「だいたいにおいて，自分に満足している」

      あてはまらない            あてはまる
         1 --- 2 --- 3 --- 4 --- 5
```

図14-1　文章形式の尺度の例(山本・松井・山成，1982より一部を抜粋)

```
●以下の項目はあなた自身にどれくらいあてはまりますか。

 「怒りっぽい」

   全くあてはまらない                    非常にあてはまる
       1 --- 2 --- 3 --- 4 --- 5 --- 6 --- 7
```

図14-2　特性語を用いた尺度の例(和田，1996より一部を抜粋)

の内的経験(思考や感情など)について回答を求めることができることが挙げられる。また，実施が容易なことから短時間で数多くのデータを集めることが可能である。このような理由から，現在パーソナリティ研究において最もよく用いられる手法となっており，これまでに数多くの尺度が開発されている(参照　山本・堀，2001)。しかし，回答者が回答を偽ってしまう可能性や，自分自身で意識的に気づいていない側面については回答できないといった問題なども存在する。

(2) その他の手法

　観察法では調査対象者の行動や発話などを観察し，記録や評定を行う。観察はさまざまな日常的場面に調査者が直接出向いて行うこともあれば，実験室などで意図した状況をあらかじめ構築し，統制された環境で行うこともできる。ビデオカメラ等の機材を用いれば観察者の存在の影響を少なくすることもでき，実際の自然な振舞いからパーソナリティに関する多くの情報を得ることができる。また同様の手法として，直接の相互作用を通して記録や評定を行う面接法が挙げられる。しかしいずれの手法においても，観察者や面

接者の主観が入りやすく，結果や評価の解釈が評定者自身の経験や能力などに大きく左右されやすい。費用や手間もかかるため，多くのデータを一度に集めることが難しいといった問題もある。

投映法とよばれる手法では，一般的な手続きとして，曖昧で多義的な刺激を回答者に呈示し，思いつくままに自由な反応を求める。自己の内部にある衝動や感情が，それら曖昧な刺激に対する反応に無意識のうちに反映（投影）されているという仮定に基づいている。代表的なものとして，例えばロールシャッハ・テストでは，インクのしみによってできた左右対称の絵柄を見せて，回答者にそれが何に見えるかを尋ねる。また，主題統覚検査（TAT）では，日常場面における人物が描かれたカードが呈示され，その光景からそれがどんな場面で登場人物がどのようなことを考えているかなどの物語を回答者に自由に語らせる。これらの手法は回答者が何を測定されているのかに気づきにくいことから，意図的に回答を偽ったり修正したりすることが難しいというメリットが挙げられる。しかし，結果の解釈は検査者の主観による部分が大きいとされ，テストの信頼性や妥当性の面について慎重な検討が必要である。

作業検査法では，ある作業課題に従事させ，課題遂行の様子や作業量などからパーソナリティを測定する。例えば，内田・クレペリンテストでは，一列に並んだ数値の加算課題を連続的に行わせ，その列ごとの計算量からタイプ分けを行う。自己報告法などとは異なり，言語に基づかない比較的客観性のある反応を得ることができるが，測定できるパーソナリティの側面は作業に関連したものに限定されるため，他の手法と比べて多面性に欠ける。

14-4　パーソナリティの背景

私たちは人それぞれ顔や身体つきが異なっているように行動や振舞いも異なっており，それが人々のパーソナリティの違いを反映しているように思われる。そのような違いはどこからもたらされているのだろうか？それに対する完全な答えはまだ得られてはいないが，それらを考える上での1つの手がかりとして，脳機能との関連，遺伝，進化や文化の問題についてここで扱う。

(1) 脳機能との関連

　グレイ(Gray, J. F.)は，パーソナリティにおける個人差を脳機能の違いからとらえ，行動抑制システム(BIS)と行動活性化システム(BAS)という2つのシステムからなる理論を提唱した(例えば，Gray & McNaughton, 2000)。BISは罰の存在や報酬が存在しない場面，新奇な刺激などに対して反応し，脅威の予期に注意を促し，行動を抑制するよう導くものである。つまり，一時的に行動にブレーキをかけることで危険からの離脱や回避をもたらすシステムといえる。一方，BASは報酬の存在や罰が存在しない場面，望ましい目標などに対して反応し，行動の活性化を導く。こちらはブレーキに対して，アクセルのように目標や得られる報酬に対して接近させるシステムと考えられる。この2つのシステムの反応の優位性には個人差があるとされ，それを測定するための尺度も開発されており(Carver & White, 1994；高橋ら，2007)，日常における感情経験などとの関連も報告されている(Gable, Reis, & Elliot, 2000)。

　その他にも例えば，シャイで内気な人における脳の働きを検討した研究では(Beaton et al., 2008)，見慣れない人の写真を見たときに，ネガティブ感情と関連することが知られている扁桃体という脳の部位の活動が高まることが示されている。また，脳の部位の活動だけでなく，脳の働きに関わる化学物質についても研究がなされており，スリルや新奇な刺激を求める刺激欲求の高い人は，不安や恐れに関連するホルモンであるコルチゾールのレベルが低いことが報告されている(Zuckerman, 1998)。このような生物学的要因が特定のパーソナリティと関連していると単純に考えることについては慎重であるべきだが，言語報告や行動観察などからのデータと合わせて考えることによって，統合的なパーソナリティの理解につながるものと思われる。

(2) パーソナリティは遺伝するか

　親子やきょうだいといった血縁関係にある間柄では，身長などの身体的特徴が似ていることが多いが，同じように性格などのような心理的特徴も似ているように感じられることがある。私たちの身体的な性質が遺伝によって多く規定されていることは知られているが，パーソナリティもまた遺伝の影響

を受けているのだろうか？

　このような問題については主に行動遺伝学とよばれる分野において扱われ，双子を対象とした研究（双生児法）によってさまざまなことが明らかにされつつある（参照 安藤，2000）。双生児法では，一卵性双生児（100％の遺伝子を共有）や二卵性双生児（50％の遺伝子を共有）のパーソナリティを測定し，遺伝要因と環境要因がどの程度それぞれのパーソナリティに影響を及ぼすかを検討している。そのような研究から得られた結果としては，例えば先に述べた Big Five の 5 つの特性を測定した場合では，遺伝的要因によってデータの約 30％～50％が説明されることが示されている（参照 若林，2009）。つまりこのとき環境要因によってはデータの約 50％～70％が説明されることを意味している。しかし，このような結果は，私たちが親のパーソナリティを50％受け継いでいるとか，あるいは私たちのパーソナリティの半分が，生まれつき決められているといったようなことを表しているわけではない。これらの値はあくまでその研究で得られた測定データをそれぞれの要因がどれだけ説明しているかを統計的に推定したものであり，パーソナリティに及ぼす遺伝の影響を直接的に示した値ではないことに注意が必要である。また，生まれ（遺伝）と育ち（環境）が必ずしも相互に別々に私たちのパーソナリティに影響を及ぼしているというわけではない。

　例えばカスピら（Caspi et al., 2002）の研究では，モノアミン酸化酵素に関わる遺伝子（MAOAとよばれ，攻撃行動に関連することが知られている）と子どもの反社会的行動との関連について検討を行った。その結果，遺伝的に MAOA の活性度が低い子どものうち，虐待を受けた経験のある子どもは反社会的行動をとりやすいが，虐待経験のない子どもではそのような傾向がみられなかった。一方，MAOA の活性度が高い子どもでは，虐待経験の有無は反社会的行動と関連していなかった。つまり，遺伝的要因と環境的要因の組み合わせの仕方によって，反社会的行動への影響の程度は異なっていたのである。

（3）進化と文化

　パーソナリティが少なからず遺伝によって受け継がれるという知見は，私

たちのパーソナリティが長い人類の歴史に由来するという刺激的な考えをもたらす。このように、パーソナリティに限らず人々の心のはたらきを進化的視点でとらえようとする試みは、進化心理学とよばれる分野において扱われている（参照 長谷川・長谷川, 2000）。例えば、男女の性的嫉妬のパターンの違いが、それぞれが取り組まなければならない進化的な適応問題の違いによるものであることが示唆されている（Buss, Larsen, Westen, & Semmelroth, 1992）。ではパーソナリティやその個人差については、進化的にどのようにとらえることができるのだろうか？

　ネトル（Nettle, 2006, 2007）はBig Fiveの5つの特性それぞれについて、私たちがなぜそのような特性を持ち、またそれぞれの特性について個人によってその程度が異なるのかについて、進化的適応の視点から説明を試みている。例えば協調性の次元については、協調性の高いことには他者との関係の構築や他者からの信頼という点ではメリットがあるが、一方で個人的な利益の追求という点ではデメリットになる場合もあるとしている。手に入る食物が少なく、集団の全員が協力して狩猟や採集をしなければならないような環境では協調性の高さは自己の利益をもたらすが、食物が豊富で自力で得ることができるような環境では逆に利己的な個体の方が有利になる。このように、協調性のレベルの適応度はさまざまな環境に応じて変化することから、この特性の個人差は進化的に維持されてきたのだとしている。こういった進化的なアプローチは実証的な研究が困難ではあるが、私たちのパーソナリティの成り立ちや機能を考える上で、1つの有益な視点を与えてくれる。

　また、パーソナリティに与える環境の影響という点では、現代の私たちを取り巻く文化の影響を外すことはできない。ニスベット（Nisbett, 2003）は、文化によって物事や人に対する認知や情報処理の仕方に違いがみられ、東洋文化では包括的な処理スタイルが、西洋文化では分析的な処理スタイルがそれぞれみられると述べている。前者のスタイルは対象を取り巻く環境全体に注意を払い、対象と環境との関係を重視する一方で、後者のスタイルでは対象そのものの属性に注意を向け、カテゴリーに分類することで対象を理解しようとするものとしている。パーソナリティにおける環境や状況の重要性については、これまでに述べてきた通りだが、文化は状況そのものやその解釈

において重要な役割を果たしていると考えられる。今後は東洋と西洋といった大きな枠組みだけでなく，大小さまざまなレベルの文化とその影響に関するさらなる研究が望まれる。

14-5　パーソナリティ心理学が目指すもの

　パーソナリティ特性を用いて人や行動を説明しようとするとき，しばしば循環論法に陥ってしまうことがある。例えば，よく笑う人を見て「明るい性格だな」と思ったときに，そもそもなぜその人がよく笑うのかを考えると，「明るい性格だから」としたくなってしまう。これは一見すると特に問題のない説明を行っているように思えるが，ある行動（よく笑う）をとる人をある性格（明るい）に置き換えているだけであって，「よく笑うのはよく笑う性格だからだ」と言っているのとそれほど変わらない。

　したがって，パーソナリティ心理学においては，ある特徴を持つ人をある特性から記述することだけを扱うのではなく，そのパーソナリティの背後に横たわるメカニズムの解明が大きな目的の1つとして挙げられる。スピードの違いや燃費の良し悪しなどによって車を分類するだけでなく，それらの原因となるエンジンの構造を明らかにすることが重要なのである（参照 Cervone, 2005）。先ほどの例で考えると，明るい性格の人はそうでない人と比べて，その心のはたらきにどのような違いがあるため，よく笑うなどの行動がもたらされるのかを検討することが必要であるといえる。パーソナリティによる個人差の記述は，それだけでは循環論法的な性質から逃れられないが，そこからより具体的な心理的プロセスをつきとめることによって，人や行動をよりよく理解し予測できるようになると考えられる。

　私たちのパーソナリティは多種多様であり，またそこに横たわるメカニズムも複雑であるため，ここで挙げたもの以外にも数多くのアプローチの仕方が存在する。またパーソナリティ心理学以外の分野，例えばこのテキストの他の章で紹介されているさまざまな知見や手法なども，人のパーソナリティを理解するにあたって大いに参考になるものと思われる。

15章　社会行動

　人は社会的動物といわれる。個人の行動は絶えず社会の影響を受け，逆に個人の行動が社会に影響を及ぼしてもいる。ここでいう「社会」とは，世間や世論のようなものだけではなく，他者や集団，個人の置かれた状況や文化などを広く指すものである。本章では個人がどのように社会を理解し，社会の影響を受け，また社会に影響を及ぼすのかを見ていく。

15-1　対人認知

　初期の対人認知研究はアッシュ（Asch, 1946）による印象形成の実験に代表される。彼はある人物についてのいくつかの特徴と称して2群に分けた実験参加者に特性語のリストを読み上げて聞かせた。A群には「知的な，器用な，勤勉な，温かい，決断力のある，実践的な，注意深い」の順に，B群には「温かい」の部分だけを「冷たい」に変えた以外はA群と同じリストを読み上げた。そして「想像力のある―想像力のない」「幸福な―不幸な」などの特性語対を用いてその人物の印象を評定させたところ，その印象には大きな差があり，A群の参加者の方がこの人物を好意的に評定していた。一方，「温かい」「冷たい」の代わりに「礼儀正しい」「無愛想な」を入れて同様の実験を行い比較したところ，その印象の違いは「温かい」「冷たい」を入れた場合の違いほど大きくはなかった。この結果は，対象人物の全体的な印象が，個々の特性の単なる合計ではなく特性語どうしの関係によって決まることを意味する。このように，初期の対人認知研究は特性語などの対人情報そのものの性質に注目し，その重みづけや情報どうしの関連を明らかにしようとしていた。

（1）対人情報処理に関するモデル

その後，対人情報が認知者の内部でどのように処理されるかという情報処理の観点からの研究が多く行われるようになった。同じ特性語を並べても，同じ行動を見ても，認知者が異なればそれらの情報が処理される過程は多少なりとも異なり，結果として対象人物に対する印象や判断も異なる。

a. 対人情報処理の2過程モデル

他者についての判断は，その人物の様子や振舞いをほんの少し見ただけで即座に行われる場合もあれば，即断を避け，対象人物をじっくり観察し慎重に考えて行われる場合もある。対人情報の処理にはこれら2つの過程の両方が関わっていると考えられ，これを統合したモデルがいくつか提案されている（Brewer, 1988；Fiske & Neuberg, 1990）。これらのモデルは次のようにまとめることができる。第1の過程では，対象人物を見ると即座に，性別，人種や職業など，一瞥してすぐにわかる情報から何らかの社会的カテゴリに当てはめるような判断をする。対象人物に関連や関心がある場合は第2の過程が働き，さらに詳細な情報処理を行う。例えば個々の行動や個人の属性の一つひとつが検討される。こうして，対人情報が柔軟に処理されると考えられる。

b. 対人情報処理に影響を与える要因

対人情報処理は，認知者が持っている経験，記憶や知識など認知的枠組みの影響を受ける。コーエン（Cohen, 1981）は，職業ステレオタイプなどのスキーマがあると，そのスキーマに一致しない情報に比べて一致する情報がよりよく記憶されるという記憶バイアスの存在を明らかにした。彼女は印象形成の研究と称して，司書らしい特徴（クラシック音楽，本を読んで過ごしたなど）とウェイトレスらしい特徴（ポップミュージック，部屋に本棚がないなど）が同数ずつ入ったある刺激人物についての映像を見せた。参加者には刺激人物の職業を「司書である」または「ウェイトレスである」と告げてあった。映像を見せた後に再認テストを行ったところ，同じ映像を見ていたにもかかわらず，刺激人物が司書だと告げられていた参加者は司書らしい特徴を，ウェイトレスであると告げられていた参加者はウェイトレスらしい特徴をより多く記憶していた。つまり刺激人物の職業を告げられるとその職業に

関するスキーマに基づいて情報処理が行われ，スキーマに一致する情報がよりよく記憶されていた。

対人情報処理は，認知者と対象人物の関係によっても異なる。山本・原(2006)は，認知者と対象人物の間に相互作用があるか，地位の差などお互いが受ける影響力に違いがあるか，好意を持っているかなどによって対人関係をいくつかのレベルに分類し，関係レベルによって対人情報の処理のされ方が異なると述べている。関係が深いほど，対人情報は詳細に処理される。

(2) 帰属過程

ある現象や行動の原因を推論する過程を帰属(attribution)とよぶ。他者の行動を観察してその行動を行った原因を推論(原因帰属)したり，そこからさらに他者の内的な傾向性を推論(属性推論)したりする。それによって他者についてよりよく理解し，他者との相互作用を円滑にすることができる。

a. 対応推論理論

人の行動は，行為者自身の意図や性格などの内的要因と，行為者が置かれた社会的状況や物理的環境などの外的要因の組み合わせによって決まる(Heider, 1958)。

対応推論理論(Jones & Davis, 1965)によれば，人は他者の行動からその人物の態度や性格などを推論する際，基本的には行動に対応する意図や性格を推論する。その推論にどの程度の確信度を持つかは，その行動の情報価による。例えば社会的に望ましい行動は，個人の意図や性格に関わらず，そうするべきという規範(すなわち外的要因)に従って行われる可能性があるため，行為者の意図や性格についての推論の確信度は低くなる。

しかし現実社会ではこうした推論をするための情報が十分に入手できなかったり，情報は入手できても十分に考慮されなかったりして，推論に一定方向への偏り(バイアス)が見られる場合もある。外的要因を十分に考慮せず，行動に対応する行為者の傾向性を推論する傾向を対応バイアス(correspondence bias)または基本的な帰属の誤り(fundamental attributional error)とよぶ。

b. 属性推論の段階モデル

上記のようなバイアスが見られることから，属性推論の際の情報処理は段階的に行われるとする考えに基づき，ギルバートら(Gilbert et al., 1988)は3段階モデルを提案している。行動を観察すると，第1段階としてその行動がどのようなものであるかを同定しカテゴリ化する（例：彼女が泣いている）。第2段階ではその行動から特性（行為者の傾向性）を推論する（彼女は泣き虫だ）。この段階では行動に対応する特性を推論する。第3段階で初めて外的要因などが考慮され，先の推論が修正される（彼女の愛犬が死んだらしい。そんな時には誰でも泣くだろうから，彼女が泣き虫とは言いきれない）。第2段階まではあまり努力を必要とせず自動的に行われるが，第3段階の修正は意識的に行う必要があるため，場合によっては十分に修正がなされず，外的要因が働いているにも関わらず誤って行動に対応する特性が推論されやすくなる。

15-2 自己認知

(1) 自己の定義

心理学の研究対象としての「自己」(self)に初めて言及したのはジェームズ(James, 1890)である。ジェームズによれば，自己は二重構造であるという。「I think about me.」というときの「I」は自分について考えるという行為の主体であり，主体的自己，主我などとよばれる。一方「me」はIが行う「考える」という行為の対象であり，客体的自己，客我などとよばれる。

自己（厳密に言うならば客我）の定義は研究者間で完全に一致しているわけではないが，以下に示す定義はよく知られている。

自己の二重性を指摘したジェームスは，自己とは「人が自分のものとよぶことのできるものすべての総和」であり，物質的自己（身体，衣服，家族，家，財産など），社会的自己（関わりのある人から受ける認識），精神的自己（意識状態，心的状態，傾向性）の3つの要素を持つとした。

クーリー(Cooley, 1902)によれば「私の」と感じられるものが自己であるという。「私の」という感覚は社会生活の中でこそ見いだされるものである

とし，特に社会的自己を強調した自己のとらえ方をしている。社会的自己はいわば自分が他者の目にどう映っているか(についての想像)である。自己像は自分の身体を鏡に映して見るように他者の視点を介して把握される。これは鏡映自己(looking-glass self)または反映自己(reflected self)とよばれる。

(2) 自己概念・自己知識

「真面目である」「社交的である」のように，自己の性質に関する認知や信念を自己概念(self-concept)とよぶ。「男性である」「昨日彼女と別れた」のように客観的属性やエピソードも含めて包括的に自己知識(self-knowledge)とよぶこともある。

近年，自己概念は辞書的知識のような静的なものでなく，状況によって柔軟に変動しうるものととらえられるようになった(例えば，Markus & Wurf, 1987)。自己に関する表象はさまざまな概念の集合から構成されているが，そのすべてが常に意識されているわけではない。魅力的な異性と会う状況では自分の外見や人柄を意識しやすくなり，試験を受ける状況では試験に関連する自分の能力について考えやすくなるなど，特定の状況においてその状況に関連する自己概念が活性化し，作動自己概念を形成する。

(3) 自己指針と自己制御

自己概念には，現実にどのような人間であるか(現実自己：real-self)という知識のほかに，このような人間でありたい(理想自己：ideal-self)，このような人間でなければならない(義務自己：ought-self)という，自己に関する認識も含まれている。これらの自己概念は自己指針としての役割を果たし，個人は現実自己と自己指針が一致するように自己制御(self-regulation)を行う。

自己不一致理論(セルフ・ディスクレパンシー理論：Higgins, 1987)によれば，自己指針と現実自己の間の不一致が大きすぎるとネガティブな感情が生じる。理想自己と現実自己の不一致は，理想という望ましい状態の不在を表し，失意や落胆に関連する感情が生じる。義務自己と現実自己の不一致は，果たすべき義務が果たせないという望ましくない状態の存在を表し，罰せら

れることに対する恐れや不安に関連する感情が生じる。

自己制御の成否は，制御のための心的資源の有無や，理想と義務のどちらを志向した自己制御をしやすいかという個人差など，さまざまな要因によって異なる。

(4) 自己評価と自尊心

自己概念の具体的な側面（例えば数学能力や容姿など）に対する，良い，悪い，好き，嫌いなどの評価を自己評価(self-evaluation)とよぶ。一般に自己評価は高い方が望ましいが，他者評価と著しく乖離して高い自己評価を持つことは難しい。例えば友人の多くが100点を取った数学の試験で自分は0点を取ったという現実を目の当たりにして，数学能力に関する自己評価を高めることは難しい。

個々の側面ではなく総体的な自己に対する評価を自尊心(self-esteem)とよぶ。これは自分を基本的に価値ある存在とみなす程度のことであり，精神的健康や適応の基盤をなすとされる(Tesser, 2001)。他者からの評価や個々の側面に対する評価とは必ずしも一致しない。

自己を評価するのは自分について知りたいからである。ただし，自分をどのようなものとして認識したいのか，すなわち自己に関するどのような情報を集めようとするかは，状況によって異なる。自己に関する情報を集める際の主な動機は3つある。自己高揚動機は自己を肯定的にとらえようとし，自己にとって否定的な情報を避けようとする動機である。いわば自尊心を高めようとする動機ともいえる。自分に自信を持って積極的に行動するためには，自分の欠点や不安な点などからあえて目を逸らすこうした動機が重要である。自己査定動機は，内容の望ましさに関わらず自己について正確に知ろうとする動機である(Trope, 1983)。例えば重要な試験に合格するための勉強方針を考える際は，自分の得意分野だけでなく苦手分野（すなわち自己にとって否定的な情報）についてもきちんと知る必要がある。自己確証動機は，もともと持っている自己概念が確かにその通りであるという確証を得ようとする動機である。自分や世界が予測可能で統制可能であると感じられるためには自分自身というものを正しく把握していなければならないため，自

分の認識の正しさを確認する必要がある(Swann et al., 1992)。これらの動機の相対的な強さは状況によって変化すると考えられる。

15-3 態度と態度変容

(1) 態度とは

態度(attitude)の心理学的な定義として代表的なものは，オルポート(Allport, 1935)によるものである。それによれば態度とは「経験を通じて体制化された心理的あるいは神経生理的な準備状態であって，人が関わりを持つすべての対象や状況に対するその人自身の行動を方向づけたり変化させたりするもの」である。簡単にいえば，人の社会的行動を予測・説明するために提案された概念である。

態度は感情，認知，行動という3つの要素から構成され，これらが互いに整合性を保つような形で対象に対する態度が形成されたり，変容したりする(Rosenberg & Hovland, 1960)。例えば魅力的な異性に対する態度は「彼女のことが好きだ」という感情要素，「彼女は人当たりがよい」のような認知要素，「彼女をデートに誘う」のような行動要素から構成される。

態度は人の行動を予測・説明するために提案された概念であるが，実際にはなかなかうまく予測・説明することはできない。例えば好意を抱いている異性に対してわざと冷たく振舞うなど，態度と行動が一致しない場合もあるからである。

(2) 態度の変容／説得

嫌いだった人を好きになったり，乗り気でなかった提案を受け入れることにしたりと，態度は変容する。他者の態度を変容させようとする振舞いを説得(的コミュニケーション)とよぶ。どのような場合に態度が変容するのか，すなわちどうすれば他者を説得できるのかについては，さまざまな視点から検討がなされている。

a. 認知的一貫性を求めての態度変容

ハイダー(Heider, 1958)は認知的均衡理論(またはバランス理論：cognitive

15-3 態度と態度変容

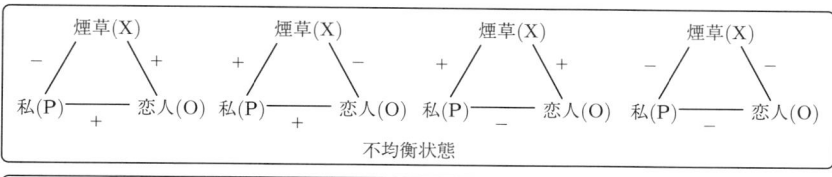

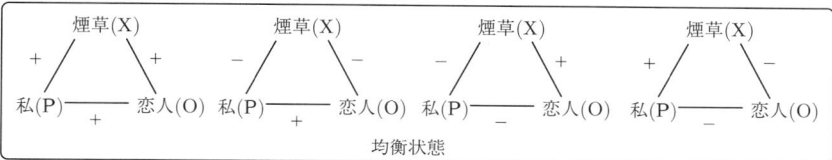

図15-1 認知的均衡理論（バランス理論）

私(P)は煙草(X)が嫌いであるが(PとXの関係はマイナス)，私の恋人(O：PとOの関係はプラス)は喫煙者である(XとOの関係はプラス)という場合は不均衡状態である。この場合，恋人を嫌いになる，煙草に対する嫌悪感を減らすなどの態度変容が生じうる。

balance theory)を提唱し，対象への態度は自分(P)，態度対象(X)，そして対象に関連する他者(O)の三者間の関係によって決まるとした。ここでいう「関係」とは，対象に対する好意的または非好意的な感情(心情関係 sentiment relation)と，複数の対象が所有，近接，類似，因果などの関係にあってひとまとまりと知覚されるかどうか(単位関係 unit relation)の2種類である。P, O, Xそれぞれの対象間の好意的関係または単位関係をプラス，非好意的関係または非単位関係をマイナスとする(図15-1)。三者の関係それぞれの積がプラスであれば均衡のとれた状態であり，その態度は安定する。積がマイナスの場合は不均衡状態であり，不快な状態である。そのため，均衡状態に戻すためのいずれかの関係を変える。すなわち態度変容が生じる。

認知的不協和理論(cognitive dissonance theory)は，態度対象にまつわる複数の認知要素間の一貫性を保つことに注目して態度変容を説明しようとする(Festinger, 1957)。ある対象に関しては複数の認知要素を持ちうる。例えばA大学という対象に関して「私はA大学の学生である」と「私はA大学に入りたいと思っていなかった」のように認知要素間に矛盾や不一致がある状態を不協和とよび，これは人にとって不快な状態である。したがって不協和状態を解消するために態度変容が生じる。先の例でいえば「入ってみたと

ころA大学はよいところであった」とA大学に対してポジティブな態度を持つようになったり，A大学をやめて別の大学を受験し直そうとしたりする可能性がある。

b. 関連情報を処理した結果の態度変容

態度形成・変容の理論的研究としては，態度対象に関する情報処理過程を説明しようとする精緻化見込みモデル（Elaboration Likelihood Model：ELM）をあげることができる。ペティとカシオッポ（Petty & Cacioppo, 1981）は，説得メッセージがどのように処理され，態度変容にどのように影響するのかを検討し，説得メッセージを処理する2つのプロセスを提案した。1つはメッセージを詳細に吟味（精緻化）する中心ルートであり，もう1つは態度対象の本質とは直接関連のない周辺的手がかりから（いわば短絡的に）判断を下す周辺ルートである。中心ルートを経て変容した態度は持続的で比較的変容しにくく，行動との一貫性も高い。一方，周辺ルートを経て変容した態度は一時的でその後も別の情報に影響されて変容しやすく，行動を予測することは難しい。

例えばパソコンの購入を検討する際にはさまざまな説得メッセージが提示される。CPUの処理速度やメモリの容量などパソコンそのものの性能に関して詳細に検討するのが中心ルートであり，これらの情報を検討して好意的な評価をした場合にはその商品を購入し，使い勝手などの満足感も続くであろう。一方，そのパソコンのCMに自分の好きなタレントが出ているなど，パソコンそのものとは関係のない情報からそのパソコンを好意的に評価するような場合は周辺的な態度変容であり，パソコンを購入後に使いづらいなどの理由でそのパソコンに対する態度が非好意的なものに変わるかもしれない。ただし，ある情報が本質的か周辺的かの判断は難しい場合もある。

どちらのルートを取るかは，態度対象について考える動機（対象に対する関心）と能力（考える時間的・認知的余裕）の有無によって決まるといえる。動機と能力があれば中心ルートでの情報処理が行われる。

15-4 対人行動

　好意を寄せる，援助する，攻撃する，取り引きする，協力する，裏切る，情報を伝えるなどなど，他者に対する行動は多岐にわたる。これらの対人行動がどのように決定されるのかを検討する視点として，社会的交換理論が提案されている。

(1) 社会的交換理論

　社会的交換(social exchange)とは，他者との相互作用を何らかの資源の交換(コストを払い，報酬を得る)とするとらえ方である。社会的交換に用いられる資源(社会的交換財)は金銭と物品だけではない。フォア(Foa, 1971)は社会的交換に用いられる交換財を金銭，情報，地位，サービス，愛情，物品の6つに分類し，これらの交換財の性質を個別性(その交換財をくれる相手によって価値が変わる程度)と具体性(もらった財の量や質の明確さ)という2つの観点から整理した。

　社会的交換の基礎として，私たちの間には互恵性(reciprocity)規範が働いていると考えられる。互恵性規範とは，他者から好意や援助を受けたら，同じくらいの価値のあるお返しをしなければならないというものである(Gouldner, 1960)。この規範は多くの文化で見られ，強力に作用している。他者から何らかの交換財を得たとき，その他者に同程度のお返しをしなければならないと感じるが，交換財によってはどの程度の返報が相手から得た報酬と等価であるのかが不明確である。人はこの問題にどのように対処しているのであろうか。次に，いくつかの考え方を紹介する。

a. 衡平理論

　経済的交換に則して考えれば，人はなるべく少ないコストでできるだけ多くの報酬を得ようとすると想定される。しかし相手も同じように考えるため，そのままでは交換自体が成り立たない。お互いが納得できる交換が成立するためには，その交換に公正さ(fairnessまたはjustice)を感じられる必要がある。

　アダムス(Adams, 1963)は衡平理論(equity theory)の中で，人がどのよう

な状態を公正とみなすのか，交換が不公正であるとみなした場合にどのように反応するのかを説明した。AとBの二者で報酬を分配するとき，コスト（衡平理論では投入 input とよぶ）と報酬（衡平理論では成果 outcome とよぶ）の比率が同じになっている状態を衡平とよぶ。人は衡平である場合に公正さを感じ，その関係を心地よく感じるという。例えば2人で行った仕事に対して10000円の報酬が支払われたとき，6時間働いた（すなわち6時間を投入した）自分に6000円，4時間働いた相手に4000円が分配されると考えると衡平である。

$$\frac{6000円（OA：Aの成果）}{6時間（IA：Aの投入）} = \frac{4000円（OB：Bの成果）}{4時間（IB：Bの投入）}$$

不衡平状態は2種類ある。自分の報酬が過小な場合には怒りを感じ，衡平状態を取り戻そうとする。自分の報酬が過剰な場合には罪悪感や負い目を感じ，やはり衡平状態を取り戻そうとする。具体的には実際の成果または投入を変える方法や，成果または投入に対する認知を変える方法などがある。どうしても衡平状態にすることができなければ，その他者との関係自体を解消してしまう可能性もある。

現実には，公正と感じられるのは衡平状態だけではない（Deutsch, 1975）。例えば，成人が持つ選挙権は年齢，職業や納税額などに関わらず1人1票である。これはすべての成員に同じく成果を分配する平等（equality）原理が公正とみなされている例である。このほかに，個々人の必要に応じて成果を分配する必要（need）原理が公正とされる場合もある。行政サービスなどは，支払う税金の額によらず必要な人が必要なだけのサービスを受けられることが求められる。

b. 相互依存性理論

個人の行為によって個人および他者にもたらされる結果が，他者の行為やその結果によって左右される場合，この個人間に相互依存性（interdependence）があるという。お互いに自分の結果を自分だけでは統制できない状況である。このような状況で人が自分の行為をどう決定するのかを説明しようとするのが相互依存性理論である（Kelley & Thibaut, 1978）。

相互依存関係の典型的なものは「囚人のジレンマ」である。囚人のジレン

15-4 対人行動

利得		Bの選択	
		協力	非協力
Aの選択	協力	10 / 10	20 / −15
	非協力	−15 / 20	−5 / −5

図15-2 囚人のジレンマの利得行列
各セルの斜線の下の数字がAの利得，上の数字がBの利得を表す。

マ状況では，相互作用の当事者が取りうる行動の選択肢は相手への「協力」か「非協力」である。例えば，AとBの2人が一緒にいる時にサークルの先輩から面倒な仕事を頼まれてしまったとする。AとBの行動の選択肢と利得は図15-2のような利得行列で表すことができる。個人は自分がその仕事をする（協力）かしない（非協力）かを選ぶ。ここでの利得を満足度（数値が大きいほど満足度が高い）とすると，自分の満足度が最も高くなるのは，相手がその仕事を全部してくれた場合である。仕事を半分ずつに分けるなど両者が共に協力すれば，どちらもある程度の満足が得られる。自分だけが仕事をするはめになってしまった場合，自分の満足はすべての選択肢の組み合わせの中で最も低くなってしまう。

　数学的には相手の選択に関わらず自分は非協力を選択するのが最も合理的な判断とされるが，現実にはこのような場面で協力を選択することもある。どのような場合に協力を選択するのか，多様な相互依存関係の様相を明らかにするため，囚人のジレンマは，相互作用が反復される場合や3人以上での相互作用状況など，さまざまな事態に適用され検討が進められている。

（2）対人コミュニケーション

　コミュニケーションとは何か，一言で説明することは難しい。広くは社会的交換そのものということもできるかもしれないが，主には情報などの「意味」を共有しようとする行為である。送り手がある「意味」を言葉や身振りなどの信号に変換して他者（受け手）に伝達し，受け手が信号を再度変換して

「意味」を理解したときに，コミュニケーションが成立したといえる。コミュニケーションに用いられる手段(チャネル)は，言語チャネル，声の大きさや言い間違いなどの準言語チャネル，身振りや表情などの非言語チャネルの3つに大別され，それぞれのチャネルで伝えうる意味や影響力の大きさについて膨大な知見が積み重ねられてきている(松尾，1999などを参照)。

人間の最も基本的なコミュニケーションの形式は対面(Face-to-Face communication：FTF)であるが，技術の発展とともに手紙や電話，コンピュータなど多様なコミュニケーションメディアが発達してきた。

コンピュータを介したコミュニケーション(Computer-Mediated Communication：CMC)はインターネットの発展にともなって1990年代から急速に広まり，個人のコミュニケーションのあり方を変えるだけでなく，社会にも大きな影響を及ぼすようになった。個人が行うCMCがFTFと大きく異なる点は，CMCは主に文字情報によるやりとりであるために，人種，性別，年齢などの社会的な手がかりや表情，ジェスチャ，服装などの非言語的手がかりに関する情報が伝わらないこと，不特定多数の他者とのコミュニケーションがありうること，個人を特定されにくいことである。これらの性質はコミュニケーションの成否や対人関係にポジティブな効果もネガティブな効果ももたらす。ポジティブな効果としては，現実社会では評価懸念や偏見への恐れのために表出しにくい「真の自己」をインターネット上で表出することで，現実社会では実現できない社会的・心理的欲求を満たすことができたり，「真の自己」を受け入れてくれる他者と親密な関係を発展させたりすることができる(Bargh et al., 2003)。一方でネガティブな効果として，個人が特定されにくいために本音を出しやすく，ネガティブな感情を表出しやすくなったり，社会的規範を破っても制裁を受ける危険が低いために，他者への誹謗中傷など反社会的な行為が生じたりする(小林，2001；三浦，2008などを参照)。

15-5 集団行動

2人以上の人が集合し，その人々の間で，持続的な相互作用が行われる，

規範が形成される，外部との境界が意識されるなどの性質を持つ場合，これを集団とよぶ．個人が1人でいるときと集団の成員の1人としているときでは，行動やその結果が異なる．

(1) 集団での活動
a. 集団への同調
　他者や集団が持っている基準や期待に沿って，他者や集団と同一または類似した行動を取ることを同調(conformity)とよぶ．アッシュ(Asch, 1963)は8人グループの実験参加者に，非常に簡単で正解が明らかな三択の課題を見せ，順番に口頭で答えさせた．実際には8人中7人が実験者の依頼を受けた協力者(いわゆるサクラ)であり，本物の参加者は常に7番目に答えるようになっていた．協力者全員が全く同じ誤答をしたときの参加者の反応を見たところ，約30％は協力者と同じ誤答(つまり同調)をしていた．

　同調を引き起こす影響過程は2つある(Deutsch & Gerard, 1955)．1つはその場で正しい反応(例えば問題に対する正答)が曖昧な場合，他者の反応から正しい反応についての情報が得られるとみなし，結果として他者と同じ反応をするという情報的影響である．もう1つは正しい反応が明白であるにもかかわらず，正しい反応をすると他者や集団(集団内の多数派)から拒絶され孤立する危険があるときに，いわば「多数派の圧力に屈する」形で他者と同じ反応をする規範的影響である．他者から拒絶されることが個人の生存を脅かすなど大きな脅威となる場合には，自分の本意に反して他者に同調する．

b. 集団極性化現象
　集団で意思決定を行った場合の特徴として，個人での意思決定よりも極端な判断がなされる集団極性化現象(group polarization)がある．極性化には2つの方向がある．個人で行う意思決定よりも大胆でリスクの高い決定がなされるリスキー・シフト(risky shift)と，個人での意思決定よりも保守的で安全志向の決定がなされるコーシャス・シフト(cautious shift)である．集団極性化が生じる原因として，他者と比較して自分の意見をより望ましく価値の高い方向に位置づけようとするために意見を強めるという説明や，他者の意見を聴くことによって新たな意見や考えを知り，それにより意見が強まると

する説明がなされている(Isenberg, 1986)。

(2) 集団間の葛藤

　自分が所属する(その集団の一員であると知覚している)集団を内集団とよび，そうでない集団を外集団とよぶ。一般に人は内集団を好意的に評価したがり，外集団に対する評価や行動が相対的に非好意的なものとなりやすい。こうした傾向を内集団びいきとよぶ。

　内集団びいきが生じる原因について，当初は現実的に利益や目標などの対立によるという説明がなされた(Sherif et al., 1961)。しかしその後，特に目標や利益の葛藤を持たない場合であっても内集団びいきが生じることが見いだされた。タジフェルら(Tajfel et al., 1971)は，スクリーンに映された点の数の推測という社会的な意味も利害の対立もない最小限の条件で参加者を2つの集団に分けた後，この課題に対する報酬の分配を決める作業と称して自分と同じ集団(内集団)と違う集団(外集団)のメンバーを1人ずつ示し，この2人への報酬の分配比率を決めさせた。その結果，多くの実験参加者が内集団メンバーに多く報酬を分配した。社会的アイデンティティ理論(social identity theory)によれば，人のアイデンティティの中には「××大学の人間である」「日本人である」のように所属する集団の一員であることに関するものがあり，これを社会的アイデンティティとよぶ。社会的アイデンティティは個人よりも集団が強く意識されるような場面で強まり，集団間の違いが強く知覚されるようになる。人は自己および自己が所属する集団(つまり内集団)をなるべく好意的に評価しようとするため，結果的に外集団の評価を低め，内集団びいきとなる。

　集団間葛藤は偏見，差別や紛争などの社会問題とも密接に関連し，現在でも多くの研究が活発に行われている重要な課題である。

15-6　社会行動への新しい視点

　社会心理学の理論やモデルの多くは古くから認知心理学的な視点を含んでいたが，認知過程をより直接的に検討できるようになったのは，1970年代の

認知革命以降である。情報処理技術やコンピュータの発達によって，言語報告など主観的で意識的な指標だけでなく，反応時間や再生率など個人が統制しきれない指標を用いることができるようになった。これら認知心理学の手法を取り入れた社会心理学の研究アプローチを社会的認知（social cognition）とよぶ。

　社会的認知研究が進むにつれて，私たちの社会行動の多くは個人の意図や統制なしに行われていることが明らかになってきた。例えば他者を目にしたとき，その人物について考えようと意識しなくとも，優しそうな人だ，甘いものが好きそうだなど何かしらの印象を抱くことがある。一方，この人はどの程度信用できる人だろうかと熟考することもある。つまり個人の行動は，個人が意識的に統制する統制的情報処理と，個人が意識も統制もする必要がない（場合によってはしたくともできない）自動的情報処理の2種類の過程の影響を受けているということである。こうした考え方は，対人認知や態度変容など，社会心理学のさまざまな研究領域に適用されている。

　社会行動の自動性に関する研究知見や研究方法の妥当性にはさまざまな批判や議論もあるが，理論的洗練を経ることによって，社会行動の本質についてのさらなる科学的解明が期待される（Bargh, 2007も参照）。

16章　発達脳科学

　人間の発達は，「受胎から死に至るまでの時間経過に伴う心身の系統的な変化」と定義される。学習，記憶，知覚など基本的な認知のプロセスも当然年齢とともに変化を遂げる。そして，その背景には，脳を含む神経系の発達的変化があるものと考えられる。本章では，生涯にわたる発達の中でも特に誕生から成人に至るまでの期間に注目し，認知発達の理論を簡単に紹介した後，脳構造の形態的発達に関する知見を概説する。そして，それらの間の橋渡しとして，脳機能の発達研究の現状と展望を述べる。

16-1　認知発達の理論

(1) 発達のとらえ方：量的変化と質的変化

　冒頭で述べたように，発達は時間経過に伴う変化である。したがって，発達の過程は，横軸に年齢，縦軸に発達の指標をとって，年齢の関数として表すことができる。このような関数は，発達曲線(developmental curve)とよばれ，対象となる発達指標によってさまざまなカーブを描く。

　例えば，図16-1 に示されているスキャモン(Scammon, R. E.)の発達曲線は，身体の発達的変化を4つの類型に分けて，20歳の時点に対する相対的な割合で示している。これによると，身長や体重，内臓諸器官などは「一般型」と分類されており，その曲線は，発達の初期と後期に急激な変化を示し途中で一時伸びが緩やかになる。これに対して，神経系は発達の初期にのみ急激な変化を示し，一方，生殖器などは第二次性徴期になって急激に発達する。また，リンパ腺は児童期に一時的に成人の2倍近くに達する特徴的な変化を示す。

　以上のような身体の発達は主に大きさや重さなど量的な変化に注目したものであり，質的な変化と対比して「発育」という語が用いられることもあ

16-1 認知発達の理論

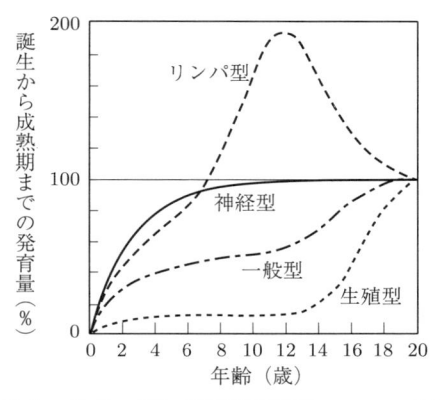

図16-1　スキャモンの発達曲線(Scammon, 1930)

る。一方，質的な変化に着目した発達観では，「ことばを話す」「論理的思考ができる」など質的に異なる段階的な（階段状の）変化として発達がとらえられる。認知機能は発達の過程で量的にも質的にも大きく変化するが，認知発達の理論の多くは，後者の質的な変化を重視している。この立場では，発達を非連続的変化としてとらえ，ある時期に特有の質的変化に着目して段階設定をするため，総称して「発達段階説」(developmental stage theory)とよばれる。

（2）発達段階説

　発達段階説の中でも，ピアジェ(Piaget, J.)の説はもっとも影響力の大きいものの一つである。ピアジェは，可能な操作の水準，わかりやすくいうと，心の中で操ることができる情報の質と程度に基づいて，発達段階を次の4期に分けた。すなわち，感覚-運動期(sensorimotor period)（0〜2歳），前操作期(preoperational period)（2〜7歳），具体的操作期(concrete operational period)（7, 8〜11歳），形式的操作期(formal operational period)（11, 12歳〜）である(Piaget & Inhelder, 1966)。

　感覚-運動期には，新生児反射に代表されるように，刺激と反応が直接結びついており，表象や言語を介して情報を操作することができない。前操作期になると，ある事物を別の事物で表す象徴機能が成立し，「ままごと」や

「ごっこ遊び」などが現れる。しかし，暗算などのように情報を内的に操作することはできない。また，他者の視点から物事をとらえることができず，自己中心性(egocentrism)を示す。次の具体的操作期になると，自己中心性から解放されて脱中心化(decentering)が起こり，四則演算の暗算など情報の操作もできるようになる。しかし，この段階での情報の操作は，実際の事物を用いた直接的な具体的課題に限られる。形式的操作期になると，抽象的な推論や論理的思考，仮説検証など，具体的な事物から離れて抽象的・形式的に情報を操作することが可能になる。

　発達段階説の代表的なものとして，ピアジェの理論以外にも，フロイト(Freud, S.)の性愛説(theory of sexuality)，コールバーグ(Kohlberg, L.)の道徳性発達理論(moral developmental theory)，エリクソン(Erikson, E. H.)の漸成説(epigenetic theory)などがある。もちろん個々の説によって内容にはさまざまなバリエーションがあるが，共通した仮定として，教育や経験，社会・文化・環境に関わらず発達段階の順序は一定であり(発達段階の普遍性)，得意分野や不得意分野に関わらず，どの領域(domain)でも同様に質的変化が起こる(領域一般性)という点などがある。

(3) 発達段階説への批判と研究の展開

　発達段階説に基づく知見は，心理学や教育学をはじめ広い範囲に多大なる影響を及ぼしてきた。しかし，1970年代以降，ピアジェの理論に対する反論や批判が出され，発達段階説に懐疑的な考え方も登場してきた。反論の多くは，領域一般的な考え方に対する反駁として，質的変化は個々の文脈や領域によって異なるという「領域固有性」(domain specificity)を主張する(Hirschfeld & Gelman, 1994)。例えば，チィら(Chi et al., 1989)は，恐竜に詳しい子どもとそうでない子どもでは，同じ7歳児でも推論の様式が大きく異なっており，詳しい子どもは大人と同様の推論ができることを明らかにした。このほか，段階が移行する際の飛躍的な変化を発達段階説では説明できない点や，教育・経験・社会文化的な要因の影響に言及できないことなどが，しばしば批判の対象となっている(田島，2002)。

　こうした批判とともに，段階説とは異なる側面を強調する知見や理論も蓄

積されてきた。例えば，方略を重視する理論では，一般的な能力が段階的に向上すると考えるよりも，状況や文脈に応じてさまざまな方略を使い分けられるようになることが，発達の鍵であると考える。この考え方に基づいて，シーグラー(Siegler, R. S.)らは，複数の使用可能な方略のうち主たる方略が年齢とともに変化すると考え，用いられる方略を重なる波にたとえた「重なる波理論」(overlapping waves theory)を提唱した(Siegler & Chen, 2002)。この他，社会・文化的な文脈を重視する理論や，領域固有の「核となる知識」(core knowledge)または「初期知識」(initial knowledge)を重視する理論などが提唱されている。

その一方で，発達段階説も，さまざまな観点から見直し・再考がなされてきた(Sigel & Cocking, 1977；田島，2002)。有効性と限界を踏まえつつ研究を進めることで，発達段階説に基づくアプローチは，発達研究にとって今後も大きな役割を果たすものと考えられる。特に，段階を区切って，何がいつ（までに）発達するかを追求する立場は，育児や教育，政策決定などにとって当面の拠り所となるであろう。

(4) 認知発達における現象・事実の追求

これまでに概観してきた認知発達の「理論」は，発達における現象そのものではないし，それを抽象化したものでもない。むしろ，発達をどのような視点からとらえようとするか，つまり，考え方，理念であり，体系だった筋道に沿って発達過程を見ることによって，発達を統一的に説明しようとするものである。しかし，理論とは本来，個々の現象や事実あるいは定式化された法則や仮説から演繹的に体系づけられるものである。ただし，認知機能とその発達を対象にした場合，行動観察から事実を追求することは必ずしも容易ではない。そこで，伝統的な発達観・発達理論とは一線を画し，新たな立場，方法から事実を追求し，認知機能の発達過程を明らかにしようとする動きも広がってきている。知覚心理学や認知心理学，心理物理学などの視点と手法を用いて，乳幼児や児童期の知覚・認知機能を探ろうとするアプローチもその一例である(例えば，Tsujimoto et al., 2007；山口・金沢，2008)。さらに，近年進展が著しい脳科学・神経科学からのアプローチも，これからの

発達研究にとって大変有力なものと考えられる(Tsujimoto, 2008)。以下に，認知発達のベースとなる脳の発達の知見を，脳の構造(structure)と機能(function)の両側面から概観する。

16-2　脳構造の発達

　認知機能が脳によって生み出されることは，ほぼ間違いない事実である。近年の神経科学研究の進展により，認知機能の発達を知る上で，脳の発達に関する知見は必須のものになりつつある。そこで，この節では，脳を含めた神経系がどのように発達してゆくのかについて，基礎的な知識を提供することに主眼を置いて概説する。

（1）脳の大きさの発達的変化

　章の最初に紹介したスキャモンの発達曲線（図16-1）によると，脳は神経型に含まれ，生後間もなく急激な発達を示した後，成人まで大きな変化をしないという発達曲線を示す。これは，脳全体の大きさ（重さ）に着目した場合の発達曲線である。図16-2は，死後に解剖学的に取り出した脳の重さを計測したものであるが，実際のデータからも，発達の初期に急激に大きさ（重さ）が増すことがわかる。2歳までに，成人の約80％，5歳までには90％に達する。

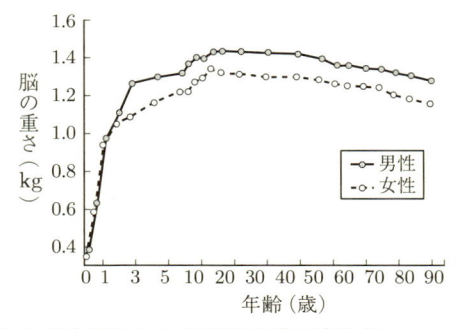

図16-2　ヒトの生涯にわたる平均脳重の変化(Purves et al., 2008)

16－2　脳構造の発達

磁気共鳴画像法（magnetic resonance imaging；MRI）などの技術を用いると，解剖をすることなく非侵襲的（non-invasive）に脳の構造を画像化することができる。近年，そうした技術を乳幼児に応用した報告がなされており，やはり生後1－2年の間に脳の容積が急激に増加することが確認されている（Knickmeyer et al., 2008）。

　しかしながら，脳の大きさが成人の80％に達するといっても，2歳までに認知能力が成人の80％まで発達するとは考え難い。脳は非常に複雑な器官であり，認知機能の変化の背景を探るためには，大きさや重さだけでなく，脳の中で何が起こっているのかを知ることが必要であろう。そこで，以下に脳の構造の発達について知見を述べる。

（2）脳を構成する細胞

　脳を含めた神経系は，ニューロン（neuron, 神経細胞）とグリア細胞という2種類の細胞から構成されている。脳全体ではニューロンは約1,000億，グリア細胞はその数倍から10倍程度存在すると考えられている。ニューロンは，電気的シグナルを介して入力情報を受容・統合し，演算結果を次なる標的へ伝達・出力する。一般に神経系の基本的単位構造とされ，「心」や「行動」の発現を含めた神経系の機能は，ニューロンが連なって有機的な神経回

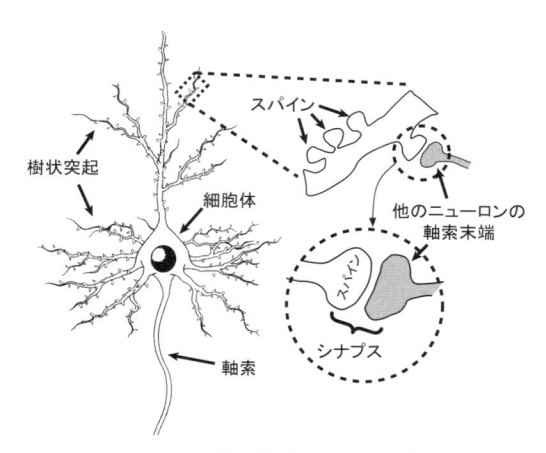

図16-3　ニューロンの基本構造およびスパインとシナプス

路のネットワークをつくることによって発揮される。一方のグリア細胞は，脳組織の構造の維持の他，脳内の代謝や神経伝達の調整などの役割により，神経系の構造と機能に寄与している。

図16-3は，ヒトの大脳皮質に存在するニューロンの一例を図解している。ニューロンの基本的な構成は，細胞体(cell body)とそこから伸びる2種類の細胞質突起，すなわち複数の樹状突起(dendrite)と1本の軸索(axon)からなる。細胞体は数μmから100μmほどの大きさであるが，軸索はときには数十cmから1mにも及ぶ。樹状突起と軸索のはたらきの大きな違いは，情報の流れる方向にあり，樹状突起は主に情報の受け手として，一方の軸索は出し手としての機能を持つ。多くのニューロンの樹状突起の表面にはスパイン(spine)という直径1–2μm程度の棘状の微細な突起があり，他のニューロン(ときには自身)の軸索終末から入力を受けるためのシナプス(synapse)を形成している。シナプスには，数十μmの隙間(シナプス間隙)があり，多くの場合，神経伝達物質(neurotransmitter)とよばれる化学物質によって情報の伝達が行われる。1つのニューロンが受けるシナプス結合の数は，数千から数万個に及ぶ。

要約すると，脳内の神経回路は一千億にも及ぶニューロンで構成され，それぞれが数千から数万個のニューロンと結合しており，軸索上では電気的シグナル，シナプスでは主に化学物質によって情報がやり取りされている。

(3) ニューロンとシナプスの発達的変化

生後発達に伴ってニューロンとシナプスがどのような変化を示すのかを調べるために，ハッテンロッカー(Huttenlocher, P. R.)は多数の剖検例(死後解剖の検査)において顕微鏡下でニューロンとシナプスの密度を計測した(Huttenlocher, 1974)。図16-4は，その結果を示している。図に示されているように，ニューロンの数は生誕直後には(厳密には生誕前から)激減し，その後も全体的な数は減り続ける。一方シナプスは，大規模な細胞死が起こる時期の後半からその後にかけて急速に数を増加させる。そして，生後5歳ころを境に減少に転じ，15歳ころには成人の密度に近づく。この変化は，不要なシナプスを「刈り込み」(pruning)つつ，最適な神経回路を形成していく過程

16-2 脳構造の発達

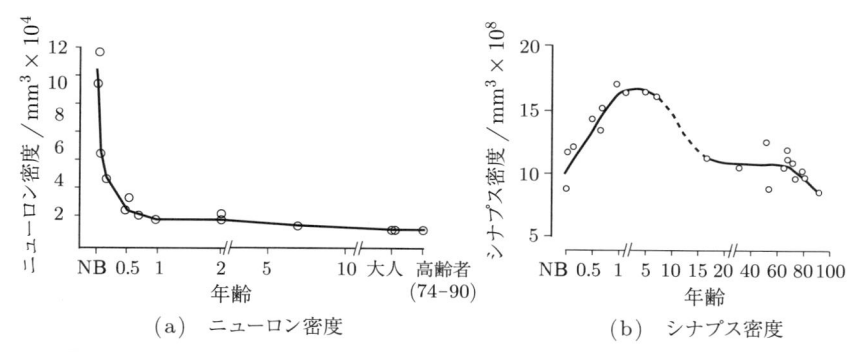

(a) ニューロン密度

(b) シナプス密度

図16-4 ヒト大脳皮質(前頭前野)のニューロン密度およびシナプス密度の発達的変化(Huttenlocher, 1979より許可を得て転載)

を反映していると考えられており，認知機能の発達の神経基盤(neural basis)として重要視されている。

脳の大きさの発達曲線(図16-2)とニューロンあるいはシナプスの数(密度)の曲線(図16-4)を比較すると，それらは大きく異なっている。つまり，脳の大きさの変化は，ニューロンやシナプスの数の変化によるものではないことがわかる。脳の大きさの発達には，ニューロンやシナプスの数ではなく，樹状突起の長さと軸索の髄鞘化(myelination)が主に寄与している。誕生前後の大規模な細胞死を生き残ったニューロンは，樹状突起を伸ばして，遠くのニューロンからも情報を受け取れるように発達し，ネットワークを広げてゆく(Petanjek et al., 2008)。さらに，髄鞘化，つまり軸索が絶縁性の髄鞘(ミエリン鞘, myelin)で覆われることによって，電気信号が髄鞘の切れ目から次の切れ目へと跳躍電動するようになり，結果として，軸索における情報の伝達速度が速くなる。髄鞘化は，大脳では成人まで(部位によってはその後も)継続すると考えられている(Giedd et al., 1999)。

以上のような変化が起こる理由は厳密には明らかにされていないが，もっとも有力な仮説は，環境への適応戦略の一つであるというものである。すなわち，生まれる前に環境を完全に予想することは不可能であるため，予めたくさんの神経回路を作っておいて，生まれ出た環境に応じて不要なものを「刈り込み」，残った回路の伝達の効率(速度も含めて)を高めていくという戦

略である。

　ただし，神経回路の形成には環境要因(environmental factor)だけでなく，遺伝的要因(genetic factor)の関与も大きい。むしろ，ニューロンやシナプスの数の増減のプロセスは遺伝的なプランに基づいており，そこに環境要因による選択が起こる，という見方が自然である。実際これまでに，ニューロンの数やシナプス，樹状突起の形成に影響を及ぼす遺伝子がいくつか同定されている。つまり，ニューロンやシナプスの増減の規模やパターンは遺伝プランに沿うが，どのニューロン・シナプスが生き残り，効率化されるかは環境要因によるということである。

(4) 脳構造の発達から見た認知発達

　これまでに述べてきた脳構造の発達的変化から，認知機能の発達に関して長年議論されている問題の少なくとも一部について，重要な示唆を得ることができる。例えば，人間の行動や心的機能の規定要因が，遺伝的要因(生得的要因)によるのか，経験によって獲得された環境的要因(経験的要因)によるのかという論争がある。いわゆる「氏か育ちか」の論争で，哲学や心理学で繰り返し議論されてきた問題であるが，上述したように，神経回路の形成における遺伝要因と環境要因の関係に基づくと，これら2つの要因は互いに対立するものではなく，密接に結びついていることは明らかである。

　この点について，UCLAのトーガ(Toga, A. W.)らのグループによる成人の双生児を対象にした研究を紹介する(Thompson et al., 2001)。彼らは，双生児を対象にMRIを用いて大脳皮質の厚さを測定した。すると，普通の兄弟と同様に50％の遺伝子を共有する二卵性双生児に比べて，遺伝子がすべて同一である一卵性双生児のペアの方が，大脳皮質の厚さの類似度が高い(相関が強い)ことがわかった。ただし，興味深いことに，脳全体が均一に似ているのではなく，思考や言語に関係する高次の脳領野で特に強い遺伝的影響が見られた。経験や学習など後天的影響を大きく受けると考えられる高次の脳領域で遺伝的影響が強いのは，一見矛盾するように思える。しかし，この事実は，高次の脳領域が遺伝子によって決定されているということを示しているのではない。そうではなく，神経回路の可塑性(plasticity)の能力，つまり

「変わりやすさ」が遺伝するのである。そのため，生まれてからの経験によって，神経回路が頻繁に作り変えられる高次の脳領域で特に，遺伝の影響が強く表れたものと考えられる。つまり，経験的要因の影響度が遺伝的要因によって規定されているのである。

遺伝と環境の論争のほかに，認知発達における領域固有性の議論に対しても，脳の発達からの考察は有効である。先ほど述べたように，脳の発達における遺伝的影響は脳部位によって異なっており，それに伴って，経験による影響も部位によって異なる。また，脳部位によって，発達曲線が異なることも知られている(Gogtay et al., 2004)。脳内では，大まかには部位によって役割が異なっているため，各「領域」と対応した脳部位の発達曲線に応じて，認知機能についても領域固有的に発達すると考える方が自然であろう。

以上の例のように，脳構造の発達の理解は，認知機能の発達に関して重要な示唆を与えうる。ただし，脳の構造的変化から個々の認知機能の発達の過程を詳細に探ることは容易ではない。このような脳構造の発達と認知・行動の発達の間のギャップを埋めるものとして，近年，脳機能を画像化して調べる研究が注目されている。以下に，その主な方法とそれを用いた研究の例を紹介する。

16-3　脳機能の発達

(1) 脳機能イメージングの進歩と発達研究への応用

近年の技術の進歩により，生きている状態で脳内の生理学的な活動を画像化することが可能になってきた。このような技術は総称して「脳機能イメージング」(functional neuroimaging)とよばれている。現在用いられている主な脳機能イメージングの方法を図16-5にまとめている。大別すると，ニューロンの電気的活動(神経活動)を測定するEEGやMEGと，神経活動に伴う血流動態(cerebral blood flow)の変化に基づくfMRI，PET，NIRSに分けられる。

前者の神経活動を測る方法は，時間分解能が高く，脳活動のダイナミックな変化を検出することができる。しかし，その半面，信号変化が微弱な上に

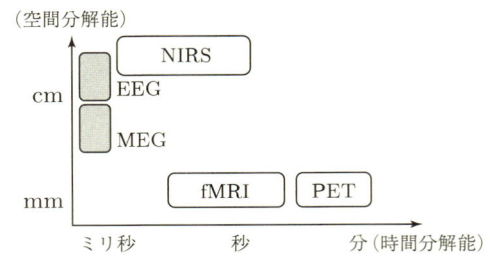

図16-5　代表的な脳機能イメージング法(Okamoto & Dan, 2007をもとに作成)
脳波(EEG : electroencephalography)
機能的磁気共鳴画像法(fMRI : functional MRI)
脳磁図(MEG : magnetoencephalography)
近赤外線分光法(NIRS : near-infrared spectroscopy)
陽電子放射断層撮影法(PET : positron emission tomography)

その信号源の推定が困難であるなどのデメリットもある。EEGとMEGを比較すると前者の方が安価で取り扱いも比較的容易であるが、一方のMEGにはEEGよりも格段に高いS/N比(signal-to-noise ratio、信号とノイズの強度の比)を持つなどの利点がある。生体の外部から検出できる神経信号は極めて微弱なため、高いS/N比は、大きなメリットといえる。

　血流動態を計測する方法は、神経活動に伴う血流変化という間接的な指標に依存しており、時間分解能が比較的低いというデメリットがある。その一方で、信号変化が比較的大きく、さらにfMRIは空間分解能が高いうえに、データ解析の手法など研究基盤も比較的整っており、脳機能イメージングの中で中心的な地位を確立している(Friston, 2009)。

　このように、イメージング技術には一長一短があるため、研究に用いる際には、目的に応じて手法を選択して実施することになる。成人では上述のようにfMRIが最も幅広く使用されているが、MRIの撮像では大きな音が鳴り続ける狭い空間の中で、頭部を固定しなければならず、子どもの発達研究への応用は容易ではない。実際、これまでのところfMRIによる発達研究は、主に児童期から思春期以降に対象が絞られており、就学前の定型発達児を対象にしたfMRI研究の報告は、ごく少数にとどまっている。

　fMRIの使用が困難な乳幼児の脳活動計測には、これまでEEGが多く用いられてきた。さらに近年には、より動きの制約が小さいNIRSを用いた研究

16-3 脳機能の発達

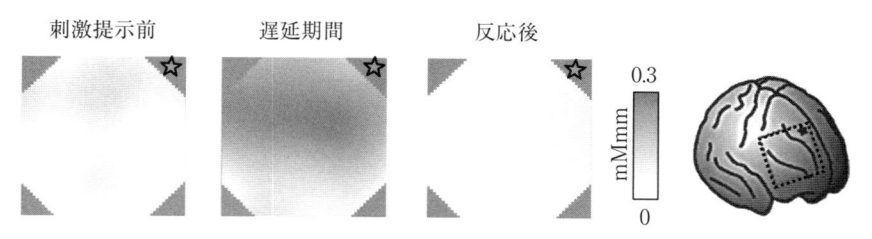

図16-6　NIRS によって画像化された酸化ヘモグロビン濃度の変化

が増加している。特に1歳から5，6歳の間は，技術的に脳活動計測が最も難しい年代であるが，NIRS によって少しずつ成果が出てきた。一例として，NIRS を就学前の幼児に応用した筆者らの研究を紹介する(Tsujimoto et al., 2004)。この実験では，画面に提示された視覚刺激(小さなドット)の位置を数秒間覚えておいて，再び提示された刺激の位置が同じか否かを答えるという課題を5－6歳の幼稚園児が遂行した。図16-6 は，この課題を遂行している間の5歳児の脳(特に前頭前野)の活動(正確には，酸化ヘモグロビン濃度の変化)を NIRS によって画像化したものである。図に示されているように，視覚刺激が消えた後，その位置を記憶している期間(遅延期間)に，前頭前野の活動が増加し，答えた後にベースラインに戻るという変化が観察された。成人の参加者によるデータや，他の手法による先行研究などと比較・考察したところ，5歳児で観察された活動は，視空間情報のワーキングメモリに関連したものと考えられる(Tsujimoto, 2008)。

　森口と開(Moriguchi & Hiraki, 2009)は，こうした研究をさらに発展させ，子どもの前頭前野の活動と固執的行動(perseveration)の間の相関関係を見いだした。この研究で用いられた課題では，参加者は，あるルール(例えば，色を手がかりとしたカードの分類)を行った後に，別のルール(例えば，形に基づくカードの分類)を行うように求められた。3歳児と5歳児に課題を遂行してもらうと，5歳児はほぼ100％正答できるが，3歳児の多くは，最初のルールに固執し，2つ目のルールに移行することに失敗した。NIRS を用いて前頭前野の活動を調べると，同じ3歳時でも固執的な行動を示した参加者と課題に成功した参加者では活動パターンが異なり，前者では，課題中に前頭前野外側部の活動に有意な上昇が見られなかった。一方，課題に成

功した3歳児の活動パターンは，5歳児のものと類似していた。これらの結果は，前頭前野の活動と幼児の固執的行動との間に有意な相関関係があることを示しており，幼児の脳機能の発達を直接的に示した初めての研究である。

(2) 発達研究における脳機能イメージングの問題点と展望

脳機能イメージングを用いた発達研究は，急速に発展を遂げている段階であり，言うまでもなく問題が山積している。例えば，イメージング法全般に共通した問題として，信号の発生機序と意味が完全には理解されていないという点がある。また，イメージング法によるデータの多くは，行動と脳活動の相関関係であり，因果関係(causality)を明らかにすることは容易ではない。これら脳機能イメージングに共通した問題に加えて，発達研究への応用に特有の注意点も多い。多かれ少なかれ動きを拘束しなければならない点に加えて，安全性や倫理面での配慮も成人以上に重要になってくる。脳の大きさや構造が異なるため，成人を対象に確立してきた解析技術などを流用する場合にも注意が必要である。さらには，脳活動に年齢差が観察されても，装置や実験環境などによる心理状態の変化など，意図した要因とは別の要因によるものの可能性さえも考慮しなければならない。

一方で，こうした問題点を割り引いて余りある利点も，脳機能イメージングに存在する。ひとつには，従来の発達研究では，行動の観察から内面で起こっていることを探ろうとしてきたが，脳機能イメージング法は，そこに，脳活動という新たな情報を付加することができる点がある。こうした利点を最大限に生かすため，脳機能イメージングを発達研究に応用する場合には，問題点を考慮しつつ慎重に研究を進めることが必須である。そして，そのうえで，いくつかの方法を相補的に組み合わせて，欠点を補うことで，認知機能の発達過程の理解に大きく寄与できるものと期待される。

16-4　発達脳科学の展望

認知機能の発達の研究は，現在，過渡期を迎えていると考えられる。これ

16-4　発達脳科学の展望

まで1世紀以上にわたって支配的であった行動の観察に基づく研究手法は，もちろん現在も重要な地位を占めているし，今後も続くであろう。しかし，それと同時に，脳科学的な観点からの研究の重要性も年々増している。この流れは，技術の進歩につれて，これからも加速していく可能性が高い。さらに，ヒト以外の動物を対象にした研究や，計算論的手法，ロボット工学などから脳機能の発達のしくみを解明しようとする試みも，引き続き重要な知見を提供するものと考えられる。もとより心理学は学際色の強い学問であるが，認知発達の研究では特に，神経科学をはじめ生物学や工学などに及ぶ幅広い分野を総合してゆくことが大きな潮流になるだろう。

　最後に，近年わが国では急速に少子化が進み，教育現場の混乱も大きな問題になっている。このような現状の中，脳の発達の研究・知見に対する関心が急速に高まっている。しかし上述のように，発達脳科学の研究はまだその緒に就いたばかりである。そのような状態で，脳科学に関する情報が次々と世に出て氾濫しているという事実があり，子どもの発達に関する誤った解釈や科学への不信感につながりうるものと危惧されている（河野, 2008）。子どもの健やかな発達は，人類に共通した重要な課題であり，適切でない情報の氾濫は，心理学や脳・神経科学の世界のみならず社会全体にとって大きな問題である。研究者側が正しい情報を発信することの重要性はもちろんであるが，それと同時に，一般のすべての個々人が正しい情報を正しく受信し正しく使えるよう，科学リテラシーやメディアリテラシーを養っていくことが大いに望まれる。

17章　メンタルヘルス

　メンタルヘルスという言葉から，連想するのはどのようなことであろうか。幸福，満足，安寧等であろうか。それとも，ストレス，不安，精神疾患等であろうか。メンタルヘルス(mental health)は，身体面での健康と対比して，心の健康，精神面での健康を指して使われることが多い。健康という概念自体が実は変化してきている。疾病の治療や予防から，現在では「心身の良い状態」の維持や生成へとその焦点が移ってきている。さらに，人の持つ健康という側面だけを見ていくのではなく，人として「生きること」の質にもその焦点が当てられるようになってきている。それでは健康の定義から見ていくことにしよう。

17-1　健康とウェルビーイング

　健康の定義としては，1946年にWHO（世界保健機関）が憲章前文に示したものがある。そこでは，健康は「単に疾病や虚弱がないというだけではなく，完全に身体的，精神的そして社会的ウェルビーイングの状態」であると定義されている(WHO, 1946)。健康が論じられる際には今日においても基準となる定義である。

(1) ウェルビーイング
　WHOの定義における「ウェルビーイングの状態」は，良好な状態と和訳されることが多い。ウェルビーイング(well-being)とは，単語の成り立ちから，自分の存在(being)が良好(well)と感じられるという意味合いを含むものである。身体的だけではなく精神的，社会的にも「良好な状態」にあって初めて健康と言えるのである。WHOの定義には現在まで変更は加えられていないが，「スピリチュアル」や「文化的に」を含めることが検討されるよ

17-1 健康とウェルビーイング

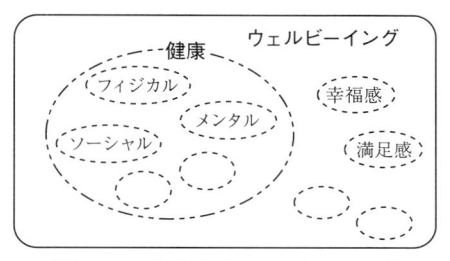

図17-1 健康とウェルビーイング

うになっている。

　ウェルビーイングは，健康そして幸福感などを含む，上位概念あるいは包括概念としてとらえることができる。図17-1は，WHOの定義をもとに，健康，幸福感そしてウェルビーイングの関係を，後の説明のために便宜的に表したものである。健康であり幸福感があれば，自分の存在は良好と感じられやすいであろう。「自分の」という表現をとっているのは，客観的にウェルビーイングであるかないかに関わらず，その個人が自分の状態を主観的にどのようにとらえているのか，認知しているのかという側面を抜きにしては，ウェルビーイングを理解することが難しいためである。このことは，「主観的ウェルビーイング」という領域において研究がなされてきている(Diener, Suh, Lucas, & Smith, 1999)。

　なお，図17-1では，フィジカルヘルス，メンタルヘルス，幸福感などが別個に存在するかのように表されているが，相互に影響を及ぼし合うものとして，とらえてほしい。「メンタルヘルス」という言葉は，幸福感や人生への満足感等のポジティブ感情を含む，主観的，心理的ウェルビーイングを指して使われることもある。

(2) メンタルヘルスとフィジカルヘルス

　従来，メンタルヘルスとフィジカルヘルスの関連については，メンタルな状態がフィジカルな病気を引き起こしたり悪化させたりするという見方に基づいて研究がなされてきていた。しかし，近年では，メンタルヘルスがフィジカルヘルスを保護する要因としての働きを持つという新たな視点が加わ

り，両者の関係が改めて扱われるようになっている。ポジティブな感情が，メンタルヘルスそしてフィジカルヘルスに与える影響についての研究も蓄積されつつある(小玉，2006；Seligman, 2008)。

例えば，セリグマン(Seligman, 2008)は，ポジティブ心理学の研究成果を土台として，ポジティブなメンタルヘルスと，ポジティブなフィジカルヘルスの繋がりについて論じている。ここで定義されるメンタルヘルスは，主観的ウェルビーイングと類似の概念であり，楽観主義等のポジティブ感情によって測定可能とされる。メンタルヘルスがフィジカルな病気から人を保護する機能を持つことが論じられるようになっている。

次に，健康に関係するモデルを2つ紹介する。新しい健康概念に基づくモデルと，「個人」に影響を与えている要因から健康や疾病を見ていくモデルである。

(3) 健康生成モデル

「病気という状態」がなくなること，言いかえると「ネガティブ状態」が打ち消されて元に戻ることが健康ではなく，「健康という状態」，言いかえると「ポジティブ状態」が存在すること，生成されることが健康という考え方が生まれてきている。なぜ健康でいられるのか，ストレスがあったり過酷な状況に置かれて，健康に社会生活を営めるのはなぜなのか。

何が病気を起こすのかではなく，何が健康を生成しているのかという発想に基づくのが健康生成モデルである。アントノフスキー(Antonovsky, A.)は，病気との対比や関連において健康を考えるのではなく，私たちには本来的に，身体的，精神的に良好な状態を維持しようとする働きがあると考えた(Antonovsky, 1987)。

疾病生成論(pathogenesis)は人がなぜ健康を害するのかという危険要因とそのメカニズムに焦点を当てているのに対して，健康生成論(salutogenesis)は健康がいかに維持，生成されるのかということに焦点を当てるものである。健康を生成する要因としては，人が自分の人生や自分自身に対して持つ信念や感覚が考えられている。

(4) 生物心理社会モデル

　個人のメンタルヘルス，健康に影響を与える要因としては何が考えられるであろうか。生物心理社会モデルは，「生物」「心理」「社会」という3つの側面からさまざまな関連要因を包括的に扱い，要因間の複雑な相互作用が個人に影響を与えていると考えるものである(Engel, 1977)。健康と疾病が別々のものとして分類されるものではなく，連続的につながっているという考え方でもある。例えば，特定の疾患の発症には，生物的要因としての遺伝素因，心理的要因としての他者との関係性やストレス，社会的要因としての経済的状況や地域性から生ずる医療サービスへのアクセスのしやすさが影響していると考えるのである。

　生物心理社会モデルは，個人への多面的なアプローチを可能とし，さまざまなレベルでの援助や介入の提供を可能とする考え方である(Johnson & Radcliffe, 2008)。ただし，社会的な要因をより重視する社会構成主義に基づく批判や，それぞれの文化にふさわしい治療があってよいとする代替医療の主張に基づく批判から，モデルに「文化」を包含させる動きも出てきている(Kaslow et al., 2007)。

　次節では，メンタルヘルスそしてフィジカルヘルスと関連の深いストレスについて見ていく。

17-2　ストレス

　日常生活の中でストレスという言葉を使う機会は多く，ストレスが心身の健康に悪影響があるという情報に接することも多い。ストレスという言葉は，ストレスを引き起こしている原因を意味して使われる場合もあれば，心身に結果として生じている状態を意味して使われる場合もある。環境からの刺激と，心身の反応とには，どのような関係があるのであろうか。

(1) 心理学的ストレスモデル

　心理学では原因をストレッサー，そのストレッサーによって生じた心身の反応はストレス反応と呼び分けることが多い。生活の中での心理的ストレッ

サーとしては，配偶者の死，離婚，結婚，個人的な成功など，人生における変化を引き起こすような出来事(ライフイベント)が考えられる(Holmes & Rahe, 1967)。しかし，同じ心理的ストレッサーであっても，そこから受ける影響は人によって異なる。それは，「その人」が「その出来事」をどう判断するかによって，その出来事がストレッサーになったり，ならなかったりするからである。

ラザラスとフォークマンは，個人と環境が出会い，その環境(出来事や状況)に対して個人が「認知的評定」をすると考えた。心理学的ストレスは「ある個人と，資源に重荷を負わせる，あるいは資源を超えてウェルビーイングを脅かすと，その人によって評定された環境，との関係」と考えたのである(Lazarus & Folkman, 1984)。認知的評定はアプレイザル(appraisal)ともよばれている。

出来事や自分が現在置かれている状況の認知的評定と，その出来事や状況に自分が対処できるかどうかという認知的評定とが，お互いに関連しながら進み，その出来事や状況が，自分にとって，無関係なのか，無害・肯定的なのか，あるいは「ストレスフル」なのかが評定されると考えるのである。さらに，たとえ「ストレスフル」という評定がなされたとしても，問題や状況，その結果生じた情動などに対して，対処する過程が生じる。対処には，その状況に応じた行動や考え方が使われ，うまくいったかどうかが評定され

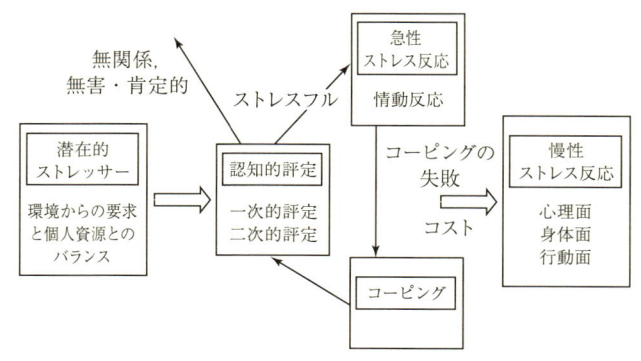

図17-2　心理学的ストレスモデルの概要
(島津，2002より著作権者の許可を得て転載)

る。対処に失敗したり，対処が長期にわたったり，心身に害を及ぼす対処方略がとられた場合などには，心理面，身体面，行動面への悪影響が生ずると考えるのである（図17-2）。

（2）コーピング

心理学的ストレスモデルでは，個人と環境との能動的な相互関係からストレス過程をとらえ，人を主体的・能動的に対処する存在とみている（Folkman & Lazarus, 1988 ; Lazarus, 1999）。この対処は，コーピング（coping）とよばれている。コーピングの方略は，原因となるストレッサーに対処しようとする「問題焦点型」と，生じたストレス反応に対処しようとする「情動焦点型」とに分類されることもある。

現在では，状況に合ったコーピング方法の種類を選択したり，結果を見ながらコーピング方法に具体的な工夫を加えたりするなど，コーピングにおける柔軟性が重要であると言われている。なお，コーピングは，うまくいったという結果によってコーピングと認められるものではないことから，「コーピング努力」とも言われている。

（3）ソーシャルサポート

ストレス過程において，その人が築いている人間関係によって，「ストレス」がその人の健康に影響する度合いをやわらげることが知られている。例えば，ソーシャルサポートの有無が健康維持に影響すると言われるようになっている。ソーシャルサポートとは，簡単には，対人関係から得られる情緒的，具体的サポートのことである。

ストレス過程において，ストレッサーからストレス反応へと至る影響を緩和したり，増大したりする要因は一般的に修飾要因とよばれている。これまでに最も検討されてきた修飾要因はソーシャルサポートである。ソーシャルサポートの果たす役割は，ストレス緩衝効果とよばれている（Cohen & Wills, 1985）。緩衝効果の発生には，ソーシャルサポートが単純に存在していればよいというわけではなく，誰によって提供されたサポートなのか，サポートの中身は何なのかといった，「マッチした」サポートの存在が影響し

てくる。

(4) ライフイベントと成長機会

　人が生まれてから死ぬまでには，いろいろなライフイベントに出会う。そのライフイベントから，ストレス過程が生じたり，心身の健康にも影響が生じたりする。しかし，果たして，負の影響しか与えないのであろうか。

　ライフイベントは，病気や事故・障害など思いがけず出合う偶発的な出来事もあれば，言わば人生の節目（ライフサイクル）において出合う，思春期の心身の変化や，成人期の就職や結婚などの出来事もある。いずれのライフイベントも，変化を特徴としていて，それまでに使ってきた問題解決の方法ではうまくいかないことから，「危機状況」となりやすいと考えられている。

　例えば，キャプランは，危機の発生状況を，「習慣的な問題解決の方法が過去に成功した時間の範囲をみこんだのでは不成功におわるような環境」と述べ，心の危機理論を提唱した(Caplan, 1964)。しかし，人は，そういう「危機状況」を乗り切るなかで，その後の生活に必要な新しいスキルを獲得したり，より強固なサポートネットワークを築いたり，個人として成長したりすることもできるのである。より強固なサポートネットワークには，家族や友人関係に限らず，コミュニティ（地域社会）内における人間関係も含まれる。

17-3　個人資源

　人は，過酷な人生状況，ストレス状況において，心身面での健康が大きく阻害されても不思議ではない状況に出会いながらも，心身の健康を保持できることがある。そういう状況で，心身の健康を生み出し続けている要因は何であろうか。その人が持っている何が，健康を生みだす「資源」となっているのであろうか。

(1) コヒアレンス感

　健康生成モデルを提唱したアントノフスキーは，コヒアレンス感(sense of

coherence)を健康生成要因と考えた。このコヒアレンス感は首尾一貫感覚とも和訳されている。コヒアレンス感は，人が自分の人生・生活に対して持っている全般的，永続的な見方である。自分の人生に意味があると感じる程度の「有意味感」，自分の直面している問題は了解可能であると信じられる程度の「把握可能感」，自分が直面している問題に自分の資源を動員してうまく対処できると信じられる程度の「処理可能感」という3要素から構成されると考えられている(Antonovsky, 1987)。

　強いコヒアレンス感は，困難状況やストレス状況に対処していく際に，その人個人が利用できる資源の一つであると考えられる。例えば，強いコヒアレンス感を持つ人は，出合う状況から要求されている事柄に適応できると考え，その状況をストレスフルではないと評定しやすくなる。さらに，強いコヒアレンス感は，職場や家庭など外的環境からの悪影響から健康を保護する働きをも持つことがある。

(2) 個人資源とその形成

　個人が持っている元々の資源(resource：リソース)が豊富であれば，ストレス過程下において資源の減少や損失があったとしても，その減少や損失から受ける影響は少ない。他方，元々の資源が少なければ，その資源は枯渇しやすく，影響は大きくなる。例えば，金銭的な豊かさ(経済的な資源)があれば，医療へのアクセスがしやすく，治療も受けやすいことになり，健康状態へと回復しやすく，健康の維持もしやすい。ホブフォール(Hobfoll, 1989)は，この資源の減少－増加のプロセスをストレス過程と考え，資源保護理論(conservation of resources theory)を提唱した。

　個人の資源とは，例えば，自己価値感，親密なアタッチメント，健康，心の平穏さなど，それ自体に価値があるもの，金銭，ソーシャルサポート，信用など，価値あるものを手に入れる手段となるものが挙げられている(Hobfoll, 2002)。「その個人」の資源が枯渇してしまった時でも，家族や友人，関係する公的機関などからのサポートがあれば，状況への対処は可能となる。

　コヒアレンス感を含め，個人の資源はどのように形成されていくのであろうか。フレドリクソン(Fredrickson, 2001)は，ポジティブ感情の経験が認知

や行動の範囲を広げ,その結果として個人資源が形成されるとする拡張-形成理論(broaden-and-build theory)を提唱している。

(3) メンタルヘルスにおける心理的資源

楽観主義,コントロール感,自分の人生に意味を見いだす能力は,メンタルヘルスにおける心理的資源(psychological resources)であると考えられるようになっている。それらの心理的資源があると,疾病からメンタルヘルスへ及ぼす悪影響を心理的に緩衝するだけではなく,フィジカルヘルスに対して良い方向での影響を与えるとされる。

例えば,HIV感染やAIDSなどの生命が脅かされるフィジカルな状態にありながらも,その病気の進行に関して,ポジティブな幻想(positive illusion)を持つことが,症状が出るまでの期間や生存期間を長くする方向での影響を与える場合のあることが示されている(Taylor, Kemeny, Reed, Bower, & Gruenewald, 2000)。客観的な病理上の事実や提示された「現実」をそのまま受け止めるのではなく,自分自身が状況に対して持つコントロール感や,自分は病気ではなく健康であるという感覚を維持する考えや感情は,それが幻想ではあっても,結果としてフィジカルヘルスに良い方向での影響をもたらすことがある。

ポジティブな感情は健康に対する保護要因であるだけではなく,健康を促進する要因であるともされる(Ryff & Singer, 2003)。特に,楽観主義,希望,人生の持つ意味は,メンタルヘルスだけではなく,フィジカルヘルスにも,影響することが示唆されている。

人は,一人ひとり,その人が持つ「心理的資源」を最大限活用しながら生きているということでもあり,その人の主体性,自己決定権が尊重されることの重要性もあわせて示唆されるものである。

次節では,コミュニティの役割も含め,予防という概念についてみていく。

17-4　メンタルヘルスと予防

　メンタルヘルスは，今なお，精神疾患との関連で語られることが多い。同時に精神疾患に対する根強い誤解や偏見も続いている。メンタルヘルス全般，そして精神疾患とその治療に関する正しい知識や情報をあらかじめ得ておくことは，自分自身だけではなく，周囲の人々の，健康の回復や維持に役立つと考えられる。

(1) メンタルヘルス・リテラシー

　精神疾患と付き合いながら生きることと，身体疾患と付き合いながら生きることには，どのような違いがあるのであろうか。違いがあるとしたら，それは何から生じるのであろうか。周囲の人々から得られるサポートは同じであろうか。メンタルヘルスの総合的定義は，文化の違いからほとんど不可能ともされている。「病気」という現象を決定しているのは社会的・文化的要因であるという考え方もある。

　身体疾患に種々の治療法が存在しているように，精神疾患にも薬物療法をはじめ種々の治療法が存在している。例えば，現在うつ病や不安障害の治療には，薬物療法の他に，認知行動療法も効果があるとして認められている。精神疾患とその標準的な治療法についての知識を持っていることや，そういう知識を持つ人々からのサポートが身近にあることは，その個人にとってメンタルヘルスを維持するための重要な資源となるであろう。

　カウンセリングや心理療法などを含む臨床心理学的サービスを利用することによって，人間関係に関する困り事を解決したり，ストレスとの付き合い方を身に付けたり，ソーシャルスキルを獲得したりすることもできる。メンタル面での不調を含め，困り事が大きくなり「問題化」する前に，適切なサービス，適切なサポートを利用することにより，メンタルヘルスを損なわず，維持していくことができる。そういう知識・情報自体が個人の持つ資源になるであろうし，出来事の「認知的評価」にも影響するであろう。

(2) 精神障害の診断と統計マニュアル

　日常生活の中で見聞きする病名(あるいは，病名らしきもの)，例えば「うつ病」や「不安障害」「発達障害」「心的外傷後ストレス障害」等の診断は，どういう基準でなされているのであろうか。

　診断は，世界的に，アメリカ精神医学会が定めた「精神障害の診断と統計マニュアル」(Diagnostic and Statistical Manual of Mental Disorders，以下 DSM と略)に基づくことが多くなっている(APA, 2000)。病因を問わず，複数の症状のまとまりである症候群を基準としている。定められた症状の数，その持続期間，社会的・職業的な機能の低下等を基準にして診断がなされる。

　DSM は，不安障害などの新しい概念を採用し，共通概念を提供することによって，専門家同士，利用者(患者等)と専門家間の，コミュニケーションを向上させる働き，診断名の混乱から利用者側に生ずる不利益を回避する働きも持っている。現在は，2000年に一部改訂された第4版(DSM-Ⅳ-TR)が普及している。

　治療の対象となる精神障害だけではなく，身体疾患，ストレスや環境上の困難さ，心理的，社会的，職業的な機能レベルをも併せて評価するシステムが採用されている。このことは，そういう全体的な評定をして初めて，その「個人」にふさわしい治療が可能となるという考えを背景としている。

　DSM では，病因論の色合いが強い疾患(disease)という用語ではなく，障害(disorder)という用語が採用されている。しかしながら，日本語の障害という語は，帰結としての障害という意味合いが強く，原語の disorder が持っている不調や混乱というニュアンスが伝わりにくい。本章では，本項を除き，精神疾患という用語を使用しているが，精神疾患も精神障害も，その意図する意味は DSM の disorder に基づくものととらえてほしい。

(3) 予防とコミュニティ

　キャプランは，メンタルヘルス・精神医学に，予防という概念を初めて取り入れ，3レベルからなる予防のモデルを提唱したことでも知られる(Caplan, 1964)。コミュニティに対する啓発・啓蒙活動が，精神疾患を未然

に防ぐ，第一次予防であると位置づけた。ちなみに，第二次予防はハイリスク状態にある個人を対象としての早期発見，早期治療，第三次予防は社会復帰と再発予防であった。

今日では，精神疾患だけではなく，薬物乱用・依存，虐待，DV，いじめ，非行，不登校，自殺などという形となって現れてくる事象についても，予防という視点が取りいれられるようになっている。さらに，危険要因だけではなく，保護要因をも踏まえて予防プログラムが考案されるようになってきている。

しかし，メンタルそしてフィジカルな健康状態を獲得したり，維持したりすることは，個人にのみその責任が帰せられるものではない。例えば，自殺予防は，労働環境の改善，雇用促進，うつ病の啓蒙やスクリーニング推進，自殺手段へのアクセサビリティ低減，マスコミの報道内容改善，地方自治体による地域に根差した取り組みなど，背景にあるさまざまな社会的要因をも踏まえた対策が必要である。自殺に限らず，複合的要因によって生じている「問題」に対しては，実効を生じるためには，複合的な要因による対処そして予防が必要となる。

17-5　主観的ウェルビーイング

「平均的な人」ではなく，「その個別の人」にとっての幸福感や満足感はその人にしかわからないものである。また，健康の持つ意味も価値も，一人ずつ違うであろうし，同じ人であっても，状況や経験の変化に応じて異なっていくものであろう。

(1) 主観的ウェルビーイング

人は，ヒトとして共通の部分を持ちながらも，一人ひとりが異なる。持っている能力や価値観，家族関係や住環境，過去の経験など，一人ひとりが異なる。その一人ひとりが，主観的に，メンタル面での健康というだけではなく，幸福感をも含んだ「ウェルビーイングである」と感じるためには何が必要なのであろうか。

例えば，健康であれば幸せなのであろうか。病気や障害などがあると，自分の人生，存在に対して幸福感を感じることはできないものなのであろうか。ネガティブなものがなくなれば，それで幸せであり満足かというとそうでもない。ネガティブなものを抱えつつも，幸せであったり満足であったりもする。

(2) ポジティブなアウトカム

人は，逆境の中にあっても，人生の意味を見いだし，メンタルそしてフィジカルな健康を，維持したり，取り戻したりすることができるようである。例えば，乳癌やHIV感染，AIDSなどの生命を脅かされ得る状態にありながらも，「そのことによって」個人として成長したり，その後の生活に必要なスキルを身につけたり，自分にとっての重要な他者との関係を紡ぎ直したり，さらなるサポートネットワークを築いていくことのできる機会とすることができることが示されている(Petrie, Buick, Weinman, & Booth, 1999)。

逆境などの，ネガティブな状況から得られるポジティブなアウトカム(outcome：成果)としては，人生における意味を見いだすことのほかに，自分のソーシャル・リソースを拡充すること，自分にとって重要な優先順位を確立することなどが挙げられる。心的トラウマ後のポジティブな成長(posttraumatic growth)や，過酷な人生状況にあってもしなやかに生き続けるレジリエンス(resilience)についての研究からも同様に，ネガティブな出来事の中に，「意味」や「恩恵」を見つけ出すことができたり，その人にとっての「より良い生」を生きることができたりするなど，主観的なウェルビーイングを得られることが示される。さらに，そのことがメンタル，そしてフィジカルな健康と結びついている可能性も示唆されている。

(3)「強さ」に基づくアプローチ

逆境にあっても，心的トラウマが生じる状況にあっても，生命が脅かされる状況にあっても，人は自分の持つ「資源」を使いながら，その人にとっての「生きる意味」を見いだし，ポジティブなアウトカムさえも手に入れ，幸福感を抱くことができるのである。ここに，人の持つ＜強さ＞が示される。

17-5　主観的ウェルビーイング

人を，そういう視点から見るということは，人間観，変化観，対人援助観に変化を生むものである。逆に，それらに変化が既に生じているからこそ，人の持つ弱さではなく，強さに焦点が当てられるようになったとも言える。

＜強さ＞に基づくカウンセリング・モデルが，臨床心理学のカウンセリング領域において提唱されている(Smith, 2006)。このモデルは，基礎心理学の知見や，ポジティブ心理学，解決志向アプローチやナラティブ・セラピーのエッセンスをも組みこみつつ，その人が持つ「強み」を活かしていこうとする発想を土台としている。解決志向アプローチ(solution-focused therapy)は，利用者側が「解決の専門家」であるという姿勢を持つ，＜強さ＞に基づいた心理療法の一つである。

「その人」に既に備わっている＜強さ＞を使う，その人が持っている資源を活性化し有効利用する，既に起きている「解決」を使うという発想は，援助の利用者と提供者間の関係を「対等」にし，それぞれの持っている力を最大限に使うことができる。そして，欠けているところを追加し，問題となっているところを直すという発想に比べると，利用者側の負担が少なくて済むだけではなく，その人自身の持つ「力」をその人自身が感じられるものとなっている。

認知も，感情も，関係性(家族，職場，地域など)も含めた，「その人」が持つ資源や＜強さ＞を活かせる環境や援助という視点が，メンタルヘルス，そして主観的ウェルビーイングには欠かせないものであると考えられる。

引用・参考文献

■1章の引用文献
Bandura, A. (1965). Influence of models' reinforcement contingencies on the acquisition of imitated responses. *Journal of Personality and Social Psychology*, 1, 589-595.
ギルバート・ライル／坂本百大・宮下治子・服部裕幸(訳) (1984). 心の概念 みすず書房.
Gray, H.M., Gray, K., & Wegner, D.M. (2007). Dimensions of Mind Perception. *Science*, 315, 619.
René Descartes (1664). *L'homme de René Descartes et un Traité de la formation du foetus*. Paris : Charles Angot.
ウィリアム・ジェームズ／今田寛(訳) (1992). 心理学(上) (下) 岩波書店.

■1章の参考文献
H.ガードナー／佐伯胖・海保博之(監訳) (1987). 認知革命 産業図書.
梅本堯夫・大山 正 (1994). 心理学史――現代心理学の背景(新心理学ライブラリ) サイエンス社.
サトウタツヤ・高砂美樹 (2003). 流れを読む心理学史――世界と日本の心理学(有斐閣アルマ) 有斐閣.

■2章の引用文献
Coren, S., Ward, L. M., & Enns, J. T.(1993). *Sensation and Perception*. 4 th ed. Fort Worth : Harcourt Brace College Publishers. p161.
Hood, D. L., & Finkelstein, M. A.(1986). Sensitivity to light. In Boff K. R., Kaufman L., & Thomas, J. P.(Eds.), *Handbook of Perception and Human performance*. Volume I *Sensory process and Perception*. New York : John Wiley and Sons. pp. 5-9.
Lindsey P. H., & Norman D. A.(1977). *Human Information Processing. An introduction to Psychology*. 2nd ed. New York : Academic Press.(中溝幸夫(他訳) 情報処理心理学入門Ｉ 感覚と知覚(第2版) サイエンス社. pp. 123-131.)
松田隆夫 (2000). 知覚心理学の基礎 培風館.
宮岡 徹 (1994). 触知覚. 大山 正(他編) 感覚知覚ハンドブック 誠信書房. pp. 1226-1237.
小笠原慈瑛・小川 隆・瀬谷正敏 (1977). 環境の認知. 高木貞二(編) 心理学(第三版) 東京大学出版会. pp. 63-124.

■3章の引用文献
Hershenson, M. (1989). *The moon illusion*. Hillsdale, NJ : Erlbaum.
Land, E. H. (1977). The retinex theory of color vision. *Scientific American*, 237, 108-128.
Maloney, L. T., & Wandell, B. A.(1986). Color constancy : a method for recovering surface spectral reflectance. *Journal of the Optical Society of America*, 3, 29-33.
松田隆夫 (1995). 視知覚 培風館.
Nolen-Hoeksema, S. et al. (2009). *Atkinson & Hilgard's Introduction to Psychology*. 15th ed. Wadsworth.
Weisstein, N. A., & Wong, E.(1986). Figure and ground organization and the spatial temporal responses of the visual system. In E. C. Schwab, & H. C. Nusbaum(Eds.), *Pattern recognition by humans and machines*. Vol. 2. *Visual perception*. Orland, FL : Academic Press. pp. 31-64.

■4章の引用文献
Biederman, I. (1981). On the semantics of a glance at a scene. In M. Kubovy & J. R. Pomerantz (Eds.), *Perceptual Organization*. Hillsdale, NJ : Lawrence Erlbaum Associates. pp. 213-253.
Biederman, I.(1987). Recognition-by-components : A theory of human image understanding. *Psychological Review*, 94(2), 115-147.
Bruce, V., & Young, A. W. (1986). Understanding face recognition. *British Journal of Psychology*, 77

(3), 305-327.
Bruce, V. (1982). Changing faces: Visual and non-visual coding processes in face recognition. *British Journal of Psychology*, **73**(1), 105-116.
Bruce, V. (1988). *Recognising faces*. London: Lawrence Erlbaum Associates. (吉川左紀子(訳) (1990). 顔の認知と情報処理　サイエンス社.)
Burgund, E. D., & Marsolek, C. J. (2000). Viewpoint-invariant and viewpoint-dependent object recognition in dissociable neural subsystems. *Psychonomic Bulletin & Review*, **7**(3), 480-489.
Burton, A. M., Bruce, V., & Johnston, R. A. (1990). Understanding face recognition with an interactive activation model. *British Journal of Psychology*, **81**(3), 361-380.
de Haan, E. H. F., Young, A. W., & Newcombe, F. (1991). A dissociation between the sense of familiarity and access to semantic information concerning familiar people. *European Journal of Cognitive Psychology*, **3**(1), 51-67.
Delis, D. C., Robertson, L. C., & Efron, R. (1986). Hemispheric specialization of memory for visual hierarchical stimuli. *Neuropsychologia*, **24**(2), 205-214.
Ellis, H. D., Shepherd, J. W., & Davies, G. M. (1979). Identification of familiar and unfamiliar faces from internal and external features: Some implications for theories of face recognition. *Perception*, **8**(4), 431-439.
Gauthier, I., Tarr, M. J., Anderson, A. W., Skudlarski, P., & Gore, J. C. (1999). Activation of the middle fusiform 'face area' increases with expertise in recognizing novel objects. *Nature Neuroscience*, **2**(6), 568-573.
Hollingworth, A. (2005). Memory for object position in natural scenes. *Visual Cognition*, **12**(6), 1003-1016.
Hollingworth, A. (2007). Object-position binding in visual memory for natural scenes and object arrays. *Journal of Experimental Psychology: Human Perception and Performance*, **33**(1), 31-47.
Homa, D., Haver, B., & Schwartz, T. (1976). Perceptibility of schematic face stimuli: Evidence for a perceptual Gestalt. *Memory & Cognition*, **4**(2), 176-185.
Hubel, D. H., & Wiesel, T. N. (1959). Receptive fields of single neurons in the cat's striate cortex. *Journal of Physiology*, **148**(3), 574-591.
Ivry, R. B., & Robertson, L. C. (1998). *The two sides of perception*. Cambridge, MA: MIT Press.
Jolicouer, P., Gluck, M. A., & Kosslyn, S. M. (1984). Pictures and names: Making the connection. *Cognitive Psychology*, **16**(2), 243-275.
Kanwisher, N., McDermott, J., & Chun, M. M. (1997). The fusiform face area: A module in human extrastriate cortex specialized for face perception. *The Journal of Neuroscience*, **17**(11), 4302-4311.
Malone, D. R., Morris, H. H., Kay, M. C., & Levin, H. S. (1982). Prosopagnosia: a double dissociation between the recognition of familiar and unfamiliar faces. *Journal of Neurology, Neurosurgery and Psychiatry*, **45**(9), 820-822.
Marr, D., & Nishihara, H. K. (1978). Representation and recognition of the spatial organization of three dimensional structure. *Proceedings of the Royal Society of London B*, **200**(1140), 269-294.
Navon, D. (1977). Forest before trees: The precedence of global features in visual perception. *Cognitive Psychology*, **9**(3), 353-383.
Oliva, A., & Torralba, A. (2001). Modeling the shape of the scene: A holistic representation of the spatial envelope. *International Journal of Computer Vision*, **42**(3), 145-175.
Oliva, A., & Torralba, A. (2006). Building the gist of a scene: The role of global image features in recognition. *Progress in Brain Research*, **155**, 23-36.
Palmer, S. E. (1975). The effects of contextual scenes on the identification of objects. *Memory & Cognition*, **3**(5), 519-526.
Palmer, S. E., Rosch, E., & Chase, P. (1981). Cannonical perspective and the perception of objects. In J. Long & A. Baddeley (Eds.), *Attention and Performance* (Vol.9). Hillsdale, NJ: Lawrence Erlbaum Associates. pp. 135-151.
Potter, M. C. (1976). Short-term conceptual memory for pictures. *Journal of Experimental Psychology: Human Learning and Memory*, **2**(5), 509-522

Rensink, R. A., O'Regan, J. K., & Clark, J. J. (1997). To see or not to see: The need for attention to perceive changes in scenes. *Psychological Science,* **8**(5), 368-373..
Schooler, J. W., & Engstler-Schooler, T. Y. (1990). Verbal overshadowing of visual memories: Some things are better left unsaid. *Cognitive Psychology*, **22**(1), 36-71.
Sergent, J. (1982). The cerebral balance of power: Confrontation or cooperation? *Journal of Experimental Psychology: Human Perception and Performance*, **8**(2), 253-272.
Tanaka, J. W., & Taylor, M. (1991). Object categories and expertise: Is the basic level in the eye of the beholder? *Cognitive Psychology*, **23**(3), 457-482.
Tarr, M. J., & Pinker, S. (1989). Mental rotation and orientation-dependence in shape recognition. *Cognitive Psychology*, **21**(2), 233-282.
Thompson, P. (1980). Margaret Thatcher: a new illusion. *Perception*, **9**(4), 483-484.
Vuilleumier, P., Henson, R. N., Driver, J., & Dolan, R. J. (2002). Multiple levels of visual object constancy revealed by event-related fMRI of repetition priming. *Nature Neuroscience*, **5**(5), 491-499.
Young, A. W., Ellis, A. W., & Flude, B. M. (1988). Accessing stored information about familiar people. *Psychological Research*, **50**, 111-115.
Young, A. W., McWeeny, K. H., Hay, D. C., & Ellis, A. W. (1986). Access to identity-specific semantic codes from familiar faces. *The Quarterly Journal of Experimenal Psychology*, **38**A(2), 271-295.
Young, A. W., Hellawell, D., & Hay, D. C. (1987). Configurational information in face perception. *Perception*, **16**(6), 747-759.

■ 5章の引用文献
Broadbent, D. E. (1958). *Perception and communication*. Pergamon Press.
Carr, T. H. (2004). A multiple approach to selective attention: monitoring environmental space, choosing stimuli for deep processing, and retrieving information from memory. In M. I. Posner (Ed.), *Cognitive neuroscience of attention*. The Guilford Press. pp. 56-70.
Cherry, E. C.(1953). Some experiments of the recognition of speech, with one and two ears. *Journal of the Acoustical Society of America*, **25**, 975-979.
Desimone, R., & Duncan, J. (1995). Neural mechanisms of selective attention. *Annual Review of Neuroscience*, **18**, 193-222.
Deutsch, J. A., & Deutsch, D. (1963). Attention: some theorical considerations. *Psychological Review*, **70**, 80-90.
Duncan, J. (1984). Selective attention and the organization of visual information. *Journal of Experimental Psychology: General*, **113**, 501-517.
Duncan, J., & Humphreys, G. W. (1989). Visual search and stimulus similarity. *Psychological Review*, **96**, 433-458.
Egly, R., Driver, J., & Rafal, R. D. (1994). Shifting visual attention between objects and locations: Evidence from normal and parietal lesion subjects. *Journal of Experimental Psychology: General*, **123**, 161-177.
Halligan, P. W., & Marshall, J. C. (1991). Left neglect for near but not far space in man. *Nature*, **350**, 498-500.
Hillyard, S. A., & Anllo-Vento, L. (1998). Event-related brain potentials in the study of visual selective attention. *Proceedings of National Academyof Sciences of the United States of America*, **95**, 781-787.
Hopfinger, J. B., & Mangun, G. R. (1998). Reflexive attention modulates processing of visual stimuli in human extrastriate cortex. *Psychological Science*, **9**, 441-447.
Humphreys, G. W. (1999). Neural representation of objects in space: a dual coding account. In W. Humphreys, J. Duncan, & A. Treisman(Eds.). *Attention, space, and action: Studies in Cognitive Neuroscience*. OxfordUniversity Press. pp. 165-182.
Marshall, J. C., & Halligan, P. W. (1988). Blindsight and insight in visuo-spatial neglect. *Nature*, **336**, 766-767.

Ishigami, Y., & Klein, R. M. (2009). Is a hands-free phone safer than a handheld phone? *Journal of Safety Research*, 40, 157-164.
石金　浩（2003）．視覚系における神経活動と選択的注意．心理学評論, 46, 357-370．
岩崎祥一・大原貴弘（2003）．注意の捕捉．心理学評論, 46, 462-481．
McCourt, M. E., & Garlinghouse, M. (2000). Asymmetries of visuospatial attention are modulated by viewing distance and visual field elevation: peripersonal and extrapersonal space. *Cortex*, 36, 715-731.
Kahneman, D. L. (1973). *Attention and Effort*. Prentice-Hall Inc.
河西哲子・熊田孝恒（2003）．視覚的選択の脳内機構—ERPデータを中心に．心理学評論, 46, 371-390．
Kastner, S., & Ungerleider, L. G. (2000). Mechanisms of visual attention in the human cortex. *Annual Review of Neuroscience*, 23, 315-341.
Kim, C. Y., & Blake, R. (2005). Psychophysical magic: rendering the visible "invisible". *Trends in Cognitive Science*, 9, 381-388.
木村貴彦・三浦利章（2003）．奥行き注意における手がかりと行為の役割．心理学評論, 46, 297-313．
熊田孝恒（2003）．視覚探索．心理学評論, 46, 426-443．
Luck, S. J., & Hillyard, S. A. (1999). The operation of selective attention at multiple stages of processing: evidence from human and monkey electrophysiology. In M. S. Gazzaniga (Ed.), *The new cognitive neuroscience*. Cambridge, MA: MIT Press. pp. 687-700.
Lavie, N. (2005). Distracted and confused?: selective attention under load. *Trends in Cognitive Science*, 9, 75-82.
Rensink, R. A. (2000). Seeing, sensing, and scrutinizing. *Vision Research*, 40, 1469-1487.
Parasuraman, R., & Davis, D. R. (1984). *Varieties of Attention*. Academic Press.
Pashler, H. E. (1998). *The Psychology of Attention*. MIT Press.
Posner, M. I. (1980). Orienting of attention. *Quarterly Journal of Experimental Psychology*, 32, 3-25.
Posner, M. I., & Raichle, M. I. (1994). *Images of Mind*. Scientific American Library.
Scholl, B. J. (2001). Objects and attention: the state of the art. *Cognition*, 80, 1-46.
Styles, E. A. (2006). *The Psychology of Attention*. Psychology Press.
武田祐司・小川洋和（2003）．視覚探索における復帰の抑制．心理学評論, 46, 444-461．
Treisman, A. (1969). Strategies and models of selective attention. *Psychological Review*, 76, 282-299.
Treisman, A. (1999). Feature binding, attention and object perception. In W. Humphreys, J. Duncan, & A. Treisman (Eds.), *Attention, space, and action: Studies in Cognitive Neuroscience*. Oxford University Press. pp. 91-111.
Wolddorff M. G., Gallen, C. C., Hampson, S. A., Hillyard, S. A., Pantev, C., Sobel, D., & Bloom, F. E. (1993). Modulation of early sensory processing in human auditory cortex during auditory selective attention. *Proceedings of National Academy of Science: United States of America*, 90, 8722-8726.
八木善彦・熊田孝恒・菊池　正（2004）．注意の初期選択説・後期選択説を巡る研究動向—注意の負荷理論を中心として．心理学評論, 47, 478-500．
横澤一彦・大谷智子（2003）．見落とし現象における表象と注意—日注意による見落としと変化の見落とし．心理学評論, 46, 462-500．

■ 5章の参考文献
Anderson, J. R. (2005). *Cognitive Psychology and Its Implications*. Worth Publishers.
Eysenck, M. W., & Keane, M. T. (2005). *Cognitive Psychology: a Student handbook*. Psychology Press.
Gazzaniga, M. S., Ivry, R. B., & Mangun, G. R. (2009). *Cognitive Neuroscience: the biology of the mind*, 3rd ed. W. W. Norton & Company, Inc.
大山　正・今井章吾・和氣典二・菊地　正（編）（2007）．新編感覚・知覚心理学ハンドブック（Part

2) 誠信書房.
Smith, E. E., & Kosslyn, S. M. (2009). *Cognitive Psychology: Mind and Brain*. Pearson Education, Inc.

■ 6章の引用文献

Atkinson, R. C., & Shiffrin, R. M. (1968). Chapter: Human Memory: A Proposed System and Its Control Processes. In Spence, K.W. & Spence, J.T.(Eds.), *The Psychology of Learning and Motivation* Vol.2. New York: Academic Press. pp. 89-195.
Atkinson, R. C., & Shiffrin, R. M. (1971). The Control of Short Term Memory. *Scientific American*, 225(2), 82-90.
Baddeley, A. D. (1981). The Concept of Working Memory: A View of its Current Stateand Probable Future Development. *Cognition*, 10, 17-23.
Baddeley, A. D. (1986). *Working Memory*. Oxford: Oxford University Press.
Baddeley, A. D. (2000). The Episodic Buffer: A New Component of Working Memory? *Trends in Cognitive Sciences*, 4, 417-423.
Baddeley, A. D., & Hitch, G. (1974). Working Memory. In G. H. Bower(Ed.), *The Psychology of Learning and Motivation*, 8, 47-89. New York: Academic Press.
Craik, F. I. M., & Lockhart, R. S. (1972). Levels of Processing: A Framework for Memory Research. *Journal of Verbal Learning and Verbal Behavior*, 11, 671-684.
Craik, F. I. M., & Tulving, E. (1975). Depth of Processing and the Retention of Words in Episodic Memory. *Journal of Experimental Psychology: General*, 104, 268-294.
Ebbinghaus, H. (1885). *Über Das Gedchtnis. Untersuchungen Zur Experimentellen Psychologie*. Leipzig: Duncker & Humblot; The English Edition Is Ebbinghaus, H.(1913). *Memory. A Contribution to Experimental Psychology*. New York: Teachers College, ColumbiaUniversity(Reprinted Bristol: Thoemmes Press, 1999).
Eysenck, M. W. (1986). Working Memory. In Cohen, G, Eysenck M. W. & LeVoiM.E. *Memory: A Cognitive Approach*. UK: The Open University.
小谷津孝明（1973）．記憶走査における反応時間の検討．日本心理学会第37回大会発表論文集，546-547.
Lindsay, P. H., & Norman, D. A. (1977). *Human Information Processing: An Introduction to Psychology*, 2 nd ed. Academic Press.
McElree, B., & Dosher, B. A. (1989). Serial Position and Set Size in Short-Term Memory: Time Course of Recognition. *Journal of Experimental Psychology: General*, 18, 346-373.
Miller, G. A. (1956). The Magical Number Seven, Plus or Minus Two: Some Limits on Our Capacity for Processing Information. *Psychological Review*, 63, 81-97.
三宅　晶・齊藤　智（2001）．作動記憶研究の現状と展開．心理学研究，72, 336-350.
Morris, C. D., Bransford, J. D., & Franks, J. J. (1977). Levels of Processing Versus Transfer Appropriate Processing. *Journal of Verbal Learning and Verbal Behavior*, 16, 519-533.
Murdock, B. B. Jr. (1961). The Retention of Individual Items. *Journal of Experimental Psychology*, 62, 618-625.
Murdock, B. B. Jr. (1962). The Serial Position Effect of Free Recall. *Journal of Experimental Psychology*. 64(5), 482-488.
Murdock, B. B. Jr., & Franklin, P. E. (1984). Associative and Serial-Order Information: Different Modes of Operation? *Memory & Cognition*, 12(3), 243—249.
Neisser, U. (1967). *Cognitive Psychology*. Appleton-Century-Crofts New York.
苧阪満里子（2002）．脳のメモ帳．ワーキングメモリ　新曜社．
Peterson, L. R., & Peterson, M. J. (1959). Short-Term Retention of Individual Verbal Items. *Journal of Experimental Psychology*, 58, 193-198.
Postman, L., & Phillips, L. W. (1965). Short Term Temporal Changes In Free Recall. *Quarterly Journal of Experimental Psychology*, 17, 132-138.
Sperling, G. (1960). The Information Available in Brief Visual Presentations. *Psychology Monographs*, 74(11), Whole No. 498.

Sternberg, S. (1966). High Speed Scanning in Human Memory. *Science*, **153**, 652 – 654.
Sternberg, S. (1969). The Discovery of Processing Stages: Extensions of Donders' Method. *Acta Psychologica*, **30**, 276 – 315.

■ 6章の参考文献
グレッグ V. H./高橋雅延・川口敦生・菅眞佐子(訳) (1988). ヒューマンメモリ　サイエンス社.
クラッキー R. L./箱田裕司・中溝幸夫(訳) (1982). 記憶のしくみ I―認知心理学的アプローチ(心理学叢書12)　サイエンス社.
リンゼイ P. H.・ノーマン D. A./中溝幸夫(訳) (1984). 情報処理心理学入門 II―注意と記憶　サイエンス社.
ロフタス G. R.・ロフタス E. F./大村彰道(訳) (1980). 人間の記憶―認知心理学入門　東京大学出版会.
ナイサー U.(編)/富田達彦(訳) (1988・1989). 観察された記憶―自然文脈での想起〈上・下〉誠信書房.

■ 7章の引用文献
Brewer, W. F., & Treyens, J. C. (1981). Role of schemata in memory for places. *Cognitive Psychology*, **13**, 207 – 230.
Brown, R., & Kulik, J. (1977). Flashbulb memories. *Cognition*, **5**, 73 – 99.
Cohen, N. J., & Squire, L. R. (1980). Preserved learning and retention of pattern-analyzing skill in amnesia: Dissociation of knowing how and knowing that. *Science*, **210**, 207 – 210.
Collins, A. M., & Loftus, E. F. (1975). A spreading-activation theory of semantic processing. *Psychological Review*, **82**, 407 – 428.
Eich, E., & Metcalfe, J. (1989). Memory dependent memory for internal versus external events. *Journal of Experimental Psychology: Learning, Memory, and Cognition*,**15**, 443 – 455.
Gais, S., Lucas, B., & Born, J. (2006). Sleep after learning aids memory recall. *Learning & Memory*, **13**, 259 – 262
Godden, G., & Baddeley, A. (1975). Context -dependent memory in two natural environments: On land and underwater. *British Journal of Psychology*, **6**, 355 – 369.
Jenkins, J. G., & Dallenbach, K. M. (1924). Obliviscence during sleep and waking. *American Journal of Psychology*, **35**, 605 – 612.
Kitchener, E. G., Hodges, J. R., & McCarthy, R. A. (1998). Acquisition of post-morbid vocabulary and semantic facts in the absence of episodic memory. *Brain*, **121**, 1313 – 1327.
Loftus, E. F. (1997). Creating false memories. *Scientific American*, **277**, 70 – 75.(仲真紀子(訳) (1998). 偽りの記憶をつくる　日経サイエンス　別冊123.)
Loftus, E. F., & Palmer, J. C. (1974). Reconstruction of automobile destruction: An example of the interaction between language and memory. *Journal of Verbal Leaning and Verbal Behavior*, **13**, 585 – 589.
Meyer, D. E., Schvaneveldt, R. W., & Ruddy, M. G. (1975). Loci of contextual effects on visual word recognition. In Rabbit, P. M. A.(Ed.) *Attention and performance*. Vol. 5. Academic Press. pp. 98 – 118
Roediger, H. L., & McDermott, K. (1995). Creating false memories: Remembering words not presented in lists. *Journal of Experimental Psychology: Learning, Memory, and Cognition*, **21**, 803 – 814.
Squire, L. R.(1987). *Memory and Brain*. Oxford University Press. (河内十郎(訳) (1989). 記憶と脳　医学書院.)
Tulving, E. (1972). Episodic and semantic memory. In Tulving, E. & Donaldson, W.(Eds.) *Organization of Memory*. Academic Press. pp.382 – 403.
Tulving, E. (2002). Episodic memory: From mind to brain. *Annual Review of Psychology*, **53**, 1 – 25.
Tulving, E., & Pearlstone, Z. (1966). Availability versus accessibility of information in memory for words. *Journal of Verbal Learning & Verbal Behavior*, **5**, 381 – 391.
Tuving, E., & Markowitsch, H. J. (1998). Episodic and declarative memory: Role of the Hippocam-

pus. *Hippocampus*, **8**, 198-204.
Vargha-Khadem, F., Gadian, D. G., Watkins, K. E. Connelly, A., Van Paesschen, W., & Mishkin, M. (1997). Differential effects of early hippocampal pathology on episodic and semantic memory. *Science*, **277**, 376-80.
Wheeler, M. A., Stuss, D. T., & Tulving, E. (1997). Toward a theory of episodic memory: The frontal lobes and autonoetic consciousness. *Psychological Bulletin*, **121**, 331-354.

■ 8章の引用文献

Bear, M. F., Connors, B. W., & Paradiso, M. A. (2006). Neuroscience: Exploring the Brain. (3rd ed.). Lippincott Williams & Wilkins. (加藤宏司・後藤 薫・藤井 聡・山崎良彦監訳 (2007). 神経科学―脳の探求　西村書店.)
Betts, G. H. (1909). *The Distribution and Functions of Mental Imagery*. New York: Teachers College, Columbia University.
Chambers, D., & Reisberg, D. (1985). Can Mental Images be Ambiguous? *Journal of Experimental Psychology: Human Perception and Performance*, **11**, 317-328.
Cooper, A. N., & Shepard, R. N. (1973). The time required to prepare for a rotated stimulus. *Memory & Cognition*, **1**, 246-250.
De Volder, A. G., Toyama, H., Kimura, Y., Kiyosawa, M., Nakano, H., Vanlierde, A., Wanet-Defalque, M. C., Mishina, M., Oda, K., Ishiwata, K., & Senda, M. (2001). Auditory triggered mental imagery of shape involves visual association areas in early blind humans. *Neuroimage*, **14**, 129-139.
江川 玻 (1989). 実践スポーツ心理学　大日本図書.
Forisha, B. L. (1981). Patterns of creativity and mental imagery in men and women. *Journal of mental imagery*, **5**, 85-96.
Galton, F. (1883). *Inquiries into human faculty and its development*. London: Mecmillan.
Hishitani, S., & Murakami, S. (1992). What of vividness of imagery: Characteristics of vivid visual imagery. *Perceptual and motor skills*, **75**, 1291-1307.
Just, M. A., & Carpenter, P. A. (1976). Eye fixations and cognitive processes. *Cognitive Psychology*, **8**, 441-480.
Klein, I., Dubois, J., Mangin, J. F., Kherif, F., Flandin, G., Poline, J. B., Denis, M., Kosslyn, S. M., & Le Bihan, D. (2004). Retinotopic organization of visual mental images as revealed by functional magnetic resonance imaging. *Cognitive Brain Research*, **22**, 26-31.
Kosslyn, S. M. (1980). *Image and Mind*. Cambridge, MA: Harvard University Press.
Kosslyn, S. M. (1994). *Image and Brain: The Resolution of the Imagery Debate*. Cambridge, MA: MIT Press.
Kosslyn, S. M., Ball, T. M., & Reiser, B. J. (1978). Visual images preserve metric spatial information: Evidence from studies of image scanning. *Journal of Experimental Psychology: Human Perception and Performance*, **4**, 47-60.
Marks, D. F. (1973). Visual Imagery differences in the recall of pictures. *British Journal of Psychology*, **64**, 17-24.
Metzler, J., & Shepard, R. N. (1974). Transformational studies of the internal representation of three-dimensional objects. In R L. Solso (Ed.), *Theories of cognitive psychology: The Loyola symposium*. Potomac, MD: LawrenceErlbaum. pp. 147-202.
中込四郎(編著) (1996). イメージが見える．スポーツ選手のメンタルトレーニング　道和書院.
Richardson, J. T. E. (1980). *Mental Imagery and Human Memory*. London: Macmillan.
Schmeidler, G. R. (1965). Visual imagery correlated to a measure of creativity. *Journal of Consulting Psychology*, **29**, 78-80.
Sheehan, P. W. (1967). A Shortened Version of the Betts' Questionnaire upon Mental Imagery. *Journal of Clinical Psychology*, **23**, 386-389.
Shepard, R. N. (1978). Externalization of mental images and the act of creation. In B. S. Randhawa & B. F. Coffman (Eds.), *Visual learning, thinking and communication*. London: Academic Press. pp 133-189.

Shepard, R. N., & Metzler, J. (1971). Mental rotation of three-dimensional objects. *Science*, 171, 701-703.
Solodkin, A., Hlustik, P., Chen, E. E., & Small, S. L. (2004). Fine modulation in network activation during motor execution and motor imagery. *Cerebral Cortex*, 14, 1246-1255.
Swann, W. B., & Miller, L. (1982). Why never forgetting a face matters : Visual imagery and social memory. *Journal of Personality and Social Psychology*, 43, 475-480.
高畑好秀（1999）．メンタル強化バイブル――一流選手達が語る心を鍛える最強のトレーニング　池田書店．
徳永幹雄・橋本公雄（1984）．スポーツ選手に対する心理的評議能力のトレーニングに関する研究（1）―イメージ・トレーニングの予備的調査・実験．九州大学健康科学，6，165-179．
Yoo, S., Lee, C. U., & Choi, B. G. (2001). Human brain mapping of auditory imagery : event-related functional MRI study. *Neuroreport*, 12, 3045-3049.

■ 9章の引用文献

阿部純一（1995）．文の理解．大津由紀雄（編）　認知心理学3　言語　東京大学出版会．pp. 159-171.
阿部純一・桃内佳雄・金子康朗・李光五（1994）．人間の言語情報処理：言語理解の認知科学　サイエンス社．
Baker, M. C. (2001). *The Atoms of Language : The Mind's Hidden Rules of Grammar*. Basic Books. (郡司隆男（訳）(2003).　言語のレシピ―多様性にひそむ普遍性をもとめて　岩波書店.)
Baker, M. C. (2003). Linguistic differences and language design. *Trends in cognitive sciences*, 7 (8), 349-353.
Bickerton, D. (1983). Pidgin and creole languages. *Scientific American*, 249(1), 116-122.(西澤弘行（訳）(1983).　クレオル諸語．サイエンス，13(9), 108-119.)
Carey, S. (1988). Lexical development : The Rockefeller years. In Hirst, W. (ed.), *The Making of Cognitive Science*. Cambridge University Press, pp.197-209.(小林春美（訳）(1992).　語の獲得　安西祐一郎他（編）　認知科学ハンドブック　共立出版．pp. 682-689.)
Chomsky, N. (1971). *Problems of Knowledge and Freedom : The Russell Lectures*. Fontana.
Chomsky, N. (1981). *Lectures on Government and Binding*. Foris.
Chomsky, N. (1986). *Knowledge of Language : Its Nature, Origin, and Use*. Praeger.
Crain, S., & Nakayama, M. (1987). Structure dependence in grammar formation, *Language*, 63, 522-543.
Gervain, J., & Mehler, J. (2010). Speech perception and language acquisition in the first year of life. *Annual Review of Psychology*, 61, 191-218.
Gentner, D. (1975). Evidence for the psychological reality of semantic components : The verbs of possesion. In Norman, D. A. et al. *Explorations in Cognition*. W. H. Freeman and Company. pp. 211-246.
Goldin-Meadow, S., & Mylander, C. (1998). Spontaneous sign systems created by deaf children in two cultures. *Nature*, 391, 279-281.
Guasti, M. T. (2002). *Language Acquisition : The Growth of Grammar*. The MIT Press.
波多野誼余夫（1988）．知力をさぐる　認知科学からのアプローチ　NHK市民大学．
小林春美（1993）．「制約」は語の獲得を説明できるか．日本認知科学会第10回大会発表論文集，18-21．
Markman, E. M. (1990). Constraints children place on word meanings. *Cognitive Science*, 14, 57-77.
Mehler, J. et al. (1996). Coping with linguistic diversity : The infant's viewpoint. In Morgan, J. L., & Demuth, K. (eds.), *Signal to Syntax : Bootstrapping from Speech to Grammar in Early Acquisition*. LEA. pp. 101-116.
Miller, G. A., & Gildea, P. (1987). How children learn words. *Scientific American*, 257(3), 86-91. (岩田純一（訳）(1987).　子どもはどのようにことばを覚えるか．サイエンス，17, 72-79.)
中井　悟・上田雅信（編）(2004).　生成文法を学ぶ人のために　世界思想社．
中右　実（1994）．認知意味論の原理　大修館書店．

Norman, D. A. et al. (1975). *Explorations in Cognition*. W. H. Freeman and Company.
大津由紀雄 (1989). 心理言語学. 柴谷方良他 英語学大系 6 英語学の関連分野 大修館書店. pp. 181-361.
Petitto, L. A., & Marentette, P. F. (1991). Babbling in the manual mode: Evidence for the ontogeny of language. *Science*, 251, 1493-1496.
Pinker, S. (1994). *The Language Instinct: How the Mind creates Language*. HarperPerennial. (椋田直子(訳) (1995). 言語を生みだす本能 NHKブックス.)
Premack, D., & Premack, A. (2003). *Original Intelligence: Unlocking the Mystery of Who We Are*. McGraw-Hill. (鈴木光太郎(訳) (2005). 心の発生と進化 チンパンジー, 赤ちゃん, ヒト 新曜社.)
Sakamoto, T. (1996). *Processing Empty Subjects in Japanese: Implications for the Transparency Hypothesis*. Kyushu University Press.
寺尾 康 (2002). 言い間違いはどうして起こる? 岩波書店.
戸田正直・阿部純一・桃内佳雄・佳住彰文 (1986). 認知科学入門 「知」の構造へのアプローチ サイエンス社.
White, L. (1989). *Universal Grammar and Second Language Acquisition*. John Benjamins. (千葉修司他(訳) (1992). 普遍文法と第二言語習得 原理とパラメータのアプローチ リーベル出版.)
Wittgenstein, L. (1953). *Philosophische Untersuchungen*. Basil Blackwell. (藤本隆志(訳) (1976). ウィトゲンシュタイン全集 8 哲学探究 大修館書店. および 黒崎 宏(訳・解説) (1997). 哲学的探究 読解 産業図書.)

■9章の参考文献
安西祐一郎・石崎 俊・大津由紀雄・波多野誼余夫・溝口文雄(編) (1992). 認知科学ハンドブック 共立出版.
言語処理学会(編) (2009). 言語処理学事典 共立出版.
原口庄輔・今西典子(編) (2001). 英語学文献解題 5 文法 II 研究社.
中島平三(編) (2005). 言語の事典 朝倉書店.

■10章の引用文献
阿部純一 (1987). 旋律はいかに処理されるか. 波多野誼余夫(編) 音楽と認知 東京大学出版会. pp. 41-68.
阿部純一 (2008). 音楽認知. 西川泰夫・阿部純一・仲真紀子(編) 認知科学の展開 放送大学教育振興会. pp.238-260.
Abe, J., & Hoshino, E. (1990). Schema-driven properties in melody cognition: Experiments on final-tone extrapolation by music experts. *Psychomusicology*, 9, 161-172.
Abe, J., & Okada, A. (2004). Integration of metrical and tonal organization in melody perception. *Japanese Psychological Research*, 46, 298-307.
Demany, L., McKenzie, B., & Vurpillot, E. (1977). Rhythm perception in early infancy. *Nature*, 266, 718-719.
Dowling, W. J., & Harwood, D. L. (1986). *Music cognition*. Orlando, FL: Academic Press.
後藤靖宏 (2000). リズム(旋律の時間的側面). 谷口高士(編) 音は心の中で音楽になる―音楽心理学への招待 北大路書房. pp. 53-75.
後藤靖宏・阿部純一 (1996). 拍子解釈の基本的偏好性と漸進的確立. 音楽知覚研究, 2, 38-47.
Hannon, E. E., & Trehub, S. E. (2005). Metrical categories in infancy and adulthood. *Psychological Science*, 16, 48-55.
星野悦子・阿部純一 (1984). メロディ認知における"調性感"と終止音導出. 心理学研究, 54, 344-350.
小泉文夫 (1958). 日本伝統音楽の研究 音楽之友社.
Krumhansl, C. L. (1990). *Cognitive foundations of musical pitch*. New York: Oxford University Press.
Longuet-Higgins, H. C. (1987). *Mental processes: Studies in cognitive science*. London: The MIT Press.

Lynch, M. P., Eilers, R. E., Oller, D. K., & Urbano, R. C. (1991). Innateness, experience, and music perception. *Psychological Science*, 1, 272-276.
Matsunaga, R., & Abe, J. (2005). Cues for key perception of a melody: Pitch set alone? *Music Perception*, 23, 155-166.
McDermott, J., & Hauser, M. (2005). The origins of music: Innateness, uniqueness, and evolution. *Music Perception*, 23, 29-59.
Moore, J. M. (2003). *An introduction to the psychology of hearing.* 5 th ed. London: Academic Press.
岡田顕宏・阿部純一 (1998). メロディの認識：拍節解釈と調性解釈を統合した計算モデル．長嶋洋一・橋本周司・平賀 譲・平田圭二(編) コンピュータと音楽の世界：基礎からフロンティアまで 共立出版. pp.199-215.
Povel, D. J., & Essens, P. (1985). Perception of temporal patterns. *Music Perception*, 2, 411-440.
Phillips-Silver, J., & Trainor, L. J. (2005). Feeling the beat: Movement influences infants' rhythm perception. *Science*, 308, 1430.
Trainor, L. J., & Trehub, S. E. (1992). A comparison of infants' and adults' sensitivity to Western musical structure. *Journal of Experimental Psychology: Human Perception and Performance*, 18, 394-402.
梅本堯夫 (1999). 子どもと音楽 東京大学出版会.
Winkler, I., Háden, P. G., Ladinig, O. Sziller, I., & Honing, H. (2009). Newborn infants detect the beat. *Proceedings of the National Academy of Sciences of the United Sates of America*, 106, 2468-2471.
吉野 巌・阿部純一 (1998). 調性認識：メロディの調を解釈する計算モデル．長嶋洋一・橋本周司・平賀 譲・平田圭二(編) コンピュータと音楽の世界：基礎からフロンティアまで 共立出版. pp.117-131.

■11章の引用文献

Anderson, J. R. (1984). Spreading activation. In John R. Anderson & Stephen M. Kosslyn(Eds.), *Tutorials in leaning and memory: Essays in Honor of Gordon Bower.* San Francisco: W. H. Freeman. pp.61-90.
Bandura, A., Ross, D., & Ross, S. A. (1963). Imitation of film-mediated aggressive models. *Journal of Abnormal and Social Psychology*, 66, 3-11.
Deci, E. L. (1971). Effects of externally mediated rewards on intrinsic motivation. *Journal of Personality and Social Psychology*, 18, 105-115.
Dweck, C. S. (1975). The role of expectations and attributions in the alleviation of learned helplessness. *Journal of Personality and Social Psychology*, 31, 674-685.
Dweck, C. S., & Reppucci,N. D. (1973). Learned helplessness and reinforcement responsibility in children. *Journal of Personality and Social Psychology*, 23, 109-116.
波多野誼余夫・稲垣佳世子 (1973). 知的好奇心 中公新書.
Hintzman, D. L., & Block, R. A. (1971). Repetition and memory: Evidence for a multiple-trace hypothesis. *Journal of Experimental Psychology*, 88, 297-306.
Hollingworth, A., & Henderson, J.M. (2002). Accurate visual memory for previously attended objects in natural scenes. *Journal of Experimental Psychology: Human Perception and Performance*, 28, 113-136.
池田 央 (2000). アセスメント技術からみたテスト法の過去と未来. 日本教育工学雑誌, 24, 3-13.
今田 寛 (2003). 学習(1). 今田 寛(他編) 心理学の基礎 三訂版 培風館. p.73.
Lepper, M. R., Greene, D., & Nisbett, R. E. (1973). Undermining children's intrinsic interest with extrinsic rewards: A test of the "overjustification" hypothesis. *Journal of Personality and Social Psychology*, 28, 129-137.
中島亮一・横澤一彦 (2010). フリッカー変化時における自然情景の視覚表象. 心理学研究, 81, 210-217.
中島義明・繁枡算男・箱田裕司(編) (2005). 新心理学の基礎知識 有斐閣. p.269.

Quillian, M. R. (1968). Semantic memory. In M. Minsky (Ed.), *Semantic information processing*. Cambridge, Mass.: M. I. T. Press. pp. 227-270.
櫻井芳雄 (2008). 脳の情報表現を見る　京都大学学術出版会.
Seligman, M. E. P., Maier, S. F., & Geer, J. H. (1968). Alleviation of learned helplessness in the dog. *Journal of Abnormal Psychology*, 73, 256-272.
Terasawa, T. (2005). Creation theory of cognition: Is memory retrieved or created? In C. MacLeod, N. Ohta, B. Uttl (Eds), *Dynamic cognitive processes*. Springer-Verlag. pp.131-157.
寺澤孝文 (1997a). 再認メカニズムと記憶の永続性　風間書房.
寺澤孝文 (1997b). 学習効果のマイクロステップ計測の基礎―自覚できない学習段階の計測と学習内容の体系化にむけて. 筑波大学心理学研究, 20号, 91-98.
寺澤孝文 (1999). 入力情報の分析方法及びその装置並びに入力情報のパターン構造生成方法. 特願平11-317484. (特許第4434598号, 特許第4434599号)
寺澤孝文 (2001). 記憶と意識―どんな経験も影響はずっと残る. 森　敏昭(編著)　認知心理学を語る①：おもしろ記憶のラボラトリー　北大路書房. pp.101-124.
寺澤孝文 (2002). 記憶. 都築誉史(編)　認知科学パースペクティブ　信山社. pp.51-70.
寺澤孝文 (2005). 認知. 森正義彦(編著)　理論からの心理学入門　培風館. pp.65-101.
寺澤孝文 (2006). スケジュールの作成方法及びそのプログラム並びにスケジュールの作成方法のプログラムを記憶した記憶媒体. 特許第3764456.
寺澤孝文 (2007). 「経験の変数化」を念頭においた実験計画法に基づく客観的絶対評価の実現. 平成14～17年度科学研究費補助金基盤研究(A)（1）研究成果報告書.
寺澤孝文 (2010). 潜在記憶(実力)レベルの語彙習得プロセス 第36回全国英語教育学会大阪研究大会予稿集, 446-447.
寺澤孝文・太田信夫(監修) (2007). 「THE マイクロステップ技術で覚える英単語」　D 3 Publisher.
寺澤孝文・吉田哲也・太田信夫(編) (2007). マイクロステップ計測法による英単語学習の個人差の測定　風間書房.
寺澤孝文・岩本真弓 (2008). 不登校児の学習意欲を高めるマイクロステップ学習支援. 日本認知心理学会第6回大会発表論文集, 4.
寺澤孝文・吉田哲也・太田信夫 (2008). 英単語学習における自覚できない学習段階の検出―長期に連続する日常の場へ実験法を展開する. 教育心理学研究, 56, 510-522.
辻井潤一・安西祐一郎 (1988). 機械の知人間の知. 認知科学選書20　東京大学出版会.
上田紋佳・寺澤孝文 (2008). 聴覚刺激の偶発学習が長期インターバル後の再認実験の成績に及ぼす影響. 認知心理学研究, 6, 35-45.
上田紋佳・寺澤孝文 (2010). 間接再認手続きによる言語的符号化困難な音列の潜在記憶の検出. 心理学研究, 81, 413-419.
横澤一彦・大谷智子 (2003). 見落とし現象における表象と注意―非注意による見落としと変化の見落とし. 心理学評論, 45, 482-500.

■11章の参考文献
大村彰道(編) (1996). 教育心理学Ⅰ　発達と学習指導の心理学　東京大学出版会.
市川伸一 (1995). 現代心理学入門　学習と教育の心理学　岩波書店.
太田信夫(編) (2006). 記憶の心理学と現代社会　有斐閣.

■12章の引用文献
Cheng, P. W., & Holyoak, K. J. (1985). Pragmatic reasoning schemas. *Cognitive Psychology*, 17, 391-416.
Duncker, K. (1945). On problem-solving. *Psychological Monographs: General and Applied*, 58, 1-113. Whole No. 270. Translated by Lynne S. Lees.
福田由紀(編著) (2010). 心理学要論―こころの世界を探る　培風館.
Gick, M. L., & Holyoak, K. J. (1980). Analogical problem solving. *Cognitive Psychology*, 12, 306-355.
Griggs, R. A., & Cox, J. R. (1982). The elusive thematic-materials effect in Wason's selection task. *British Journal of Psychology*, 73, 407-420.

Kaplan, C. A., & Simon, H. A. (1990). In search of insight. *Cognitive Psychology*, 22, 374-419.
Metcalfe, J., & Wiebe, D. (1987). Intuition in insight and non-insight problem solving. *Memory & Cognition*, 15, 238-246.
Osherson, D. N., Smith, E. E., Wilkie, O., López, A., & Shafir, E. B. (1990). Category-based induction. *Psychological Review*, 97, 185-200.
Simon, H. A., & Hayes, J. R. (1976). The understanding process: Problem isomorphs. *Cognitive Psychology*, 8, 165-190.
Tversky, A., & Kahneman, D. (1974). Judgment under uncertainty: Heuristics and biases. *Science*, 185, 1124-1131.
Tversky, A., & Kahneman, D. (1981). The framing of decisions and the psychology of choice. *Science*, 211, 453-458.
Wason, P. C. (1960). On the failure to eliminate hypotheses in a conceptual task. *Quarterly Journal of Experimental Psychology*, 12, 129-140.
Wason, P. C. (1966). Reasoning. In B. M. Foss(Ed.), *New horizons in psychology*. Harmondsworth, UK: Penguin. pp. 135-151.

■12章の参考文献
市川伸一（編）（1996）．認知心理学〈4〉思考　東京大学出版会．
楠見　孝（編）（2010）．現代の認知心理学〈3〉思考と言語　北大路書房．
Mayer, R. E.(1977). *Thinking and problem solving: An introduction to human cognition and learning*. Scott, Foresman & Company.（佐古順彦（訳）（1979）．新思考心理学入門：人間の認知と学習へのてびき　サイエンス社.）

■13章の引用文献
Atkinson, R. L., Atkinson, R. C., Smith, E. E., Bem, D. J., & Nolen-Hoeksema, S. (1996). *Hilgard's Introduction to Psychology*(12th ed.). Fort Worth, TX: Harcourt Brace.
Averill, J. R. (1999). Creativity in the domain of emotion. In T. Dalgleish, & M. J. Power(eds.), *Handbook of cognition and emotion*. Chichester, UK: John Wiley & Sons.
Brightman, V. B., Segal, A. L., Werther, P., & Steiner, J. (1977). Facial expression and hedonic response to taste stimuli. *Journal of Dental Research*, 56, B161.
Dutton, D. G., & Aron, A. P. (1974). Some evidence for heightened sexual attraction under conditions of high anxiety. *Journal of Personality and Social Psychology*, 30, 510-517.
Ekman, P., & Friesen W. V. (1975). *Unmasking the face. A guide to recognizing emotions from facial clues*. Englewood Cliffs, New Jersey: Prentice-Hall.
Ekman, P., & Friesen W. V. (1978). *Facial Action Coding System: A technique for the measurement of facial movement*. Palo Alto, CA: Consulting Psychologists Press.
Ekman, P., & Friesen W. V. (1984). *Unmasking the Face*. Palo Alto: Consulting Psychologists Press.
Ekman, P., Friesen, W. V., O'Sullivan, M., Chan, A., Diacoyanni- Tarlatzis, I, Heider, K., Krause, R., LeCompte, W. A., Pitcairn, T., Ricci-Bitti, P. E., Scherer, K., Tomita, M., & Tzavaras, A.(1987). Universals and cultural differences in the judgment of facial expressions of emotion. *Journal of Personality and Social Psychology*, 53, 712-717.
Elfenbein, H. A., & Ambady, N. (2002). On the universality and cultural specificity of emotion recognition: A meta-analysis. *Psychological Bulletin*, 128, 203-235.
Izard, C. E. (1977). *Human Emotions*. NY: Plenum Press.
Jack, R. E., Blais, C., Scheepers, C., Schyns, P. G., & Caldara, R. (2009). Cultural confusions show that facial expressions are not universal. *Current Biology*, 19, 1543-1548.
Masuda, T., Ellsworth, P. C., Mesquita, B., Leu, J., Tanida, S., & Van de Veerdonk, E. (2008). *Journal of Personality and Social Psychology*, 94, 365-381.
Shachter, S., & Singer, J. (1962). Cognitive, social, and physiological determinants of emotional state. *Psychological Review*, 69, 379-399.
戸田正直（1987）．心をもった機械—ソフトウェアとしての「感情」システム　ダイヤモンド社．

■14章の引用文献
Allport, G. W. (1937). *Personality: A Psychological interpretation*. New York: Holt, Rinehart and Winston.(詫摩武俊・青木孝悦・近藤由紀子・堀 正(訳) (1982). パーソナリティ―心理学的解釈 新曜社.)
安藤寿康 (2000). 心はどのように遺伝するか―双生児が語る新しい遺伝観 講談社ブルーバックス
Beaton, E. A., Schmidt, L. A., Schulkin, J., Antony, M. M., Swinson, R. P., & Hall, G. B. (2008). Different neural responses to stranger and personally familiar faces in shy and bold adults. *Behavioral Neuroscience*, 122, 704–709.
Buss, D. M., Larsen, R. J., Westen, D., & Semmelroth, J.(1992). Sex differences in jealousy; Evolution, physiology, and psychology. *Psychological Science*, 3, 251–255.
Carver, C. S., & White, T. L. (1994). Behavioral inhibition, behavioral activation, and affective responses to impending reward and punishment: The BIS/BAS scales. *Journal of Personality and Social Psychology*, 67, 319–333.
Caspi, A., McClay, J., Moffitt, T. E., Mill, J., Martin, J., Craig, I. W., Taylor, A., & Poulton, R.(2002). Role of genotype in the cycle of violence in maltreated children. *Science*, 297, 851–854.
Cervone, D. (2005). Personality architecture: Within-person structures and processes. *Annual Review of Psychology*, 56, 423–452.
Costa, P. T., Jr., & McCrae, R. R.(1992). *Revised NEO Personality Inventory(NEO-PI-R) and NEO Five Factor(NEO-FFI): Professional manual*. Odessa, FL: Psychological Assessment Resources.
Eysenck, H. J., & Eysenck, M. W.(1985). *Personality and individual differences: A natural science approach*. New York: Plenum Press.
Eysenck, H. J., & Eysenck, S. B. G.(1975). *Manual of the Eysenck Personality Questionnaire*. London: Hodder & Stroughton.
Funder, D. C. (2007). *The personality puzzle*. 4 th ed. New York: W. W. Norton.
Gable, S. L., Reis, H. T., & Elliot, A. J.(2000). Behavioral activation and inhibition in everyday life. *Journal of Personality and Social Psychology*, 78, 1135–1149.
Gray, J. A., & McNaughton, N. (2000). *The neuropsychology of anxiety: An enquiry into the functions of the septo-hippocampal system*. 2 nd ed. Oxford: Oxford University Press.
長谷川寿一・長谷川眞理子 (2000). 進化と人間行動 東京大学出版会.
John, O. P. (1990). The "Big Five" factor taxonomy; Dimensions of personality in the natural language and in questionnaires. In L. A. Pervin(Ed.), *Handbook of personality; Theory and research*. New York: Guilford Press. pp.66–100.
McCrae, R. R., & Costa, P. T., Jr. (1987). Validation of the Five-Factor model of personality across instruments and observers. *Journal of Personality and Social Psychology*, 52, 81–90.
McCrae, R. R., & Costa, P. T., Jr. (1994). The Stability of personality: Observations and evaluations. *Current Directions in Psychological Science*, 3, 173–175.
McCrae, R. R., & Costa, P. T., Jr. (1997). Personality trait structures as a human universal. *American Psychologist*, 52, 509–516.
Mischel, W. (1968.) *Personality and assessment*. New York: Wiley.(詫摩武俊(監訳) (1992). パーソナリティの理論―状況主義的アプローチ 誠信書房.)
Mischel, W., Shoda, Y., & Ayduk, O. (2007). *Introduction to Personality: Toward an Integrative Science of the Person*(8 th ed.). New York: Wiley.(黒沢 香・原島雅之(監訳) (2010). パーソナリティ心理学―全体としての人間の理解 培風館.)
Nettle, D. (2006). The evolution of personality variation in humans and other animals. *American Psychologist*, 61, 622–631.
Nettle, D. (2007). *Personality: What makes you the way you are*. Oxford: Oxford Press. (竹内和世(訳) (2009). パーソナリティを科学する 白揚社.)
Nisbett, R. E.(2003). *The geography of thought: How Asians and Westerners think differently...and why*. New York: Free Press. (村本由紀子(訳) (2004). 木を見る西洋人 森を見る東洋人―思考の違いはいかにして生まれるか ダイヤモンド社.)

小塩真司（2010）．はじめて学ぶパーソナリティ心理学―個性をめぐる冒険　ミネルヴァ書房．
Ozer, D. J., & Benet-Martinez V. (2006). Personality and the prediction of consequential outcomes. *Annual Review of Psychology*, 57, 401-421.
Sherman, R. A., Nave, C. S., & Funder, D. C. (2010). Situational similarity and personality predict behavioral consistency. *Journal of Personality and Social Psychology*, 99, 330-343.
Shoda, Y., Mischel, W., & Wright, J. C. (1994). Intra-individual stability in the organization and patterning of behavior: Incorporating psychological situations into the idiographic analysis of personality. *Journal of Personality and Social Psychology*, 67, 674-687.
高橋雄介・山形伸二・木島伸彦・繁桝算男・大野　裕・安藤寿康（2007）．Grayの気質モデル：BIS/BAS尺度日本語版の作成と双生児法による行動遺伝学的検討．パーソナリティ研究，15, 276-289.
辻平治郎（2001）．日本語での語彙アプローチによるパーソナリティ特性次元の分析．平成10, 11, 12年度科学研究費補助金（基盤C）研究成果報告書．
和田さゆり（1996）．性格特性用語を用いたBig Five尺度の作成．心理学研究，67, 61-67.
若林明雄（2009）．パーソナリティとは何か―その概念と理論　培風館．
渡邊芳之（2010）．性格とは何だったのか―心理学と日常概念　新曜社．
山本眞理子（編）・堀　洋道（監修）（2001）．心理測定尺度集Ⅰ―人間の内面を探る〈自己・個人内過程〉　サイエンス社．
山本眞理子・松井　豊・山成由紀子（1982）．認知された自己の諸側面．教育心理学研究，30, 64-68.
Zuckerman, M. (1998). Psychobiological theories of personality. In Barone D. F., Hersen M., & Van Hasselt V. B. (Eds.), *Advanced personality*. New York: Plenum. pp. 123-154.

■15章の引用文献

Adams, J. S. (1963). Toward an understanding of inequity. *Journal of Abnormal and Social Psychology*, 67, 422-436.
Allport, G. W. (1935). Attitudes. In C. Murchison (Ed.), *A Handbook of social psychology*. Worchester, MA: Clark University Press. pp. 798-844.
Asch S. E. (1946). Forming impressions of personality. *Journal of Abnormal and Social Psychology*, 41, 258-290.
Asch, S. E. (1963). Effects of group pressure upon the modification and distortion of judgments. In H Guetzkow (Ed.), *Groups, leadership and men*. New York: Russell. pp. 177-190.
Bargh, J. A. (Ed.) (2007). *Social psychology and the unconscious: The automaticity of higher mental processes*. New York: Psychology Press.（及川昌典・木村　晴・北村英哉（編訳）（2009）．無意識と社会心理学　ナカニシヤ出版．）
Bargh, J. A., Fitzsimons, G. M., & McKenna, K. Y. A. (2003). The self, online. In S. J. Spencer, S. Fein, M. P. Zanna, & J. M. Olson (Eds.), *Motivated social perception: The Ontario symposium*. (Vol. 9). Mahwah, NJ: LEA. pp.195-213.
Brewer, M. B. (1988). A dual process model of impression formation. In T. K. Srull & R. S. Wyer (Eds.), *Advances in social cognition*. (Vol. 1). Hillsdale, NJ: ELA. pp.1-36.
Cohen, C. E. (1981). Person categories and social perception: Testing some boundaries of the processing effects of prior knowledge. *Journal of Personality and Social Psychology*, 40, 441-452.
Cooley, C. H. (1902). *Human nature and social order*. New York: Scribner's Sons.
Deutsch, M. (1975). Equity, equality, and need: What determines which value will be used as the basis of distributive justice? *Journal of Social Issues*, 31, 137-149.
Deutsch, M., & Gerard, H. B. (1955). A study of normative and informational social influences upon individual judgment. *Journal of Abnormal and Social Psychology*, 51, 629-636.
Festinger, L. (1957). *A theory of cognitive dissonance*. Evanston, IL: Row, Peterson and Company.（末永俊郎（監訳）（1965）．認知的不協和の理論　誠信書房．）
Fiske, S. T., & Neuberg, S. L. (1990). A continuum of impression formation, from category-based to individuating processes: Influences of information and motivation on attention and interpreta-

tion. In M. P. Zanna(Ed.), *Advances in Experimental Social Psychology*.(Vol. 23.) New York: Academic Press. pp. 1 – 74.

Foa, U. G. (1971). Interpersonal and economic resources. *Science*, 171, 345 – 351.

Gilbert, D. T., Pelham, B. W., & Krull, D. S.(1988). On cognitive busyness: When person perceivers meet persons perceived. *Journal of Personality and Social Psychology*, 54, 733 – 740.

Gouldner, A. W. (1960). The norm of reciprocity: A preliminary statement. *American Sociological Review*, 25, 161 – 178.

Heider, F. (1958). *The psychology of interpersonal relations*. New York: Willey.(大橋正夫(訳)(1978). 対人関係の心理学　誠信書房.)

Higgins, E. T. (1987). Self-discrepancy: A theory relating self and affect. *Psychological Review*, 94, 319 – 340.

Isenberg, D. J. (1986). Group polarization: A critical review and meta-analysis. *Journal of Personality and Social Psychology*, 50, 1141 – 1151.

James, W. (1890). *The principles of Psychology*. New York: Holt.

Jones, E. E., & Davis, K. E. (1965). From acts to dispositions: The attribution process in person perception. In L. Berkowitz(Ed.), *Advances in experimental social psychology*.(Vol. 2.) New York: Academic Press. pp. 219 – 226.

Kelley, H. H. & Thibaut, J. W. (1978) *Interpersonal relations: A theory of interdependence*. New York: Willey.(黒川正流(監訳) (1995). 対人関係論　誠信書房.)

小林正幸（2001). なぜ、メールは人を感情的にするのか　ダイヤモンド社.

Markus, H., & Wurf, E. (1987). The dynamic self-concept: A social psychological perspective. *Annual Review of Psychology*, 38, 299 – 337.

松尾多加志（1999). コミュニケーションの心理学　ナカニシヤ出版.

三浦麻子（2008). ネットコミュニティでの自己表現と他者との交流. 電子情報通信学会誌, 91, 137 – 141.

Petty, R. E., & Cacioppo, J. T. (1986). THe elaboration likelihood model of persuasion. In L. Berkowitz (Ed.), *Advances in experimental social psychology*. (Vol. 19.) New York: Academic Press. pp. 123 – 205.

Rosenberg, M. J., & Hovland, C. I.(1960). Cognitive, affective and behavioral components of attitude. In M. J. Rosenberg, C. I. Hovland, W. J. McGuire, R. P. Abelson, & J. W. Brehm(Eds.), *Attitude organization and change*. New Haven, CT: Yale University Press. pp. 1 – 14.

Sherif, M., Harvey, O. J., White, B. J., Hood, W. R., & Sherif, C. W. (1988). *The Robbers Cave experiment: intergroup conflict and cooperation*. Middletown, CT: WesleyanUniversity Press.(Previously published: Universaity Book Exchange, 1961)

Swann, W. B. Jr., Stein-Seroussi, A., & Giesler, R. B. (1992). Why people self-verify. *Journal of Personality and Social Psychology*, 62, 392 – 401.

Tajfel, H., Billing, M. G., Bundy, P. R., & Flament, C. (1971). Social categorization and intergroup behaviour. *European Journal of Social Psychology*, 1, 149 – 178.

Tesser, A., & Schwarz, N. (2001). Self-esteem. In A. Tesser & N. Schwarz(Eds.), *Blackwell handbook of social psychology: Intraindividual processes*. Malden, MA: Blackwell. pp. 479 – 498.

Trope, Y. (1983). Self-assessment in achievement behavior. In J. Suls & A, G, Greenwald (Eds.), *Psychological Perspectives on the self*.(Vol. 2.) Hillsdale, NJ: LEA. pp. 93 – 121.

山本眞理子・原奈津子（2006). 他者を知る：対人認知の心理学　サイエンス社.

■15章の参考文献

アロンソン, E.／古畑和孝(監訳)岡隆・亀田達也(共訳) (1994). ザ・ソーシャル・アニマル：人間行動の社会心理学的研究(第6版)　サイエンス社.

チャルディーニ, R. B.／社会行動研究会(訳) (2007). 影響力の武器(第2版)　誠信書房.

榎本博明（1998).「自己」の心理学：自分探しへの誘い　サイエンス社.

唐沢　穣・池上知子・唐沢かおり・大平英樹（2001). 社会的認知の心理学　ナカニシヤ出版.

■16章の引用文献

Chi, M. T. H. et al. (1989). How inferences about novel domain-related concepts can be constrained by structured knowledge. *Merrill-Palmer Quarterly*, 35, 27–62.
Friston, K. J. (2009). Modalities, modes, and models in functional neuroimaging. *Science*, 326, 399–403.
Giedd, J. N. et al. (1999). Brain development during childhood and adolescence: a longitudinal MRI study. *Nature Neuroscience*, 2, 861–863.
Gogtay, N. et al. (2004). Dynamic mapping of human cortical development during childhood through early adulthood. *Proceedings of the NationalAcademy of Sciences of the USA*, 101, 8174–8179.
Hirschfeld, L. A., & Gelman, S.A.(Eds). (1994). *Mapping the mind: Domain specificity in cognition and culture*. Cambridge Univ.Press.
Huttenlocher, P. R. (1979). Synaptic density in human frontal cortex – developmental changes and effects of aging. *Brain Research*, 163, 195–205.
Knickmeyer, R. C. et al. (2008). A structural MRI study of human brain development from birth to 2 years. *Journal of Neuroscience*, 28, 12176–12182.
河野哲也 (2008). 暴走する脳科学　哲学・倫理学からの批判的検討　光文社新書.
Okamoto, M., & Dan, I. (2007). Functional near-infrared spectroscopy for human brain mapping of taste-related cognitive functions. *Journal of Bioscience and Bioengineering*, 103, 207–215.
Moriguchi,Y., & Hiraki, K. (2009). Neural origin of cognitive shifting in young children. *Proceedings of the National Academy of Sciences of the USA*,106, 6017–6021.
Petanjek, Z. et al. (2008). Lifespan alterations of basal dendritic trees of pyramidal neurons in the human prefrontal cortex: a layer-specific pattern. *Cerebral Cortex*, 18, 915–929.
Piaget, J., & Inhelder, B.(1966). *La psychologie de l'enfant*. Presses Universitaires de France.(波多野完治他(訳) (1969). 新しい児童心理学　白水社.)
Purves, D. et al. (2008). *Principles of Cognitive Neuroscience*. Sinauer.
Scammon, R. E. (1930). The measurement of the body in chidhood. In J. A. Harris, C. M. Jackson, D. G. Paterson, & R. E. Scammon(Eds.), *The measurement of man*. University of Minnesota Press. pp. 173–215.
Siegler, R. S., & Chen, Z. (2002). Development of rules and strategies: Balancing the old and the new. *Journal of Experimental Child Psychology*, 81, 446–457.
Sigel, I. E., & Cocking, R. R. (1977). *Cognitive Development from Childhood to Adolescence: A Constructivist Perspective*. Harcourt School.(子安増生(訳) (1983). ライブラリ教育の心理学3　認知の発達：乳児期から青年期まで　サイエンス社.)
田島信元 (2002). 認知の発生. 田島信元 他(編)　シリーズ／臨床発達心理学2　認知発達とその支援　ミネルヴァ書房. pp. 20–40.
Thompson, P. M. et al. (2001). Genetic influence on brain structure. *Nature Neuroscience*, 4, 1253–1258.
Tsujimoto, S. (2008). The prefrontal cortex: Functional neural development during young childhood. *The Neuroscientist*, 14, 345–358.
Tsujimoto, S. et al. (2007). Developmental fractionation of working memory and response inhibition during childhood. *Experimental Psychology*, 54, 30–37.
Tsujimoto, S. et al. (2004). Prefrontal cortical activation associated with working memory in adults and preschool children: an event-related optical topography study. *Cerebral Cortex*,14, 703–712.
山口真美・金沢　創 (2008). 赤ちゃんの視覚と心の発達　東京大学出版会.

■16章の参考文献

Bear, M. F. et al. (2006). *Neuroscience: Exploring the brain*. Lippincott Williams & Wilkins. (加藤宏司 他(監訳) (2007). 神経科学 —脳の探究　西村書店.)
Bjorklund, D. F., & Pellegrini, A. D. (2001). *Origins of Human Nature: Evolutionary Developmental Psychology*. American Psychological Association. (松井 愛奈他(訳) (2008). 進化発達心理学—

ヒトの本性の起源　新曜社.)
福田正人(編)(2009).精神疾患とNIRS―光トポグラフィー検査による脳機能イメージング　中山書店.
Gazzaniga, M. S. (2005). *The ethical brain*. Dana Press.(梶山あゆみ(訳)(2006).脳のなかの倫理　紀伊國屋書店.)
子安増生(編)(2005).よくわかる認知発達とその支援　ミネルヴァ書房.
Organisation for Economic Cooperation and Development(OECD).(2007). *Understanding the Brain : The Birth of a Learning Science*. OECD.
坂井克之(2007).心の脳科学　中公新書.
榊原洋一(2004).子どもの脳の発達　臨界期・敏感期　講談社.

■17章の引用文献

American Psychiatric Association (2000). *Diagnostic and statistical manual of mental disorders*, 4th ed. text revision. Washington, D. C : American Psychiatric Association.
Antonovsky, A. (1987). *Unraveling the mystery of health : How people manage stress and stay well*. Jossey-Bass Publishers.(山崎喜比古・吉井清子(監訳)(2001). 健康の謎を解く―ストレス対処と健康保持のメカニズム　有信堂.)
Caplan, G. (1964). *Principles of preventive psychiatry*. Basic Books, Inc., New York.(新福尚武(監訳)(1970). 予防精神医学　朝倉書店.)
Cohen, S., & Wills, T. A.(1985). Stress, social support, and the buffering hypothesis. *Psychological bulletin*, **98**, 310-357.
Diener, E., Suh, E. M., Lucas, R. E., & Smith, H. L. (1999). Subjective well-being : Three decades of progress. *Psychological bulletin*, **125**, 276-302.
Engel, G. (1977). The need for a new medical model : A challenge for biomedicine. *Science*, **196**, 129-136.
Fredrickson, B. L. (2001). The role of positive emotions in positive psychology : The broaden-and-build theory of positive emotions. *American psychologist*, **56**, 218-226.
Folkman, S., & Lazarus, R. S. (1988). Coping as a mediator of emotion. *Journal of personality and social psychology*, **54**, 466-479.
Johnson, N. G. (2003). Psychology and health : Research, practice, and policy. *American psychologist*, **58**, 670-677.
Johnson, N. G., & Radcliffe A. M. (2008). The increasing role of psychology health research and interventions and a vision for the future. *Professional psychology : Research and practice*, **39**, 652-657.
Kaslow, N. J., Bollini, A. M., Druss, B., Glueckauf, R. L., Goldfrank, L. R., Kelleher, K. J., La Greca, A. M., Varela, R. E., Wang, S., Weinreb, L., & Zeltzer, L. (2007). Health care for the whole person : Research update. *Professional psychology : Research and practice*, **38**, 278-289.
小玉正博(2006). ポジティブ心理学の健康領域への貢献．島井哲志(編)　ポジティブ心理学―21世紀の心理学の可能性　ナカニシヤ出版．pp. 209-222.
Hobfoll, S. E. (1989). Conservation of resources : A new attempt at conceptualizing stress. *American Psychologist*, **44**, 513-524.
Hobfoll, S. E. (2002). Social and psychological resources and adaptation. *Review of General Psychology*, **6**, 307-324.
Holmes, T. H., & Rahe, R. H. (1967). The social readjustment rating scale. *Journal of psychosomatic research*, **11**, 213-218.
Lazarus, R. S. (1999). Coping. *Stress and emotion : A new synthesis*. New York : Springer. pp.101-125.
Lazarus, R. S., & Folkman, S. (1984). *Stress, appraisal, and coping*. New York : Springer.
Petrie, K. J., Buick, D. L., Weinman, J., & Booth, R. J. (1999). Positive effects of illness reported by myocardial infarction and breast cancer patients. *Journal of psychosomatic research*, **47**, 537-543.
Ryff, C. D., & Singer, B. H. (2003). The role of emotion on pathways to positive health. In R. J.

Davidson, K. R. Scherer, & H. H. Goldsmith(Eds.), *Handbook of affective sciences*. New York : Oxford University Press. pp.1083-1104.

Seligman, M. E. P. (2008). Positive health. *International association of applied psychology : An international review*, **34**, 13-79.

島津明人 (2002). 心理学的ストレスモデルの概要とその構成要因. 小杉正太郎(編者) ストレス心理学—個人差のプロセスとコーピング　川島書店. pp.31-58.

Smith, E. J. (2006). The strength-based counseling model. *The counseling psychologist*, **34**, 134-144.

Taylor, S. E., Kemeny, M. E., Reed, G. M., Bower, J. E., & Gruenewald, T. L. (2000). Psychological resources, positive illusions, and health. *American psychologist*, **55**, 99-109.

World Health Organization (1946). Official records of the world health organization, 2.

■17章の参考図書

American Psychiatric Association (2000). *Quick reference to the diagnostic criteria from DSM-IV-TR*. Amer Psychiatric Pub. (高橋三郎・大野　裕・染矢俊幸(訳) (2003). DSM-IV-TR 精神疾患の分類と診断の手引　新訂版　医学書院.)

Cooper, C. L., & Dewe, P. (2004). *Stress : A brief history*. Blackwell Publishing. (大塚泰正・岩崎健二・高橋　修・京谷美奈子・鈴木綾子(訳) (2006). ストレスの心理学—その歴史と展望　北大路書店.)

小杉正太郎(編著) (2002). ストレス心理学—個人差のプロセスとコーピング　川島書店.

Lazarus, R. S. (1999). *Stress and emotion : A new synthesis*. New York : Springer. (本明　寛(監訳) (2004). ストレスと情動の心理学—ナラティブ研究の視点から　実務教育出版.)

島井哲志(編) (2006). ポジティブ心理学—21世紀の心理学の可能性　ナカニシヤ出版.

島井哲志・長田久雄・小玉正博(編) (2009).健康心理学・入門—健康なこころ・身体・社会づくり　有斐閣アルマ.

索　引

■人名索引

アイク（Eich, E.）　105
アイゼンク（Eysenck, H. J.）　217
アッシュ（Asch, S. E.）　228
アトキンソン（Atkinson, R. C.）　90
阿部純一　150, 160
アントノフスキー（Antonovsky, A.）　260
ヴィトゲンシュタイン（Wittgenstein, L.）　137
ウェイソン（Wason, P. C.）　195
ウェーバー（Weber, E. H.）　35
ウェルトハイマー（Wertheimer, M.）　12
ヴント（Wundt, W.）　10
エイヴェリル（Averill, J. R.）　210
エクマン（Ekman, P.）　204
エビングハウス（Ebbinghaus, H.）　87
エンジェル（Angell, J. R.）　11
大津由紀雄　139
オシャーソン（Osherson, D. N.）　194
オズグッド（Osgood, C. E.）　36
オールポート（Allport, G. W.）　215
カーネマン（Kahneman, D.）　197
ガレノス（Galenus, C.）　216
ギブソン（Gibson, J. J.）　38
キャノン（Cannon, W. B.）　208
キャプラン（Caplan, G.）　264
クラムハンセル（Krumhansl, C. L.）　158
クーリー（Cooley, C. H.）　231
グリッグズ（Griggs, R. A.）　192
グレイ（Gray, J. F.）　224
クレイク（Craik, F. I. M.）　96
クレッチマー（Kretschmer, E.）　216
ケーラー（Köhler, W.）　165
コーエン（Cohen, N. J.）　111
コスリン（Kosslyn, S. M.）　124
コリンズ（Collins, A. M.）　107
ゴールトン（Galton, F.）　118
シーアン（Sheehan, P. W.）　119
シェパード（Shepard, R. N.）　120
ジェームズ（James, W.）　11, 207, 231

ジック（Gick, M. L.）　189
シフリン（Shiffrin, R. M.）　90
シャクター（Schachter, S.）　209
スキナー（Skinner, B. F.）　164
スキャモン（Scammon, R. E.）　244
スクワイア（Squire, L. R.）　111
スタンバーグ（Sternberg, S.）　94
スティーブンス（Stevens, S. S.）　35
スパーリング（Sperling, G.）　90
セリグマン（Seligman, M. E. P.）　177, 260
ソーンダイク（Thorndike, E. L.）　11
ダーウィン（Darwin, C.）　11
タジフェル（Tajfel, H.）　242
タルヴィング（Tulving, E.）　104, 109
ダンカン（Duncan, J.）　79
チェン（Cheng, P. W.）　193
チェンバース（Chambers, D.）　123
チョムスキー（Chomsky, N.）　134
デカルト（Descartes, R.）　9
デシ（Deci, E. L.）　175
ドゥンカー（Duncker, K.）　183, 187, 189
戸田正直　211, 212
トバスキー（Tversky, A.）　197
トリーズマン（Treisman, A.）　78
トレハブ（Trehub, S. E.）　153, 157
ナイサー（Neisser, U.）　92
ハイダー（Heider, F.）　234
波多野誼余夫　138
ハッテンロッカー（Huttenlocher, P. R.）　250
バッドリー（Baddeley, A.）　98, 105
バード（Bard, P.）　209
パブロフ（Pavlov, I. P.）　11, 163
パーマー（Palmer, J. C.）　115
ハル（Hull, C. L.）　174
パールストーン（Pearlstone, Z.）　104
パルマー（Palmer, S.）　57
バンデューラ（Bandura, A.）　8, 166
ハンフリー（Humphreys, G. W.）　79

290

ピアジェ（Piaget, J.） 165, 245
ビーダーマン（Biederman, I.） 56
ヒッチ（Hitch, G.） 98
ヒューム（Hume, D.） 10
ピンカー（Pinker, S.） 133
フェスティンガー（Festinger, L.） 235
フェヒナー（Fechner, G. T.） 35
ブルース（Bruce, V.） 70
フレドリクソン（Fredrickson, B. L.） 265
プレマック（Premack, D.） 133
ブロードベント（Broadbent, D. E.） 80
ヘッブ（Hebb, D. O.） 168
ポズナー（Posner, M. I.） 76
ホリオーク（Holyoak, K. J.） 189
マー（Marr, D.） 56

マズロー（Maslow, A. H.） 174
ミシェル（Mischel, W.） 220
ミューラー（Müller, J.） 13
メッツラー（Metzler, J.） 120
メトカルフェ（Metcalfe, J.） 105
ヤング（Young, A.） 69
ライスバーグ（Reisberg, D.） 123
ライル（Ryle, G.） 2
ラザラス（Lazarus, R. S.） 262
ラビ（Lavie, N.） 81
ランゲ（Lange, C. G.）
ロック（Locke, J.） 10
ロックハート（Lockhart, R. S.） 96
ロフタス（Loftus, E. F.） 107, 115
ワトソン（Watson, J. B.） 11, 163

■事項索引

◆欧　文
Big Five　219
CMC　240
DSM　268
EEG　253
fMRI　125, 253
FTF　240
MEG　14, 253
MRI　14
NIRS　253
PET　14, 253
QMI　119
RBC 理論　56
S/N 比　254
SD 法　35
SPI　109
S-R 理論　162, 163
TAT　210, 223
VVIQ　119

◆あ 行
アイコニックメモリー　90
アクセス可能性　105
朝の食卓質問紙　118
アジア病問題　200

アージ理論　211
アニミズム　9
アルゴリズム　185
暗順応　17, 20
暗所視　20
アンダーマイニング効果　175
言い誤り　145
鋳型照合モデル　54
閾値　34
維持リハーサル　95
一次視覚野　125
一時的難聴　27
一事物一名称の原理　138
一卵性双生児　252
一般化円錐　56
イデア　10
遺伝的要因　252
意味記憶　106
意味的水準　96
意味的プライミング効果　108
意味ネットワーク　107
意味ネットワーク理論

167
意味分解　144
イメージ　117
イメージトレーニング　131
色の恒常性　49
陰影　44
因果　10
因果関係　256
印象形成　228
ヴィジランス　75
ウェイソン選択課題　191, 200
ウェーバーの法則　35
ウェルビーイング　258
内なる声　99
内なる目　99
運動残効　47
運動視差　45
エイムズの部屋　51
エコイックメモリー　90
エピソディックバッファ　100
エピソード記憶　106
演繹推論　190

応用的研究　8
大きさ－距離不変仮説　50
大きさの恒常性　49
奥行き　84
　　――の手がかり　43
音順応　17
音の高さ（ピッチ）　25
おばあちゃん細胞仮説　168
オペラント条件づけ　12,164
音韻ループ　98
音響的（あるいは構造的）水準　96
音素　136
音調性の感覚　149
音波　23

◆か行――――――
外因性手がかり　76
解決志向アプローチ　271
外向性　217
階層意味論モデル　147
外発的動機づけ　175
顔認識のモデル　70
科学リテラシー　257
蝸牛　24
学習性無力感　177
確証バイアス　195,200
拡張－形成理論　266
カクテルパーティ現象　79
仮現運動　46
重なる波理論　247
可視光（線）　18
可視範囲　18
仮説　3
仮説検証　195
画素（ピクセル）　22
可塑性　252
形の恒常性　48
可聴周波数範囲　23
活性化拡散理論　107
カテゴリー　61
カテゴリー帰納　194

刈り込み　250
感覚－運動期　245
感覚器官　15
感覚登録器　90
環境的要因　252
観察学習　8,166
観察法　222
感情　202,203,205,207
干渉説　103
杆体（桿体）　18
記憶痕跡減衰説　103
記憶術　96,128
記憶走査　94
帰属　230
基礎心理学　8
基礎的研究　8
期待効用　198
気づき　84
機能主義　11
帰納推論　190
機能的固着　188
規範　191
気分　203
気分依存効果　105
気分一致効果　213
気分状態依存効果　213
基本味　31
基本的な帰属の誤り　230
偽無視　85
肌理の勾配　45
客我　231
キャノン・バード説　208
ギャンブラーの錯誤　198
嗅球　32
嗅上皮　32
急進的行動主義　12
教育心理学　6
鏡映自己　232
強化　12,163
強化子　12
強化スケジュール　165
強勢拍リズムの言語　136
共通運命　40
局在　14

近接　10,40
空間周波数　22
空間手がかり法　76
空間分解能　254
空主語　145
空主語現象　146
空範疇　145
具体的操作期　245
グリア細胞　249
クレオール　135
群化　152
群化法則　40
形式的操作期　245
系列位置曲線　89
ゲシュタルト　12,40
ゲシュタルト心理学　12
結合錯誤　78
結合探索　78
健康心理学　5
健康生成モデル　260
言語知識　134
言語モジュール　133
顕在記憶　112,170
顕在的注意　76
検索　102
検索失敗説　104
減衰説　83
語彙獲得　138
語彙性判断課題　108
語彙量　137
効果の法則　11
後期選択　79
後件肯定　191,201
交差文化心理学　5
構成主義　10
構造依存操作　139
構造記述モデル　54
構造独立操作　139
肯定式　192,201
行動活性化システム（BAS）　224
行動主義　11
行動抑制システム（BIS）　224

索　引

衡平理論　237
効用　198
五官　15
五感　15
互恵性　237
心の危機理論　264
固執的行動　255
個人差心理学　5
個人資源　265
古典的条件づけ　162,164
コヒアレンス感　264
コーピング　263
鼓膜　24
コミュニケーション　239
コントラスト感度曲線　22

◆さ 行

再解釈　123
再学習法　88
最小可聴閾　23
再生率　89
再符号化　93
細胞体　250
作業検査法　223
雑音　26
作動記憶　98
酸化ヘモグロビン濃度　255
産業心理学　6
残効　18
残像　17
ジェームズ・ランゲ説　208
ジオン　57
視覚探索　77
視覚的情報貯蔵　92
視覚バッファ　124
時間分解能　253
磁気共鳴画像法　249
視空間スケッチパッド　98
軸索　250
刺激閾　17
刺激頂　17
刺激の貧困　138

資源保護理論　265
自己　231
自己概念　232
自己受容感覚　30
自己中心性　246
自己評価　233
自己不一致理論（セルフ・ディスクレパンシー理論）　232
自己報告法　221
指示　137
辞書　141
事象関連電位　82
ジスト　62
自然観察法　2
持続的注意　75
自尊心　233
実験条件　3
実験法　3
質問紙法　118,221
実用的推論スキーマ　193
視点依存性　57
視点不変性　57
自動化　75
シナプス　250
事物全体仮定　138
事物分類仮定　138
司法心理学　6
視野　21
社会構成主義　261
社会心理学　5
社会的アイデンティティ　242
社会的学習理論　163
社会的交換　237
社会的認知　243
シャクターの2要因説　209
遮蔽　44
囚人のジレンマ　238
従属変数　3
集団　241
集団極性化現象　241
主音　156

主我　231
主観的ウェルビーイング　259,269
主観的輪郭　42
樹状突起　250
純音　25
瞬間露出器　90
順応　17
消去　165
条件づけ　11
条件文　192
状態空間　184
焦点の注意　74
情動　203
情報処理　13
初期選択　79
触二点閾　28
触覚　27
初頭効果　89
処理の深さ　96
処理容量　73
シーン　62
新近性効果　89
神経科学　4
神経系　249
神経細胞　249
神経心理学　4
神経伝達物質　250
新行動主義　12
深層表象　124
心的イメージ　117
心的回転　120
心的走査　122
心理生理学　4
心理測定関数　34
心理的資源　266
信頼性　221
心理物理学　34
髄鞘　251
髄鞘化　251
錐体　18
推論　190
スキーマ　114,229
図と地　39

ストループ効果　75
ストレス緩衝効果　263
ストレッサー　261
正事例検証ヒューリスティック　195
生成文法理論　139
精緻化　102
精緻化見込みモデル　236
精緻化リハーサル　95, 102
生得的要因　252
生物学的心理学　13
生物心理社会モデル　261
制約　7, 138
生理心理学　4
絶対閾　17
切断チェッカー盤問題　186
説得　234
節約率　88
セル・アッセンブリ（細胞集成体）　168
宣言的記憶　110
前件否定　192, 201
潜在記憶　112, 170
潜在的注意　76
前操作期　245
前頭前野　255
騒音　26
相関的方法　3
相互依存性　238
相互排他性仮定　138
双生児法　225
創造性　130
相貌失認　68
速度順応　17
ソーシャルサポート　263
粗密波　23

◆ た 行

対応推論理論　230
対応バイアス　230
体験　2
体制化　38, 103
体性感覚　27
代替医療　261
態度　234
代表性　200
代表性ヒューリスティック　197
多義図形　123
多義性　142
滝の錯視　47
多重貯蔵庫モデル　90
脱中心化　246
妥当性　221
魂　9
単一ニューロン仮説　168
短期記憶　90
知覚の体制化　151
知覚の負荷理論　81
茶会問題　186
チャンク　93
注意　73
　――の瞬き　73
中央実行系　98
中心窩　21
長期記憶　90
調性スキーマ　156
調性的体制化　151, 155
調性的中心音　155
調節　22, 166
丁度可知差異　17
直接記憶範囲　92
直接経験　10
直列悉皆走査　94
追試　3
月の錯視　50
吊り橋実験　209
適刺激　16
デシベル（dB）　26
手続的記憶　111
転移　190
動因低減説　174
投映法　223
同化　166
　――と調節　163
等間隔音節の言語　136
道具的条件づけ　163, 164, 165
同型問題　186
統語解析　141
統語解析器（パーサ）　141
統語規則　141
洞察　187
洞察学習　163, 165
動作主　2
統制条件　3
統制の所在　177
同調　241
透明視　42
倒立効果　67
特殊神経エネルギー説　13
特性論　217
特徴統合理論　78
独立変数　3
トップダウン　141
トップダウン過程　142
トップダウン処理　59
トップダウン的注意　75

◆ な 行

内因性手がかり　76
内観法　10
内集団びいき　242
内発的動機づけ　175
喃語　137
難聴　27
2元論　9
二重課題法　98
ニューロン　249
2－4－6課題　195
二卵性双生児　252
人間工学　6
認知科学　13
認知革命　13
認知神経科学　14
認知心理学　4, 13
認知的均衡理論　234
認知的評定　262
認知的不協和理論　235
音色　25
ネガティブ感情　211

索　引

脳機能イメージング　253
脳波　14

◆は　行
バイアス化競合モデル　83
拍　152
白色雑音（ホワイトノイズ）　24
拍節スキーマ　152
拍節の体制化　151
薄明視　21
場所法　128
パーソナリティ　215
発達曲線　244
発達心理学　5
発達段階説　245
ハノイの塔　184
パラメータ　139
バランス理論　234
反映自己　232
半規官　30
半側空間無視　84
犯罪心理学　6
光受容細胞　18
ピジン　135
非侵襲的　249
ピッチの感覚　149
否定式　192, 201
被覆度（網羅範囲）　195
ヒューマンファクター心理学　6
ヒューリスティック　185
拍子　152
表層表象　124
フィルターモデル　80
フェヒナーの法則　35
符号化　102
プシュケー　1
復帰抑制　77
物体ベースの注意　85
物理的（あるいは知覚的）水準　96
部分報告法　91
普遍文法　139

フラッシュバルブ記憶　106
プラトンの問題　139
不良定義問題　184
プルキンエ現象　21
フリージング　212
フレーミング効果　200
分割的注意　75
文法獲得関数　139
文脈　59
文脈依存効果　105
閉合　40
並列走査　95
ベキ法則　35
ペグワード法（鉤語法）　129
変化の見落とし　63, 73, 168
弁別閾　17
忘却曲線　88
放射線問題　189
ポジティブな幻想　266
ボトムアップ　141
ボトムアップ過程　141
ボトムアップ処理　59
ボトムアップ的注意　75
ホン（phon）　26

◆ま　行
マイクロステップ計測法　170, 179
マグニチュード評価法　35
マジカルナンバー・7 ± 2　93
ミエリン鞘　251
味蕾　31
無意味綴り　87
明順応　17, 20
明所視　20
命題　7
命題的な意味内容　147
メディアリテラシー　257
面接法　222
盲点　22

モデリング　166
モデル　7
モーラ言語　136
問題空間　184

◆や　行
山登り法　185
有機体　11
有毛細胞　24
よい連続　40
様相的な意味内容　147
要素による認識理論　56
容量モデル　80
欲求の階層説　174
予防　268
4枚カード問題　191

◆ら　行
ライフサイクル　264
ランダム性　197, 200
リスク忌避　199
リスク追求　199
リハーサル　89
領域一般性　246
領域固有性　246
利用可能性　105
両眼視差　41
良定義問題　184
臨界帯域幅　26
臨界融合頻度　23
臨床心理学　5
類型論　216
類似　10, 40
類似性被覆度モデル　194
類推　189
レイアウト　65
レジリエンス　270
レスポンデント条件づけ　164
連合説　10
ろうそく問題　187
老年性難聴　27
ロゴス　1
論証　194

編者略歴

田　山　忠　行
（たやま ただゆき）

1979年	北海道大学文学部卒業
1981年	北海道大学大学院文学研究科（心理学専攻）博士前期課程修了
1983年	北海道大学大学院文学研究科（心理学専攻）博士後期課程退学
2003年	博士（文学）取得
2003年	北海道大学大学院文学研究科教授
現　在	北海道大学名誉教授

主要著書

心を測る（編著，八千代出版）
現代心理学の基礎と応用（共著，培風館）
認知科学の展開
　　　　　（分担執筆，放送大学教育振興会）
認知心理学（分担執筆，ミネルヴァ書房）
意識のなかの時間（共訳，岩波書店）

須　藤　　昇
（すとう のぼる）

1978年	茨城大学人文学部卒業
1981年	北海道大学大学院文学研究科（心理学専攻）博士前期課程修了
1982年	北海道大学大学院文学研究科（心理学専攻）博士後期課程退学
2004年	博士（文学）取得
2005年	千葉大学大学院人文科学研究院教授
現　在	千葉大学名誉教授

主要著書

心理学ガイド（編著，相川書房）
日常生活からの心理学入門
　　　　　　　　（共著，教育出版）
マインドファイル（共著，ナカニシヤ書店）
マインドスペース（共著，ナカニシヤ書店）
心理学辞典（分担執筆，有斐閣）

© 田山忠行・須藤　昇　2012

2012年 5 月30日　初版発行
2022年 9 月15日　初版第 7 刷発行

基礎心理学入門

編　者	田　山　忠　行
	須　藤　　　昇
発行者	山　本　　　格

発行所　株式会社　培風館
東京都千代田区九段南 4-3-12・郵便番号102-8260
電話(03)3262-5256(代表)・振替 00140-7-44725

港北メディアサービス・牧　製本
PRINTED IN JAPAN

ISBN978-4-563-05220-1　C3011